# 老子的智慧

刘晓明——著

岳麓書社·长沙

**图书在版编目(CIP)数据**

老子的智慧/刘晓明著. --长沙:岳麓书社,2025.1(2025.4 重印)
--ISBN 978-7-5538-2230-3

Ⅰ. B223.15

中国国家版本馆 CIP 数据核字第 20240UJ612 号

LAOZI DE ZHIHUI

**老子的智慧**

作　　者:刘晓明
出 版 人:崔　灿
责任编辑:周家琛　向娟妮
责任校对:舒　舍
封面设计:罗志义

岳麓书社出版发行
地址:湖南省长沙市爱民路 47 号
直销电话:0731-88804152　0731-88885616
邮编:410006

版次:2025 年 1 月第 1 版
印次:2025 年 4 月第 2 次印刷
开本:890mm×1240mm　1/32
印张:9.25
字数:200 千字
书号:ISBN 978-7-5538-2230-3
定价:56.00 元

承印:长沙市宏发印刷有限公司

如有印装质量问题,请与本社印务部联系
电话:0731-88884129

# 序　老子智慧的现代诠释

晓明先生利用闻道书院这个流动的国学平台，给年轻人讲老子，颇具特色。他秉持公益与爱心的宗旨，带着一批好学人围炉论道，传播经典，采取年轻人喜闻乐见的方式，如讲经与研讨相结合，质疑与对话相穿插，文化寻根与研学实践相融合等，架设起一座贯通历史与现实的桥梁，疏浚了中国历史文化上源远流长的河流。通过与古代大师对话，让古老的经典鲜活起来，这是重温经典、传扬传统文化的有益尝试。本人多次参加他们的活动，受益良多。

晓明先生把这些年来讲学的思考和心得整理出来，完成了《老子的智慧》一书，我深深地为之欣慰。

晓明先生的新思维、新格局最值得称道。他并没有沿袭以前老子研究的老套路，一章一节、一句一字地注解和考证，而是另辟蹊径，从体系和风格上寻求突破，推陈出新，在广泛吸纳前人研究成果的基础上，试图给老子的思想和智慧搭建结构和体系，这需要对《老子》做深入、系统、全面地归纳、提炼和重构工作。整体来看，该著作给人一种高屋建瓴、耳目一新的感觉，的确难能可贵。

《老子》是中华优秀传统文化中的经典，老子的思想和智慧永不过时，历久弥新。可是，能够真正读懂《老子》，准确理解并合理运用老子思想和智慧的人并不多见。很多人读《老子》都拘泥于文字章句，以致缺少整体把握，一知半解。老子提出的许多哲学命题和深邃智慧，由于年代遥远，文字晦涩，并没有被充分挖掘出来。正如晓明先生所言，《老子》是一篇哲学笔记，十分简练但并不通俗，非常精辟但逻辑不严。加上中国古人没有概念意识，也没有定义思维，后人容易产生歧义，或者以字论意，或者纠缠于版本真伪，不免有穿凿附会之嫌。晓明先生运用了现代系统论、分析法、定义法、图示法等方法，让老子的思想更通俗、更直白，更符合现代人的语言习惯和思维方式，实属一部难得的创新之作。

晓明先生在《老子》的诸多版本中，选用了马王堆出土的帛书本，这是非常明智的。很多研究《老子》的学者发现，流行的王弼本错讹较多，最能体现老子思想原貌的是帛书本。作者在文中对版本源流及其演变做了梳理与说明，起到了廓清迷雾、澄清是非的效果。他明白地告诉读者，《老子》最开始不叫《道德经》，《道德经》是后人加给《老子》的别号。

晓明先生用大量事实和案例阐述了一个重要观点，那就是老子的思想和智慧是活生生的，放之四海而皆准，且光芒不灭。《老子》不仅是历代许多帝王据以治国安邦之典籍，是官僚士大夫、文人墨客修身养性的智慧源泉，也是普通百姓安身立命的人生指南，每个人都可以从中汲取人生信念和处事之法。现代人如果能细读、深悟《老子》的智慧，一定能获取学习、生活、工作、成长等方面的思想法宝。世界上如果有更多的人懂老子的智慧，那将有利于世界和平稳定，百姓安乐幸福。

当晓明先生书稿付梓之际，我又产生了阅读该作的饥渴感和冲动，恨不得马上一口气读完。我非常喜欢晓明先生深入浅出的风格。

**雷祯孝**

2024 年 5 月 4 日于成都

# 自　序

读《老子》使人悠然，使人宁静。老子牵着你的手，把你带进一片寂静而空灵的山谷，与天地相拥，与自然相合，达到物我两忘、自在无念的入胜境界。

读《老子》使人沉思，使人向往。老子陪伴你进入一个无边无垠的思绪空间，那里没有阻碍，没有藩篱，让你享受思绪穿越时空的惬意。

读《老子》使人超然，使人脱俗。老子把你带到一个人类道德精神的桃花源，他和你畅谈自然，话说人生，让你彻悟生命之义，参透名利之理，觑破生死之道。

老子的许多构想和论述被打上了理想主义的烙印，一些庸俗之士往往对其嗤之以鼻。然而，老子的思考比柏拉图的《理想国》更具深蕴、更富理性，他的许多论点实际上都是人类历史上的第一次发声，他提出的观点和观念都有振聋发聩的力量，如“道法自然”“德由道生”“无为而治”等等。

老子思考的是人类最恢宏、最久远、最核心的问题。老子从根源、从本质上探索人类生命与道德精神的归宿。从这个意义上说，老子是前无古人后无来者的。

拙著试图为老子建构一种体系，以便更完整地解读被掩埋在文字里面的思想精髓，的确有自不量力之嫌。倘若能给读者带来一些新的启示和遐想，能够激发对老子的一些敬畏与兴趣，也就可以聊以自慰了。

# 目 录

# 导　言

## 一

老子是一个奇人。说他是奇人，是指他作为一个妇孺皆知、彪炳史册的人物，有关他的许多信息，至今仍然是谜团。

老子到底是姓老还是姓李？那个时代一般都是以姓氏开头，后面加上一个“子”字以表尊称，例如孔子、庄子、荀子、孟子、韩非子等。依据这种习惯类推，老子应该姓老。但据《史记》和其他史书记载，他姓李，名耳，字聃。千百年来，学者们查遍史料，仍然找不到他姓老的证据。老子仅比孔子大 20 多岁，孔子的生卒时间、出生地、父母子女等信息，史料都有明确记载；而老子的身世情况，除了出生地有楚国、陈国之争以外，其他信息几乎没有。司马迁在《史记》中，对老子的身份还有老莱子一说，他说老莱子也是楚国人，著书十五篇，也讲道，与孔子同时。老子和老莱子到底是不是同一人？司马迁都没能说清楚，也不能确定，那就很难找到更权威的人可以说清楚了。

《史记》还记载，孔子带了几个弟子专程去拜访老子，向老子请教周礼。老子作为周王室掌管史料、典籍的官员，学富五车，声名远播，孔子都慕名前往，其地位不可谓不高。“居周久之，见周之衰，乃遂去”，老子辞官西去，最后到了哪里，结局如何，都全然不知。据说他骑着青牛出函谷关，遇到关令尹喜，在尹喜的要求下，留下了五千余字，即《老子》。这是故事还是真事，现在都无可考实，真假难辨。不管老子身上存在多少未解之谜，他留下的五千言却是事实。《老子》一书字字珠玑、句句经典，一代又一代的文人学士苦苦揣摩，不遗余力地考证、注释，还受到了世界各界名流纷至沓来的赞赏。

老子是一个怪人。说他怪，是指他的个性和格调独树一帜，与众不同。

“老子爱唱反调，几成怪癖”，这话是近代学者林语堂说的。老子总喜欢站在对立面看问题，你说大好，他就说小好；你说要多的，他就说要少的；你说刚强好，他就说柔弱好；你喜欢口若悬河，他就喜欢木讷迟钝；你爱好明亮的白色，他就爱好幽深的黑色；你欣赏雄健，他却赞美雌柔。总之，似乎所有的东西，他都能反其道而行之。在儒家文化里，你如果唱反调，那是不被赞赏的行为。而老子则把它视为珍宝，当作智慧。老子的“唱反调”是一种辩证法，是一种思维品质。应该说，老子的“反调”比辩证法可能走得更远，因为他的“反”具有无限的多样性。

老子走的路面向田野，而孔子走的路面向朝廷，这种差别很有意思，也耐人寻味。老子为什么要面向田野？因为田野具有万种风情，田野里藏着无限的生机。这里说的田野是指如万花筒般的大自然。当你细细地通读完《老子》后，会不禁发现，老子是一个“自然崇拜”主义者，他的所有思考都源于对大自然的观察和猜想，他觉得大自然简直太伟大、太渊博、太神奇了。可以确信，在老子的那个时代，大自然比现在更原始、更神奇、更有魅力。正因为如此，他几乎终其一生，在琢磨自然界的鬼斧神工。老子仰望宇宙天空，俯察大地万物，平视人间百态，都与大自然脱不了干系。他的所有观察、认识、判断、结论，都来自生生不息的大自然；自然界所有的现象，都是他研究和思考的对象，也包括人类自身的自然属性。与此相比较，孔子就大不一样了，他每天都看着朝廷，想着怎么辅助君王，怎么救世。

老子喜欢自嘲，是一位自嘲大师。一个人之所以能够自我嘲讽，是因为他透彻理解人性的本质，是因为他乐见百态、笑看人生，是因为他有宽广的胸怀、广阔的见识，是因为他有机敏的思维和仁厚的德性：这是一种崇高的境界。老子经常用“愚钝”“顽俚”“若昏”“闷闷”“犹豫”“浑浊”等嘲讽自己，自取其乐，心安理得。有趣的是，老子很多自嘲的语言变成了经典名言，比如大智若愚、大巧若拙、大辩若讷等，这些都成为智慧的象征。自嘲是现代人特别需要的东西，因为生活在现代社会的人，生活节奏快，工作压力大，而自嘲这种源于内在的符合自然的自我调节、自我修复方式，更有利于保全生命的机能与活力。

老子还有一种不食人间烟火的超凡脱俗。或许是因为他那纯洁浪漫的田野情怀，使他对奢华的物质、世俗的欲望嗤之以鼻。他把权力视为殃祸，把金钱当作粪土，把欲望当作灾难。是不是他对这些东西没有认知呢？刚好相反，他对它们不仅看得太多，思考得也十分深入。如果真正领悟了老子的道，真正理解了生命的意义，就不难理解老子的超凡脱俗。“名与身孰亲？身与货孰多？得与亡孰病？”这是老子向世人发出的生命终极之问。老子认为，道的法则是有得必有失，有好必有坏，有藏必有亡，就像人喝了水吃了食物需要排泄一样，若只进不出，肯定得病。贪财的人，即便先获取了财物，但终将会为财物所累。老子在 2000 多年前就说得很明白的道理，至今仍然有人充耳不闻。

老子还是一个巨人。唐朝有一个史学家叫张守节，撰有《史记正义》一书，他借助前人有关神仙方士的传说，描摹了一个老子的形象，十分生动。说老子身高有八尺八寸，一对长垂的耳朵，一双炯炯有神的大眼睛，眉宇轩昂呈黄色，长着宽广的额头，稀疏的牙齿，方形的嘴巴配着厚厚的嘴唇。在他的笔下，老子形象伟岸，且完全被神化了，一尊神仙形象呼之欲出。

当然，说老子是一个巨人，并不是指他的形体伟岸高大、气宇非凡，而是说他是一个思想的巨人。老子的五千余言虽然文字不多，却是微言大义，一字千金。2000 多年过去了，他提出的概念和命题仍然在宇宙中回响，不管是哲学家、思想家，抑或是科学家、政治家，都仍然在尝试理解和阐发他的初始奥义，都希冀从他的只言片语中寻觅一些智慧的灵感。他给出的“道”学原理，虽然微妙玄达，深不可识，但人们并不因为它晦涩难懂而放弃对它的痴迷考究；他提出的“无为而治”，看似没有什么惊世骇俗的实用价值，但它蕴藏的深奥哲理仍然被许多有识之士津津乐道。

老子的伟大之处还在于，他提出的思考和追问极具魔力，并没有被悠久的历史尘埃掩盖，依然折射着时代的流光溢彩。什么是命？生命的终极意义是什么？如何让生命长生久视？自然是什么？自然有力量吗？人类能够超越自然吗？人类应该超越自然吗？如此等等，不一而足。说老子是跨越时空的思想家，一点也不为过，他抛出的许多问题，都具有永恒性。其中很多问题，老子虽然没有给出肯定的答案，但他为人们指明了未来思考的路径和方向。

老子是人不是神，任何把他神化的企图都是可笑的。他也有局限，既有历史的局限，也有认知条件和能力的局限。我们现在研究他的思想，不是去发现和追究他的局限性，而是去发掘他的思想宝藏，让他的思想放射出时代的光芒。

## 二

《老子》是一部哲学笔记，也可以视为老子对宇宙万物和人类社会问题思考的集合。在中国汗牛充栋的传统文化经典中，如果没有了《老子》，那将变得黯然失色，索然无味。老子是中国历史上伟大的哲学家，他提出了很多以“道”为核心的名词，是具有中国文化特质的哲学概念，如“道”“无为”“玄德”“大智若愚”“道法自然”等，都是涉及世界的本体，触及人类命运的根本命题。在那个时代，除了老子，没有人有如此深刻的哲学思考。他的这些概念和说法已经深深地植根于中华民族文化中，构成了中华文化基因库的重要部分。

《老子》是一条传送原始观念到未来世界的时空隧道。《老子》虽然古老，其思想光辉却不可磨灭，这不仅体现在千百年来，无数的帝王将相、文人学士都对它顶礼膜拜，试图从它的语言中获取智慧与力量，而且它的思想越过国界，令世界众多的政治家、思想家、科学家、文学家折服。据联合国教科文组织统计，《老子》是世界上除了《圣经》以外，被译成外国文字发行量最多的人类思想经典，这足以说明它的影响力之大。即使在今天，真正理解《老子》的读者，不仅不会认为它干涩枯燥，反而觉得它是那么亲切，那么关怀人性，那么贴近生活，可谓常读常新，百读不厌。《老子》虽然是2000多年前的文字，但至今仍然具有现实针对性，甚至对人类的未来也具有指导意义。德国有一位思想家叫尤利斯·葛尔，他感叹地说："老子是推动未来的能动力量，他比任何现代的，都更加具有现代意义；他比任何生命，都更加具有生命的活力。"

《老子》是一部智慧宝典。老子不是在夸夸其谈地炫耀其观点，兜售其文字，而是从人们身边的细小事物和现象出发，在人们习以为常的现象中挖掘大道理，深入浅出、鞭辟入里地娓娓道来。比如"炊者不立，跨者不行""善行者无辙迹，善言者无瑕谪""坚强者，死之徒也；柔弱微细，生之徒也"等。很多类似的语言里面潜藏着无穷的智慧。他没有告诉你具体的答案，也没有指使你怎么做，只是让你去琢磨，去揣测，去领悟其中的奥妙，好像存放了几十年的醇香美酒，喝了之后，沁人心脾，余韵悠长。智慧是人类思维的最高境界，是解决矛盾和冲突的法宝，也是获得成功与幸福的妙囊。想让自己更有智慧，可认真阅读《老子》，反复琢磨《老子》。

很多人说，《老子》一书是给统治阶级看的，这点没有疑义。但是它的价值并不局限于统治者或管理者，它里面隐藏着如何判断，如何决策，如何管理团队，如何经营家庭，如何教育子女，如何结交朋友等智慧，亦可给予普通百姓人生指导。

另外，早期《老子》版本是从古代墓穴里发现的，比如战国时的楚简、西汉初年的马王堆帛书，其重见天日都是近几十年发生的事情。尽管几千年来，《老子》一直有传世文本流传，像河上公本、王弼本、韩非本等，但这些都难免有传抄失真的嫌疑。马王堆出土的帛书《老子》，是人类历史上的稀世珍品，是公认的最权威、最可信的版本。本人在研究过程中，即以帛书《老子》为主要依据，参考其他版本。

由于《老子》是哲学笔记，所以它的体系并不完整，逻辑也不十分严密，篇章结构更不完美。《道篇》和《德篇》，谁在先谁在后，至今意见不一；章节的划分也存在不同观点，有的学者根据自己的逻辑理解，给它重新分段定句；加上文字的讹错，古今字体的变异，给准确理解《老子》带来了不少困惑。可喜的是《老子》研究一直没有中断，尤其是帛书《老子》出土后，一大批专家学者参与了考证和辨伪，积累了很多研究成果。本人是在吸收他们研究成果的基础上，试图作出一些新的探索。

## 三

《老子》又称《道德经》，现在学术界基本都用《老子》这一名称。《道德经》这一称呼的确是一个历史的误会，但由于已经被许多人接受，而且早就约定俗成，将错就错地叫它《道德经》，也没有大碍。

解读《老子》是当下传统文化研究的热点之一。千百年来，为《老子》考证、作注、作解的学者众多，成果丰富，为更深入地研究老子奠定了坚实基础。《老子》的中外译注版本也五花八门，歧义颇多。由于《老子》时代久远，文字简练，意蕴玄奥，关键是老子对他的很多哲学概念并没有作出详细解释，以致现在能够真正读懂《老子》的人为数不多。既然《老子》是中国古代思想文化中的瑰宝，就应该让更多的人喜欢老子，读懂老子，自觉地从老子思想中汲取生命价值和营养。与此同时，让老子的思想变得生动鲜活，通俗易懂，并成为普通百姓的智慧源泉，是老子研究者和传播人的时代使命。

笔者在学习和研究《老子》的过程中，接触了国内各种《老子》研究著作，如王弼的《老子注》、冯友兰的《中国哲学史》、高明的《帛书老子校注》、陈鼓应的《老子今注今译》、徐志钧的《老子帛书校注》等，还借鉴了一些国内外研究资料。这些研究各具新意，各有千秋；但总有一种不过瘾、不解渴的感觉，觉得老子的思想体系和微言大义没有被鲜明地凸显出来。其实，在《老子》博大的哲学体系中，隐藏着一些深邃的思维密码，这些思维密码往往被精微的文字解读湮没，以致它的根本思想和时空价值被文本解析遮挡，思想张力被束缚。有鉴于此，本人希望在解读方式上进行突破性尝试，运用结构主义思维和近代认识论方法，重解《老子》密码，从另一个角度重新挖掘《老子》的思想内核，迸发它独特的智慧之光。

拙著试图打破考据、训诂、注释、辨析的传统解读模式，不拘泥于一字一句、一节一章的精确释义，而是在充分吸收已有考证、训诂成果的基础上，立足全篇，整体把握，从中提炼、归纳、概括出老子哲学的框架结构和思想体系，让老子思想中蕴藏着的博大胸怀、超凡睿智和深远意义更好地呈现出来。同时，不仅把《老子》置入中国文化的历史长河，也将它放在世界历史的大时空中，来阐发它的普适价值和智慧精华。此外，尝试运用现代人乐意接受的表述方式和叙事逻辑，撰写一本既有哲理又有故事，既有学术涵养又有可读性的大众化《老子》读本。

全书分为上篇和下篇，上篇共四章，下篇共八章。

上篇以大时空观来观照《老子》。自春秋末年老子创立道家学说开始，老子的思想一直是中国社会的主流思潮，《老子》对历代帝王、大臣、士大夫、学人都有深远影响，是中国道教、中医、养生、艺术等方面的思想源头。书中运用了大量历史资料和人文故事，阐述和论证一个事实：孔子的儒学与老子的道学构成了中华民族文明发展的两条文化长河，她们无声地浸入中国人民的物质生产和社会生活，筑就了中华民族文化繁衍和发展的深厚根基。

从世界历史的角度看，老子是“轴心时代”东方智慧的杰出代表，也是唯一一个能够与希腊哲学大师对话的中国思想家。《老子》在西方的传播发行数量仅次于《圣经》，老子在西方政治界、思想界、科学界、文化艺术界、商界拥有广泛的崇拜者，这些崇拜者从不同侧面给予了老子高度评价，凸显了老子东方智者的崇高地位。时至今天，老子的许多思想，仍然具有世界意义。

下篇从《老子》全篇中概括、统整出八大主题，即“道之本”“道之源”“道之动”“道之用”“道之德”“圣人的十大治理法宝”“圣人的十二个智慧锦囊”“圣人的长生久视之道”。通过八大主题的展开，建构起老子完整的、系统的思想体系。每个主题为一章，采取原文解析、原理解剖和案例分析相结合的方法，阐述《老子》的哲学原理和思想内核，力求突出老子哲学思想的思辨性、实践性和人本性。《老子》不仅是帝王之术，也是国家治理智慧，不仅是管理策略，也是普罗大众的人生指导，不仅是认识事物的方法论，也是生命存在的幸福源泉。书中列举了一些现实生活中的现象和案例，对老子的思想观点进行诠释，以增强老子学说的现实意义。

拙著不是一部注老、释老的著作，而是一次老子思想重构的尝试，力图把老子放在一个更广阔的视域去对比观照，包括世界古代文明、中国历史文化长河、中国哲学思想流变、道教的产生与演绎、儒道思想演化与对比等。只有把老子放在全球甚至宇宙的视域下，突破咬文嚼字的解读模式，才显得老子的思想更加伟大、深刻和磅礴。八大主题的设计，是创新老子研究的一次试探，旨在对老子碎片化的、支离零散的，甚至隐晦的论述进行梳理和统整，让他的思想具有一定的整体性和系统性。

在方法论上也试图有些新意。中国古代经典基本上都是概念的集合，几乎没有现代意义上的“定义”，这给准确理解《老子》带来了许多困惑。本书试图采用“定义法”“分析法”等现代方法，将复合性的概念内涵进行分解，让古人的概念更清晰、更有层次，增加概念的确定性。比如什么是“道”，根据老子对“道”的各种表述，尝试着给它下一个定义。一个定义包括诸多要素，把要素分析和整体把握有机结合起来，概念就会自然明白，这样更符合现代人的思维习惯和认知习惯。

对老子的一些重要命题，也提出了一些新见解。例如对“道”的理解，突出其内涵的结构性和能动性，给“道”赋予了生与动的意义。又如“道”与自然的关系，以往的研究涉及较少，或者论述不够透彻，而它正是准确理解老子道学思想的钥匙所在，拙著则做了系统阐述。在八个主题中，都有不同程度的新视角，希望能为老子研究带来一些学术新气象。

要让《老子》走下神坛，进入普通百姓之家，最有效的办法就是让它深入浅出、通俗易懂。本书在充分利用已有研究成果的前提下，尽量减少晦涩枯燥的文字考据和训诂，把重点放在老子思想体系的建构上。在行文方式上，把直译和意译结合起来，力求准确而又通俗。在表达形式上，配了一些插图，大多以思维导图的形式出现，以增加问题阐述的直观性和逻辑性，以求活泼而又有趣。

要想对《老子》作新的结构性解读并非易事，特别是给老子的思想建构一个新的框架体系，笔者更是如履薄冰。虽然经过反复推敲、辗转琢磨，甚至数易其稿，建立的结构也只能是一孔之见，不妥之处在所难免。在概括与提炼过程中，常常遇到概念混淆和前后颠倒的迷惑，难免有差之毫厘、谬以千里的可能，希望求证于老学研究专家和更多的老子爱好者。

# 上篇

## 用世界眼光看老子

第一章

# 老子思想光辉闪耀世界

今天我们重读老子，应该站在一个全新的视角、全新的高度，张开胸襟去领悟。否则，就显得过于迂腐，过于老气，过于狭隘。

首先，我们来作一个东西方思想源流的比较。

## 一、老子是中国古代唯一能与西方大师对话的哲学家

在世界早期的文明史中，出现过一个“群星灿烂”的时代，即公元前 800 年到公元前 200 年之间，在地球北纬 30 度附近，同时存在三个发达文明，即古中国、古印度、古希腊。这种现象是人类历史上的一大奇观，历史学家把它称作“轴心时代”。这三大文明中，只有古中国文明赓续不断，绵延不绝。

古希腊文明是欧洲人的骄傲，所谓“言必称希腊”，反映了古希腊文明对欧洲近代历史的源泉性价值。比如古希腊的

政治、哲学、宗教、艺术等，都是欧洲近代发展的源头活水。

哲学是古希腊文明的思想源流，而苏格拉底则是希腊哲学的泰斗。为了凸显老子在那个时代的思想地位，我们不妨拿苏格拉底和老子作个比较。

苏格拉底生于公元前469年，卒于公元前399年，活了70岁。苏格拉底认为人都是“无知”的，但大多数人都不知道自己无知。因此，他主张通过对话、交流、质疑、辩论、探索、思考的方式来发现真知，觉悟人生。有趣的是，苏格拉底经常像个无所事事、游手好闲的人在户外游走，不断找人聊天，交流对象包括政治家、艺术家、工匠、商贩甚至娼妓。他不厌其烦地提出各种各样的奇怪问题，如什么是真理？什么是智慧？什么是正义？什么是幸福？等等。他和别人的对话是直率的、凌厉的，甚至令人痛苦，但能启迪思维，发人深省。他虽然不能给人以答案，但引导人们思考人生，追溯本质。苏格拉底是个演说家，也是个辩论家，他的这种思维和表达方式被继承和发展，逐渐成为西方文化的一种特质，时至今日，演讲和辩论在西方仍然是一种重要的素质，也是一种时尚。苏格拉底对“死亡”有自己的独特见解，他认为，一切关于死亡的讨论都是基于无知，也止于无知。他说那些恐惧死亡的人，把死亡当成最大的噩兆而恐惧，殊不知死亡也可能是最大的好运。他说死亡只有两种情形：一种是肉体与灵魂俱灭，就像“无梦的安眠”。死亡不过是永恒的休憩。“永恒并不长于一夜”成了他的名言。另一种是灵魂迁往某处，与一切死者会合。在那里，公正的法官维护真理。苏格拉底的生死观的确体现了哲人的淡定与从容。

苏格拉底的哲学思考主要侧重于对人生和道德的追问，表现在对真理的永恒追求。但真理并不总是受欢迎，雅典民主派执政当局以他蛊惑人心、动摇信仰、毒害青年为由，判处他死刑。他对死亡早有认识，因此面对死刑毫无惧色。很多好心人劝他逃走，他依然选择了饮毒药而亡。可见，雅典的所谓“民主”也不过是贵族统治阶级的一块遮羞布。

苏格拉底没有留下文字资料，也没有专门论著，他的思想是由他的学生柏拉图通过对话体的形式记录并流传下来的。柏拉图整理的苏格拉底对话，收录在其对话集《申辩篇》《斐德罗斯篇》等中，被西方人视为经典之作，距今也有 2000 多年。柏拉图作品现存最古老的手抄本是 895 年的版本，在君士坦丁堡（当时是拜占庭帝国，也叫东罗马帝国的首都），由一位大主教请人抄写在羊皮纸上，现藏于牛津大学图书馆。

从现存著作可以看出，首先，苏格拉底留下的思想资料是间接的，他的语言被柏拉图整理保存下来，虽然也很珍贵，但不是苏格拉底的原作，只能体现他的一些意识和观点。其次，尽管苏格拉底提出了一系列哲学命题，如爱智者、真理、无知、正义等，但他的思想缺乏原创性和系统性，大多是对话录，夹杂了一些其他人的观点，不免显得零散而破碎。此外，从语言上看，他的对话显得平淡无奇，不能产生引人入胜的感觉。

老子比苏格拉底早出生约 110 年。相比而言，老子的思想比苏格拉底更宏大，更开阔，也更深远。老子的“道”是关于宇宙本源、世界本质、事物运行规律和法则的思考，比真理和道德涵盖的内容要广阔得多。《老子》触及了本体论、认识论和辩证法等哲学的基本范畴，尤其是本体论和辩证法，成为老子思想的支柱，悠远而深刻，这是苏格拉底望尘莫及的。老子也论“德”，即道德问题，但老子的“德”基于“道”，也生于“道”，这种认识在世界哲学史上是独一无二的。他关于“天道”和“人道”的论述，把自然界和人类社会区分开来，建构在自己的思维逻辑和思想体系之上，更符合自然法则和实践理性。老子也论生和死，如“出生入死”，他把生死置于自然过程之中，认为生和死是自然的运行规律；他说“坚强者，死之徒也；柔弱微细，生之徒也”，他的生死观排除了宗教神学色彩。但他更重视生，高扬生命价值，提出了“致虚，极也；守静，表也”“各复归于其根，曰静。静，是谓复命”等一系列养生长寿的方法。可以毫不夸张地说，老子的哲学范畴已经涉及西方近代哲学的基本内核，只是语言符号和思维方式的差别，才使二者的风格迥异。

从语言风格来看，老子的语言具有凝练、精辟、简洁之美，这既是老子思想的巨大蕴藏所在，也展现了中国古文字的凝练美、对称美和简约美。相比之下，苏格拉底的语言要逊色得多。老子的很多语言，经过千百年的风雨洗刷，至今仍然熠熠生辉，成为中国老百姓出口成章的经典名句，足以证明它拥有历久弥新的生命力。

从文本的历史价值来看，苏格拉底的对话录，最古老的现存本距今 1000 多年，而老子的著作，现存古老的版本距今都在 2000 年以上，而且其真实性不容置疑。它的整体性和系统性更是苏格拉底的对话录不能媲美的。

近代以来，由于受“欧洲中心论”的主导，世界文明的话语权被西方垄断，世界文明发展的历史逻辑、文化符号和概念体系，都以西方文化和价值为根据；中国的古老文明被严重忽略，老子的思想价值被严重低估。尽管近代西方一些有识之士对老子表现出极高的崇敬，但他们限于语言和文化的差异，不免会一知半解。而中国学者对老子的研究基本仍然停留在训诂、考据的层面上，这是老子思想没有得到广泛传播的重要原因。

老子不授徒，不讲学，他推崇“贵言”“希言”，主张“居无为之事，行不言之教”。如果他像孔子那样收徒讲学，他的思想资料可能是另一种景象了。但他不鸣则已，一鸣惊人，《老子》是他自己创作的，在那个以甲骨、简牍、缣帛等为书写工具的年代，五千言堪比现在的洋洋数十万言。这在人类文化史上，在世界哲学史和思想史上，可谓绝无仅有。因此，《老子》在世界上的思想价值、文化史价值、文物史价值、考古学价值，怎么赞赏都不为过。

## 二、老子的影响跨越时空，被西方各界名流奉为宝典

自近代以来，随着东西方文化交流的增加，中国传统文化经典快速向欧洲传播，包括《老子》《论语》《周易》《孙子兵法》《三十六计》等。在这些向外传播的经典中，《老子》影响最大，最受欢迎。

据联合国教科文组织统计，《老子》是在世界上除了《圣经》以外，被译成外国文字发行量最多的世界文化名著。《老子》对近代西方的影响不限于哲学思想界，而是全面的，是

立体式的覆盖。

1. 政治精英从老子那里撷取智慧

很多西方政要人物都把《老子》视为圭臬。美国前总统里根特别喜欢《老子》，老子的治国思想对他启发很大。美国是一个大国，如何进行科学有效的治理，确实是一个大学问。里根对老子的“治大国，若烹小鲜”很有兴致，并于1987年的国情咨文中引用这句话来阐明自己的执政理念。“烹小鲜”作何理解？如何做到？他一定反复琢磨、反复推敲过，最终他的确有所心得，有所感悟，有所收获。

奥巴马是美国历史上第一位黑人总统，他非常喜欢《老子》，在读了老子的著作以后，评价“《老子》是人类的福音”。为什么有这么高的评价呢？奥巴马认为，老子的哲学为实现人类的和平幸福提供了可能性。

德国前总理施罗德在任时，曾经六次访华，对中国文化倍加欣赏，尤其对中国古代文化。施罗德曾在一次电视讲话中呼吁每个德国家庭买一本《老子》，以帮助人们解决思想上的困惑。这种以国家领导人身份倡导百姓读外国哲学著作的行为，在世界上也是少有的。

俄罗斯前总统梅德韦杰夫对中国文化情有独钟。2008年，美国爆发了金融危机，波及全世界。他在2010年出席圣彼得堡国际经济论坛时直接引用老子的“得与亡孰病？甚爱必大费，多藏必厚亡。故知足不辱，知止不殆，可以长久”，希望借助中国智慧帮助世界走出危机。在他看来，经济发展和经济危机不仅仅是经济学问题，更是哲学问题。经济危机的产生，在于人们在经济狂热的时候，不懂得“甚爱必大费，多藏必厚亡”的道理。梅德韦杰夫敏锐地看到了老子的“道”中潜藏的玄妙哲理。

联合国前秘书长潘基文算是中国的老朋友了，在他担任联合国秘书长时，引用老子“天之道，利而不害；人之道，为而弗争”的名言来阐述自己的理念，认为处理当代的国际关系，应该借鉴老子的思想，如果各个国家，尤其是大国都只讲竞争，只搞争夺，那么世界将永远不得安宁。老子生活的时代尽管已经过去2000多年，但国家之间相处的方式并没有发生根本改变，仍然像老子所判断、所描述的那样，利益相争，弱肉强食，兵戎相见，争斗不已。如果不能做到“大邦者，下流也”，互相尊重，平等相待，世界将永无安宁之日。

### 2. 思想家从老子那里吸取养料

《老子》在西方思想界具有广泛影响。黑格尔是德国杰出的哲学家，是一代大师康德的学生，马克思和恩格斯对黑格尔有极高的评价，黑格尔的哲学尤其是他的辩证法是马克思主义哲学的重要理论来源。他把老子学说看成是真正的哲学，从老子“道生一,一生二,二生三,三生万物”的论述中得到启发，并加以创造；吸取了《易经》和道教的阴阳世界观，并且进行逻辑建构，按照太极图阴阳中的三维形式，创立了正反合的三段式辩证认识论。后来，恩格斯撰写《自然辩证法》时，又吸收了黑格尔的思想，提出自然辩证法的三大规律，即量变质变规律、对立统一规律和否定之否定规律。辩证思维是《老子》全篇中最精彩、最透彻的哲学思辨。现在看来，自然辩证法的三大规律与老子的“反者道之动”的思想惊人地相近。

尼采是德国著名哲学家，著作很多，知名的作品有《悲剧的诞生》《权力意志》等。尼采的哲学思想与老子的思想似乎有着天然的情谊，他对西方现代文明持批判态度，和老子一样，属于批判现实主义思想家。他认为，在资本主义社会里，物质财富日益增多，人们的生活水平日益提高，但人们并没有得到真正的自由和幸福，现代文明显得越来越颓废，已经构成人类文明的病症。要医治这一病症，必须恢复人的生命本能，赋予人们新的灵魂。他盛赞《老子》的博大精深，说它“像一个永不枯竭的井泉，满载宝藏，放入汲桶，唾手可得”。在尼采看来，《老子》是治理西方社会现代文明病根的一剂良药。

另一位德国哲学家海德格尔，是存在主义哲学的奠基人。他特别推崇老子，认为“道”能把人们的思维推向深邃，所以经常通读《老子》。他说：“若你想要用任一个传统的方法——无论是本体论的、宇宙论的、目的论的、伦理学的等来证明上帝的存在，你会因此而把上帝弄小了，因上帝就像‘道’一样是不可言说的。”海德格尔对《老子》由衷喜爱，他与中国学者萧师毅共同合作，翻译了《老子》德文版。萧师毅先生特地发表过一篇在合作过程中海德格尔给他的信函：‘萧先生，我时常想念您，并希望我们能尽早恢复我们的谈话，我思考您给我写下的引文：‘谁能宁静下来，并源出自和通过这宁静将某物导向道路之中，以致它能发出光明？’谁能透过成就宁静而使某物进入存在？天道！衷心地向您致意！您的马丁·海德格尔。”海德格尔认为《老子》与自己的存在主义思想很吻合，深深地被老子感染，还特地请萧师毅用中文书法写出“孰能浊以静之徐清？孰能安以动之徐生？”两行字，按照中国的方式，挂在自己家的墙上。视自己为老子的忠实信徒，他的一派中国风可谓地地道道。

美国有一位当代著名哲学家和史学家，名叫威尔·杜兰，他花 40 年的时间编写了一部《世界文明史》，这是一部揭示人类文明遗产的划时代巨著。这部著作曾获得美国普利策奖，享誉全球。他在《世界文明史》中说：“或许，除了《道德经》外，我们将要焚毁所有的书籍，而在《道德经》中寻得智慧的摘要。”他一定是多次通读过《老子》，才有这样高度的评价。

英国著名哲学家克拉克，写了一本书，名叫《西方人的道——道家思想的西方化》。他在书中把道家思想在西方逐渐普及的原因，归结为思维方式上的三个变化：希望过更好的生活，但要从传统宗教教条式信念的束缚中解放出来；透过克服身心二元论而达到一种身心完整的生活；需要从更广的范围看待当代各种思想潮流。克拉克不仅深刻地理解了老子“道”的核心思想，窥见到了西方宗教对人们思想和生活的束缚，看到了人们身心二元分裂的社会痛苦，他主张“道家思想西方化”，用老子的思想去指导人们的生命过程。

罗素是我们熟知的天才学者，他是英国知名的哲学家、数学家、逻辑学家，1950 年获得诺贝尔文学奖。罗素是一位民权主义者和反战斗士，曾两次伸张正义和反对战争而被判刑入狱，还靠变卖书籍缴纳罚金。他目睹了资本主义血淋淋的现实，经历了两次世界大战的残酷争夺，认为西方科学发达，但物欲横流，贫富悬殊，社会矛盾突出，他主张西方学习中国的道家哲学，实现社会的平稳安定。

### 3. 科学家从老子那里寻找灵感

爱因斯坦是著名的美籍德裔物理学家，他建立的相对论对人类贡献巨大。据著名数学家陈省身回忆，他曾受邀去爱因斯坦家做客，在爱因斯坦家里的一个书架上，放置了为数不多的几本书，其中之一就是德文版《老子》。这版德译本的译者是德国传教士兼汉学家卫礼贤。除此版本之外，爱因斯坦的私人藏书中，还有欧阳心农赠的英译本等。

李约瑟是英国科学家、中国科技史研究专家、胚胎生物化学创始人。所著《中国科学技术史》，指出中国古代科技曾极大地影响世界文明进程，为人类作出巨大贡献。他说："中国人性格中有许多最吸引人的因素都来源于道家思想。中国如果没有道家思想，就会像是一棵某些深根已经烂掉了的大树。"这种评价可谓一针见血，不得不钦佩他对老子思想的独到见解。他还认为，道家思想体系直到今天还在中国人的思想背景中占有至少和儒家同样重要的地位。关于道家思想和儒家思想对中国历史的影响，我们将在后面加以分析。

美国学者麦克·哈特评价《老子》说："这本书虽然很薄（不到六千中文字，因此足以用一张报纸登载），却包含着许多精神食粮。……在西方，《老子》远比孔子或任何儒家作品流行。"

美国科学家卡普拉站在科学的角度，惊奇地发现道家哲理与高能物理现象相吻合。他在《物理学之道》中说："中国的哲学思想，提供了能够适应现代物理学新理论的一个哲学框架，老子哲学思想中的'道'暗示着'场'的概念，'气'的概念与量子'场'的概念也有惊人的类似。"他的创造性理解告诫人们，作为现代人，我们在解读《老子》时，不能坐井观天，不能围困在旧说里，更不能把自己铸牢在千百年来说文解字的游戏之中。

4. 文化界不乏老子的追捧者

俄国伟大作家列夫·托尔斯泰，以及他的作品《战争与和平》《安娜·卡列尼娜》《复活》等在我国家喻户晓。他曾说："孔子、孟子对我的影响很大，而老子对我的影响巨大。"还特别突出了老子对他的影响，强调说："老子教导人们从肉体的生活转向灵魂的生活。顺应自然法则即生命，即智慧，即力量。我良好的精神状态，归功于阅读老子。"这是多么有见地的认识！

德国有一位诗人叫科拉邦德，他对老子的思想十分崇拜。他曾写过一篇文章，名叫《听着，德国人》，在这篇文章中他毫不遮掩地呼吁德国人按照"神圣的道家精神"来生活，争做"欧洲的中国人"。老子的道学思想为什么具有如此的魔力？如果没有深刻的理解，他不可能发出这样震撼肺腑的心声；只有当老子的智慧触及他灵魂深处的神经末梢时，这声音才有可能如此激越，如此动容。

德国有一位叫尤利斯·葛尔的学者，他在 1910 年出版了

《老子的书——来自最高生命的至善教诲》一书，在书中他这样说："也许是老子的那个时代没人真正理解老子，或许真正认识老子的时代至今还没有到来。老子已不再是一个人，不再是一个名字了。老子，他是推动未来的能动力量，他比任何现代的都更加具有现代意义，他比任何生命都更加具有生命的活力。"他对老子的崇拜几乎到了无以复加的地步，在他看来，老子的确已经不是一个个体的人了，他已经化成一股力量，而且是能推动未来的巨大的思想力量。

更有意思的是，20 世纪著名的英国摇滚乐队披头士，将《老子》第四十七章改编成歌曲"The Inner Light"，即《内心的光芒》。"不出于户，以知天下。不窥于牖，以知天道。其出也弥远，其知弥少。是以圣人弗行而知，弗见而名，弗为而成。"改编的歌曲充盈着东方味道。在浪漫主义的西方艺术家那里，老子的思想同样让他们感动，让他们满怀绚丽的希望。

5. 工商界视老子为管理大师

老子的智慧成为企业经营的法宝，一点也不足为奇，因为老子本来就是一位管理大师。据英国著名媒体《泰晤士报》报道，英国的一家小公司为了经营发展和协调内部关系，从《道德经》中获取灵感，提出以人为本、以企业文化吸引人才的公司理念，在短短几年之内盈利激增了 200%，引起了媒体的广泛关注。

日本是对中国传统文化吸收最多的国家，尤其是盛唐时期，鉴真大师曾六次漂洋过海，去日本讲学。日本十几次派出留学生来中国学习文化，那是中日文化交流的鼎盛时代。日本文化中至今还保留着许多中国元素，大和民族善于吸收和创新，慢慢形成了自己的文化特质，但它与中华传统文化有不解之缘，这是不争的事实。日本学者汤川秀树指出："早在两千多年前，老子就已预见到了未来人类文明所达到的状况。"另一位日本学者卢川芳郎说："《道德经》这本书洋洋五千言，是完全没有固有名词的，是用警句和格言来编辑的，但它采取了对偶和韵文的文体，而其内容表现则采取了巧妙表意的逆说法。《道德经》有一种魅力，它给在世俗世界压迫下疲惫的人们一种神奇的力量。"

日本享有"经营之神"美誉的著名企业家松下幸之助，把《孙子兵法》用在销售上，把《大学》用在管理上，把最难懂的《老子》用在最重要的领导层上。他说："我并没有什么秘诀，我经营的唯一方法是经常顺应自然的法则去做事。""过分追求欲望的结果是：不仅不能感到舒适，反而会感到痛苦，丧失自我。"松下幸之助最推崇老子的管理哲学，在松下公司花园里有一尊老子的铜像，下面石座上刻着中文"道可道，非常道"。

英籍奥地利经济学家、思想家哈耶克，是20世纪具有重大影响力的经济学家之一，于1974年获得诺贝尔经济学奖。他坚信自由市场经济，崇尚自由主义，与凯恩斯的宏观经济学和国家资本主义理论相对立，长期争论，终无结果。他认为道家的"我无为也，而民自化。我好静，而民自正"的观点，就是他的"自发社会秩序"理论的经典表述。也就是说，他把老子的"无为"思想运用于经济活动中，就是自由市场经济，老子的“道”就是那只“无形的手”。

《老子》的外文译本总数上百种，研究老子思想的专著也高达700多种。在国外，老子是东方智慧的杰出代表之一。这说明《老子》是一个巨大的宝藏，是一条奔腾不息的河流，是一座令人仰止的高山，它的不朽价值还远远没有被充分挖掘，它的未来意义需要更多的人去实践。

第二章

# 追寻中国两条历史文化长河

## 一、人类不朽的只有思想和精神

人类社会发展的历史，最宝贵的是人类文明的演绎史，它集中凝结在人类有记录可叙述的思想和精神宝藏之中，由此生发出人类对美好未来的憧憬，对群体价值的追求，对道德人性的思考，对是非曲直的辨析，还有对自然世界的认识与探究。

中华民族最值得自豪和骄傲的，是她独具魅力的文字工具和汗牛充栋的历史资料，这使得中华文明的生命轨迹可以被记载、叙说、继承和传扬。由它们构成的文明密码和核心价值，生成了中华文明经久不衰的长生基因，这正是世界其他文明和其他民族所不具有的精神特质。

严格说来，中国古代历史上，在思想和精神上称得上"教父"的人物只有孔子和老子。之所以这么说，是因为只有他们的思想和精神对中国历史产生了全面和重要的影响，这种影响一直持续至今。虽然还有很多名垂千古的圣人、学者和思想家，但他们或仅存于传说中，或短暂地活跃一时，或充当着传道注解的接力者。

倘若对中华民族的文化发展轨迹进行梳理，不难发现，在2500多年的历史进程中，形成了两条奔腾不息的历史文化长河。这两条长河滥觞于孔子和老子，绵延不断，滚滚向东。

可能有人说，中国历史上还有其他重要的思想流派，比如墨家、法家、名家、兵家、阴阳家等等，如果用文化历史长河来衡量，它们只能算作支流，不具备民族文化洪流的巨大力量。还有佛教，它的影响广泛，但它不生于中国，而且深深地打上了儒家和道家思想的印痕，它对民族国家的发展影响是有限的，不足以成为一条汹涌澎湃的大江大河。

## 二、孔子和老子比较观

孔子和老子是中国传统文化的两大旗手，引领着中华文化发展的方向。他们是怎么成为旗手的？有优劣之分吗？这是一个有趣的问题。

为了直观起见，这里提供一个《老子》传播时间轴，从春秋战国到隋唐，涌现了一大批知识分子，他们以阐释和传播儒家与道家思想为使命，开凿了两条中华民族文化的长河——儒家文化和道家文化。

孔子在我国是无人不晓的圣人，历代皇帝都给他加封各种名号，戴上了许多高大的帽子，其受尊敬和推崇的程度到了无以复加的地步。孔子出生于鲁国陬邑，位于今山东曲阜

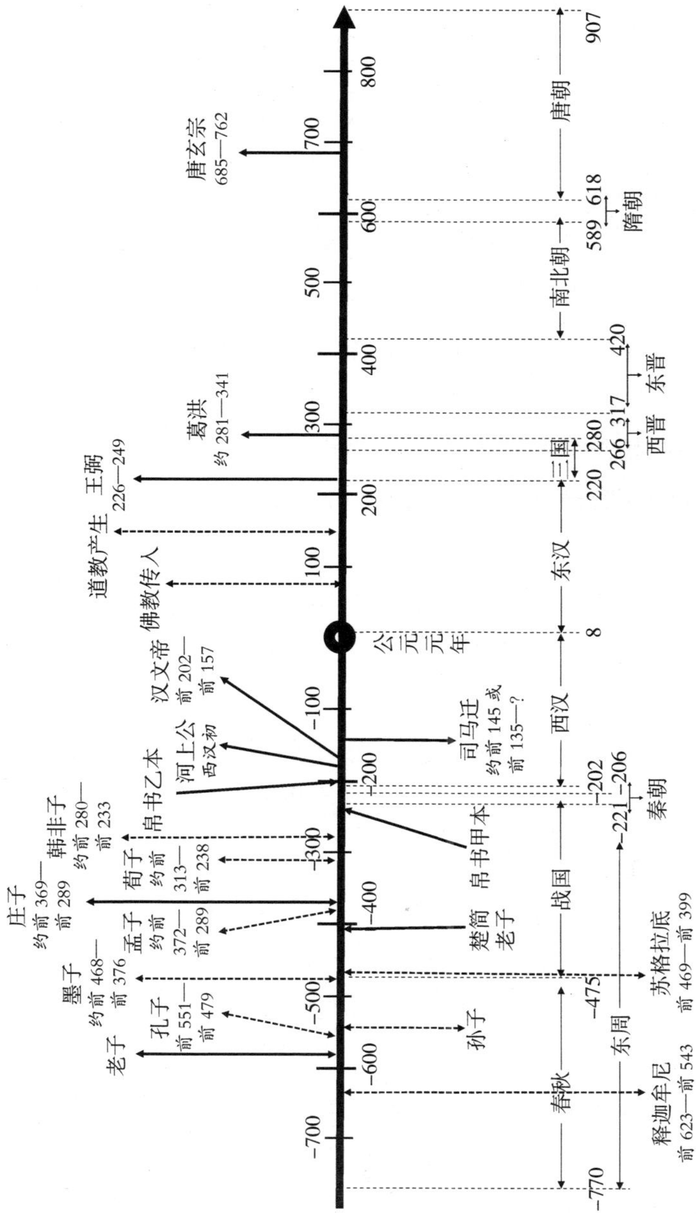
唐玄宗 685—762
葛洪 约 281—341
王弼 226—249
道教产生
佛教传人
汉文帝 前 202—前 157
河上公 西汉初
帛书乙本
司马迁 约前 145 或前 135—？
帛书甲本
韩非子 约前 280—前 233
荀子 约前 313—前 238
庄子 约前 369—前 289
孟子 约前 372—前 289
楚简老子
墨子 约前 468—前 376
孔子 前 551—前 479
孙子
老子
苏格拉底 前 469—前 399
释迦牟尼 前 623—前 543
公元元年
唐朝
隋朝
南北朝
东晋
西晋
三国
东汉
西汉
秦朝
战国
东周
春秋
907
618
589
420
317
280
266
220
8
-202
-206
-221
-475
-770

《老子》传播时间轴

东南。祖先是宋国的贵族，据说是商汤的后裔，后来家道中落，迁到鲁国。因此，孔子有高贵的血统，是贵族后裔，这一点对他后来思想的形成产生了重要影响。

孔子生于公元前 551 年，卒于前 479 年，活了 73 岁。老子的生卒年代不详，史书没有确切记载。司马迁的《史记》对孔子及其弟子有详细记录，对老子却只有寥寥数笔，况且记载了两个“老子”，一个叫李耳，另一个叫老莱子，这样就留下了一个历史悬案。根据学者们的研究，老子生于公元前 580 年左右，比孔子大 20 多岁。《史记》里面孔子向老子“问礼”的记载，应该是可信的。因为除《史记》外，《庄子》《礼记》《孔子家语》等典籍中都有关于此事的记载。

孔子是儒家学派的创始人。儒家思想在中国封建社会一统天下，长达 2000 多年。在这个绵长的历史过程中，儒家思想不断完善，不断充实，形成了大一统的复杂体系，盘根错节，根深蒂固，已经浸润到社会生活的方方面面。

孔子儒家思想的核心是什么？从本体观来看，儒家宣扬的是“天命论”，这是殷周流传下来的天帝创世说。天帝是一个人格化的神，主张神是创造世界的主体，一切都是神的安排。天帝是人类的最终主宰，天的意志高于一切，天命决定人命。所以，他们宣扬“死生有命，富贵在天”（《论语·颜渊》）。在“天命论”支配下，又塑造了一个天子，就是天帝之子。天子代表天帝管理天下。谁是天子呢？是天下的最高统治者，因此，西周的国君被称为“周天子”。君权神授是封建统治制度的理论基石，也是儒家思想的核心命题。天子在天下拥有至高无上的权威和权力，他们说的话就是天理，是绝对的，不可儿戏，无以撼动。董仲舒进一步发展，提出“天不变，道亦不变”，他的道是指统治制度和社会秩序。天帝作出的决定和安排不能改变，天子的地位不能变化，世袭制由此而生。儒家就是以维护周天子的贵族世袭制的统治地位和秩序为己任。不充分认识这一点，就很难把握儒家思想的社会历史价值，也很难走出“尊孔复古”的意识阴影。

春秋晚期，周王室已经败落，中央政权形同虚设，诸侯崛起，群雄征战。孔子认为这是国家礼崩乐坏、人间秩序颠倒的结果。孔子希望回到传说中的周朝初期的那种社会状态，为此，他提出了以“仁”和“礼”为核心的政治主张。“仁”是孔子思想的重要范畴，“仁义礼智信”中，“仁”字排在第一位。“礼”是他恢复周初统治秩序的主要手段，他极力主张恢复周礼。周礼的实质是什么？其实就是等级制度，上至天子，下至黎民百姓，都有一套行为规范、礼仪制度，不能僭越，否则就乱套了，就叫作大逆不道。中国号称“礼仪之邦”，其源头从西周开始。到了汉代，礼制中增加了“三纲”，即君为臣纲、父为子纲、夫为妻纲，及“五常”，即仁、义、礼、智、信。这些成为中国封建伦理道德和统治秩序的核心支柱。

从历史观的角度看，孔子的思想是反动的，是逆历史潮流而动的。因为它维护的是以宗族血缘关系为核心的，已经衰落并正在走向腐朽的贵族集团的利益。孔子是一个贵族社会空想家，要那个时代的统治阶级实行仁政，可能吗？这些贵族统治阶级都是通过压迫、剥削、掠夺、战争获取利益，他们是剥削者，是寄生虫，都是自私自利的，要他们实行仁政，无异于与虎谋皮。即使少数开明的君主认可仁政，甚至实施一些仁政，也更多的是从维护自身利益出发的。况且，以宗法、血缘、世袭、等级为核心的国家治理方式，本身就不合理，不能长久，一定是短命的，中国古代长期的朝代更替已经证明了这个结论。孔子想要恢复周礼的思想便显得更加迂腐落后；所有的社会伦理道德都建立在“君为臣纲、父为子纲、夫为妻纲”之上，严格的等级制度成为压抑个性、泯灭人性的枷锁，成为阻碍社会进步的桎梏。

老子的主张就有不同了。《老子》被称为“帝王之书”，老子也是帝王之师。

老子完全站在另一个视角看待自然与社会，与孔子的社会历史观大相径庭。老子思想的核心命题是道，他的道不仅“先天地生”，而且“生万物”，即道是世界的本源和主体，这是对儒家“天命观”和“君权神授”的当头棒喝。在老子看来，道是物质的，也是自然的，在道之外，没有神灵，更没有天帝，建立在自然基础之上的道才是世界的本源，宇宙万物和人类自身都是自然的造化。正如郭沫若先生所说：“老子的最大发明，便是取消了殷周以来人的格神的天之至上权威。”张松如先生也说：“老子是中国古代第一个以理论性的形式来宣传无神论的思想家，他提出了道这个至高无上的宇宙本体，批判了殷周以来‘帝’‘天’‘鬼神’观念为基础的宗教神学宇宙观。”显而易见，在宇宙世界观上，老子和孔子绝然对立，泾渭分明。

诚然，老子也有很多关于“天地”的论述，但他的天地是自然的一部分，不是人格化的神。他说“天地不仁，以万物为刍狗”，通俗地讲就是天地不讲亲疏，不分贵贱，世界万物都是平等的，但必须尊重自然规律与法则。在这种世界观的支配下，他反对社会的等级差别和贵贱区分，提出“必贵而以贱为本，必高矣而以下为基”“强大居下，柔弱微细居上”“大邦者，下流也”等观点。老子站在哲学的高度看待自然世界和人类社会，认为珍贵的东西源于低贱，没有低贱做衬托，珍贵就失去了意义；高是以下为基础的，再高的高楼，没有下面的地基就会倒塌。贵与贱、高与下都是互为前提，互为依存，缺少一面另一面就不能存在。这是自然的法则。延伸到社会层面，天子、国王、诸侯等贵族，他们虽然高贵，但如果没有老百姓，也就无法存在。所以贵族不能轻视老百姓，更不能压制人民。有权势的人应该谦卑，大国应该放低姿态，这才符合自然之道。既然是相互平等、相互依存的关系，就不能有先天的世袭制，不能有人为的等级规定，不能按照血缘分别亲疏。从这里可以看到，老子的思想是先进的，甚至是现代的。

单纯从政治主张来看，孔子是为了挽救没落的、腐朽的、濒临崩溃的周王朝，这注定了他的主张会遭受冷遇。孔子周游列国，先后去过卫国、曹国、宋国、陈国、蔡国、楚国等六个国家，除了在卫国和陈国做过短暂服务外，其他国家都不接受他，吃了不少闭门羹。孔子踌躇满志、满腔热忱地出去走了一圈，兜售自己的治国主张，颠沛流离达十几年之久，结果是灰溜溜地丧气而归。一次在郑国，孔子和弟子走散了。一个郑国人告诉子贡，孔子像一条疲惫的“丧家之狗”。孔子自己很无奈，点头认可，于是后来有人说，孔子是一条“丧家狗”。在那个诸侯争霸、尔虞我诈的时代，谁会相信他的仁政？谁会理会他的周礼？一介书生，靠他的三寸不烂之舌，想把这些的东西推销出去，的确是不可为而为之。

老子不一样，他不授徒，也不讲学，不宣扬自己的思想主张。他认为“至誉无誉”，即最高的荣誉就是没有名誉；他认为圣人应该做到“生而弗有也，为而弗恃也，长而弗宰也”。老子不图名利，没有自私的欲望，所有发生都是自然而成。直到他骑着青牛走出函谷关，被尹喜截留，才有机会把他的思想写成文字。这位堪称中国历史上数一数二的哲学家、思想家，谦逊低调，出走时没有人为他送行，更没有前呼后拥的徒弟为他开路。除了《老子》文本，没有留下多余的物品。

孔子当然有许多值得称道的东西，当政治抱负落空后，他回到老家收徒讲学。据说他有三千弟子，可能有些夸张；说他有七十二贤人，这是可信的。孔子的最大贡献是教育上的成就：一个是他开启了私塾的先河，这种教育形式延续了几千年，对普及知识、传播民族文化起到了重要作用；另一个是他的教育思想，中国的教育史必须从孔子开始，他提出了一系列教育理念，至今仍然有价值，如“因材施教”“有教无类”“温故知新”“不启不发”“思学结合”“学以致用”等。把孔子称为老师的鼻祖，他应该当之无愧；说他是中国最早的教育家，名副其实。

孔子对传统文化的整理与传播，意义深远。据传，孔子抓住晚年宝贵的时间，先后修订了“六经”，就是《诗》《书》《礼》《乐》《易》《春秋》。这些都是儒家经典，是儒家思想体系的重要财富。孔子的治学精神和使命担当是让人敬佩的。

孔子关于“君子”之德的论述，有许多精辟之处。比如，

“学而时习之，不亦说乎？有朋自远方来，不亦乐乎？人不知而不愠，不亦君子乎”“富与贵，是人之所欲也；不以其道得之，不处也。贫与贱，是人之所恶也；不以道得之，不去也”“君子喻于义，小人喻于利”“君子坦荡荡，小人长戚戚”“己所不欲，勿施于人”等等，这些都已经成为中华民族的传统美德，也为2000多年的封建官僚和士大夫提供了遵循标准。

孔子没有亲自撰写的著作，他的言论被他的弟子及再传弟子整理，编成《论语》一书，此书算是他思想的集中体现。相较于老子，孔子的思想缺乏系统性和完整性。

## 三、孔子是帝王制的社会伦理学家

伦理学是指关于道德的起源、发展，人的行为准则和人与人之间的义务的学说，包括政治伦理、家族伦理、社会伦理等。孔子对道德的说教和论述比较多，是他思想的主体，这正体现了儒家学派的特点。他在伦理学方面的突出成就是毋庸置疑的。严格地说，孔子对哲学的基本问题，如本体论、认识论、辩证法等几乎没有涉及。道德学说如果没有哲学思考，没有理性思辨，就很难达到某种高度，最终必将走向庸俗化。所以儒家的道德说教到了宋明以后，已经没有生气，越来越显得老气横秋。鸦片战争期间，西方的坚船利炮，打破了2000多年的沉寂，封建统治阶级和士大夫们为之经营、为之献身的儒家道统体系被击得粉碎。

黑格尔在讲东方哲学的时候，对《论语》有一段评述，耐人寻味。他说：

> 我们看到孔子和他的弟子们的谈话（指《论语》），里面所讲的是一种常识道德，这种常识道德我们在哪里都找得到，在哪一个民族里都找得到，可能还要好些，这是毫无出色之点的东西。孔子只是一个实际的世间智者，在他那里思辨的哲学是一点也没有的——只有一些善良的、老练的、道德的教训，从里面我们不能获得什么特殊的东西。

在黑格尔的哲学评判中，孔子及《论语》的价值受到了严重的低估，但他讲的不无道理。《论语》的内容以语录为主，难免让人觉得零零散散，缺乏逻辑；与哲学的思想性、思辨性相比，道德说教的确显得平庸、贫乏，既不好读，也没有趣味。当然，我们不能被西方的观点支配，权当参考。但黑格尔是欧洲赫赫有名的哲学大师，他的观点也不能被忽视。

就哲学的思想性、思辨性而言，老子的哲学更胜一筹。他的思想恢宏博大，横贯宇宙；他的思维逻辑缜密，思辨性强。由于篇幅的关系，关于老子的思想体系将在本书的下篇做详细阐述。

## 四、黄河之水天上来

把儒家文化比作黄河，一是说它曲折绵延，历久不竭；二是说它地位高，身价高。自从董仲舒提出“罢黜百家，独尊儒术”以后，儒家学派便成为正统，可以号令天下，其他学派只有屈从靠边。儒家文化从孔子开始，一直流淌到今天，中国人的思维方式、生活方式、处事方式，都不免留下儒家文化的烙印，它如影子般与我们每一个人相伴，已经成为中华民族的文化基因。儒家文化为什么有如此强大的生命力？这得从中国历史的演化中寻找答案。

早在春秋战国时期，儒家还只是“诸子百家”中的一家。所谓“诸子百家”，是对当时思想解放、学术自由、平等争鸣景象的描述。那是一个充满活力、充满朝气的时代，是一个群星灿烂的时代，就像恩格斯形容文艺复兴时的局面一样，“是一个需要巨人而且产生了巨人——在学识、精神和性格方面的巨人的时代”。孔子创立的儒学是当时比较有影响力的一派。法家、道家、墨家、兵家等都出现了自己的代表人物，也不逊色。秦始皇统一六国后，这样的局面就结束了，法家成为其主要统治思想。秦朝短命，十几年就崩溃了。到了西汉，形势发生重大变化。大儒董仲舒向汉武帝建议“罢黜百家，独尊儒术”，被汉武帝采纳，这为儒家的发展开辟了道路。从此，儒学成为官学，儒家一枝独秀、一派独大的局面正式开始。而其他学派都被打压、限制，甚至扼杀。

隋唐时期，创立科举制度，这一制度一直延续到清代。科举取士是中国古代知识分子获得功名的主要途径，读书做官成为他们的终身追求。所谓“万般皆下品，唯有读书高”，就是儒家思想的社会导向。如果青年学子想读书，进入仕途，就只能读儒家的书。封建统治阶级通过这种方式，把广大知识分子牢牢地控制起来。科举制度的建立，目的是为封建统治阶级培养他们所需要的人才。中国封建社会之所以能够延续 2000 多年，以儒学为核心的科举取士制度是其赖以存续的深厚文化根基。

宋代是儒家文化的另一个高峰。传统儒学被理学取代，理学对传统儒学进行了改造升级。张载、程颐、程颢和朱熹是理学的杰出代表。朱熹是宋明理学的集大成者，他勤奋好学，19 岁中进士，著述很多，如《太极图说解》《周易本义》《诗集传》《楚辞集注》等，特别是他的《四书章句集注》成为皇帝钦定的教科书和科举考试的标准，相当于现在的高考考试大纲，影响深远。儒学在宋代可谓登峰造极，连小孩的蒙学读本也被儒学独占。可以想象，儒学在当时的思想界、学术界、教育界，乃至全社会的影响力是多么强大。

到了明代，儒学有些新的变异，其标志是王阳明的“心学”。王阳明就是王守仁，从名字“守仁”即可看出，他是儒家文化的继承者。王阳明进士出身，做过多地的地方官，曾奉命平定藩王谋反和盗匪叛乱，深得朝廷赏识。他是封建时代少有的德才兼备、文武双攻、理论与实践并收的官僚士大夫，和清朝末年的曾国藩颇有几分相似。他从长期的基层实践中意识到传统儒学的弊端，反对僵化的思想教条，强调人的主观能动性，提出了“致良知”“知行合一”“心即理”等概念，形成了他的心学体系。尽管他的心学带有一些时代新风，但其影响是有限的，而且终究逃脱不了儒家道统的陈旧框框。

清代进入了中国封建社会的末期，除了在金石、考据、整理方面有些成果外，儒家文化的发展乏善可陈。鸦片战争让清朝皇帝和封建士大夫们从2000多年儒家道统的睡梦中惊醒，各种思潮蜂拥而至，风雷激荡，思想界、文化界迎来新的时代。清王朝被推翻，宣告儒家学说统治中国社会的历史终结。

总的来看，儒家文化在历史上呈现的是一个由弱到强，由强到极盛，由极盛到衰落的走势，但作为一条历史文化长河，至今它仍然在静静流淌。

## 五、长江水阔潜流急

把道家文化比作长江，是说它源远流长，“水阔”是说道家文化对中国社会的影响广阔，“潜流”是说道家文化不是长期的官方御用学说，它只能借助自身的力量在社会中默默传扬发展。

以现在的眼光观察，道家文化非常弱小，弱小得几乎感受不到。但是，当我们翻开历史的画卷，再现历史的真实时，却是另外一种景象。

### 1. 同样古老的学派

老子是道家学派的奠基人。道家和儒家是同时代产生的，比儒家还要早一些，那是在公元前6世纪左右。《老子》被函谷关关长尹喜收藏后，什么时候被复制，在哪里发布，向谁发布等问题，现在无可考证。由于文字演变以及书写工具、印刻技术、收藏方法等手段的限制，那个时代的文字资料都已被漫长的时间湮没。现存最完整的《老子》文字版本，是三国魏时王弼的《老子注》，也是后来最普遍、最通行的版本。但它离老子生活的年代已经过了700多年，几百年间发生了多少误抄和讹传，也无法考究。1973年长沙马王堆考古发现了《老子》帛书本，有两个写本，其中甲本用篆书抄写，乙本用隶书抄写。这是迄今为止发现的最古老的《老子》完整抄本，它比王弼本早了近400年。《老子》《易经》等经典作为陪葬，既是对墓主的敬仰，也是对古典文化的敬畏。但即使是帛书《老子》，也是西汉前期的作品，与老子相隔还有300多年。

老子尽管不讲学，不授徒，但还是有不少追随者，早期有名的是庄子、列子、文子等。庄子（约前369—前286），名周，生活在战国中期，活了83岁，人称庄周。庄子是老子的忠实粉丝，他崇尚自由，好简朴，有傲骨，不愿做官。有一次他去见魏惠王，披着一块大粗布，裤子上还打了补丁，可见他不修边幅，大大咧咧，与儒家“士”形成了鲜明对照。《庄子》一书集中体现了他的思想，一般认为内篇为他所著，其中的《逍遥游》《齐物论》《养生主》等都是名篇。庄子是老子的后继者，但他的思想与老子有区别。他的文章天马行空，离奇古怪，充满浪漫主义情调，寓言、神话故事信手拈来，妙趣横生。但他又有严密的逻辑和思辨色彩，别具一格。

列子是道家思想承上启下的人物，他比庄子更早，属于战国早期。他继承老子清静无为的主张，创立了哲学上的“贵虚”学派，有人称它为“列子学”，他对后世的美学、文学、养生、音乐等具有很大影响。

实际上，自老子创立道家学派以后，历朝历代有很多研究和注解《老子》的人，国内阐释、注解《老子》的著作有上千种，国外有几百种。老子虽然主静，但他并不寂寞，他的思想一直有人在传播，他的故事一直在海内外传扬。

2.《道德经》的前世今生

《道德经》这一称呼对现在的我们来说，已经习以为常。其实，《道德经》并非原始名称，《老子》这一称呼更早一些。起初，老子的学说叫道家，或者叫道家学派，是诸子百家中的一家。中国历史上从来没有“道德学派”，在老子的思想中，“道”和“道德”是两个完全不同的概念，道是道，德是德，道是核心命题，德是道的一种派生，道和德不能连起来用。长沙马王堆出土的帛书《老子》没有书名，两个版本都没有，只是分为两篇，乙本篇尾标有《德》《道》篇题。另一个证据是，在两汉时期，诠释《老子》的著作很多，那时叫《老子》，比较著名的有《老子邻氏经传》《老子徐氏经说》《老子傅氏经说》《老子指归》《老子章句》等。

因此，《道德经》的原名是《老子》，更重要的是，不能把《道德经》理解为关于道德的学说。如果把《道德经》视作道德的学说，那就是把老子归并于儒家了，因为儒家主要是讲道德的学派。

为什么《老子》变成了《道德经》？这个问题又与儒家有一定的关系。汉武帝推行“罢黜百家，独尊儒术”的政策后，儒学成为官学，它的地位一步登天了。这个时候，儒学成为“经典”。所谓经典，首先认为它很精练，很优秀，很有学问；其次，要求所有读书的人去学习。从汉朝开始，只有儒家著作才能称“经学”，即官学。也就是说，“经学”被儒家垄断了。

那些信奉道家的文人把《老子》称为《道德经》，一方面是因为《老子》分为《德》《道》两篇，另一方面加上“经”字，老子的道家学说就与“经学”挂上钩了。因为有了“经”字，《老子》虽然没有得到朝廷的认可，但民间尤为推崇。根据黄钊先生《道家思想史纲》的考证，王弼是第一个正式把《老子》称之为《道德经》的人。《老子》改名为《道德经》，反映了当时道家的追随者对朝廷政策的不满，认为是一种学术歧视，他们要进行抵制。在这样的背景下，《道德经》逐渐传播开来，越来越多的人只知《道德经》，不知《老子》了。

综上所述，我们现在可以叫《老子》，叫《道德经》也不为错，关键要理解它的历史轨迹和来龙去脉。但在学术界，《老子》仍然是它的正名。

第三章

# 老子对中国思想文化流变影响深远

《老子》虽然只有五千余言，但它在中国思想史上占有举足轻重的地位；道家虽然不是官学，但历代文人学者从没有中断过对它的吸收与研究。

## 一、老子是各类学术思想的源头活水

### 1. 稷下学宫与黄老道学

在春秋五霸中，第一个称霸的是齐桓公，他是姜子牙的后代，历史上叫作姜氏齐国。到了春秋末年，发生了“田氏代齐”的政变，就是长期把持朝政大权的相国田常杀掉齐国国君，自己当国君，主宰齐国的家族换人了，由姜姓吕氏变成了田氏，国名不变，还是齐国，前 386 年周安王承认田和为齐侯。

田氏齐国第三代国君田午，也叫“齐桓公”，他是田氏齐桓公，比姜氏齐桓公姜小白晚了 200 多年。因为田氏是篡夺姜氏齐国的叛臣，有不义不忠的恶名，遭到其他诸侯的诋毁，所以他采取不改国号、不迁都城的策略，以求得周天子的认可。田氏齐桓公为了挽救日益衰败的国家，让齐国再次复兴，他采取了一系列改革举措，其中一个重要的举措就是设置“稷下学宫”。稷下是指战国时齐国都城临淄（在今山东淄博市临淄区）的稷门（西边南首门）附近地区。齐宣王继其祖桓公、父威王，在这里扩置学宫，招揽文学游说之士数千人，任其讲学议论。稷下学宫是中国历史上最早的具有大学雏形的学术机构，也是讨论治国主张、交流思想、砥砺学问的场所。据《史记》记载：“宣王喜文学游说之士，自如驺衍、淳于髡、田骈、接予、慎到、环渊之徒七十六人，皆赐列第，为上大夫，不治而议论。是以齐稷下学士复盛，且数百千人。”司马迁说的宣王是田齐的第五代国君田辟疆，所列举的人名都是当时在学宫里研习过的知名学者。田齐设置“稷下学宫”的目的是网罗天下人才，会集各路名士，开展自由的学术争鸣和思想碰撞，为齐国改革复兴提供智力支持。它既是学术机构，也是咨询机构。稷下学宫是一个创举，开启了战国时代思想解放的新格局，培养和凝聚了一大批知识分子，这些人把学术探讨和治国策略结合起来，成为经世致用之才。后来这些人被各个诸侯王延揽重用，成为举足轻重的辅臣和谋士。

稷下学宫海纳百川，主张“不治而论”，就是这里的学者不参与政事，只做学术，他们集讲学、著述、培养后学于一体，各种学术思想及主张都可以在这里得到阐扬。稷下学宫存续了一个多世纪，孟子多次到这里参加活动，荀子曾经在这里三任祭酒。郭沫若曾高度评价稷下学宫，认为它在中国文化史上实在有划时代的意义。先秦诸子在这儿形成了一个高峰。

稷下学宫虽然百花齐放，各种思想都在这里激荡，但实际上，黄老道学是其中最重要的流派。据传，田氏把黄帝看作自己的祖先，用黄帝之名来兴学引士，扩大号召力。同时，田氏的祖籍是陈国，而陈国又是老子的故乡（苦县原属陈国），这样老子也就成了田氏的同乡。所以田氏把黄帝和老子这两位历史上的圣人搬出来，以增加学派的影响力和吸引力。到了战国中后期，老子的思想演变为黄老道学。黄老道学不再是原汁原味的老子思想了，它吸收和融合了《周易》、阴阳五行、法家、儒家等多种思想元素，但老子的思想仍然是其核心和本原。由于田氏齐王的推波助澜，黄老道学在稷下学宫受到特别重视和优待，被许多学者吸引，被其他学派融会，它们之间互相借鉴、互相吸收。也可以说，从稷下学宫这里开始，黄老道学与各家思想逐渐融合，互不排斥，这为后来2000多年儒、释、道的和谐相处开了先河。

### 2.“精气”为“道”的肇始者

稷下学宫存续了150余年，它吸纳和凝聚的学者数不胜数，这些人所著述的思想资料很多，有的佚亡，有的丢失作者，比如《管子》一书就是稷下黄老学者托名管仲留下的作品，但究竟是谁所作，无可考证。《管子》第一次提出了“精气”的概念，用“气”来说明“道”。《老子》里面有“气”的描述，比如“万物负阴而抱阳，中气以为和”“天地之间，其犹橐籥与？虚而不淈，动而愈出”等，但老子对“气”没有作详细论述。《管子》把“气”和“道”等同起来，认为“气”就是“道”，“气者，身之充也”，“道者，所以充形也”。把大“道”视为“精气”，是《管子》的一个小小发挥，但这个发挥对后来的思想界产生了广泛而深远的影响，被很多学派利用。比如为中医所用，精气是中医学中的重要概念；也为道教所用，道教的内丹就是吐纳、运气；还为传统的养生学所用，气功就是之一。我们现在日常生活中说的“精、气、神”，一样源自古代的黄老之学。可以说，《老子》里面的一个字，一个概念，一个命题，都被后世的学者们不断考究，不断演绎，不断发挥，生成许多新的思想理念和生活方式。

### 3.《黄帝内经》中的黄老之学

有些人以为《黄帝内经》是传说中的黄帝所作，这是个误解。实际上，《黄帝内经》是战国秦汉黄老道家们研究、收集、整理的一部医学著作。那为什么要叫《黄帝内经》？其实意在探本溯源，提高知名度。黄帝是上古圣人，崇古是中国人的癖好，黄帝写的书不容置疑。《黄帝内经》并非一人所作，是一部集体作品，一般认为它成书约在先秦至西汉间。

《黄帝内经》是一部医学著作，内容丰富，篇幅较多，分为《素问》和《灵枢》两部，包括了脏腑、经络、病因、病机、病症、诊法、针灸等方方面面内容，但它的哲学思想来自《老子》或黄老道学，其中最重要的有“精气论”“阴阳论”“自然论”“天人合一论”等，这些都是中医理论的核心，中医诊疗的技术和方法基本都遵循这套理论。可以说，没有黄老道学，就没有中医。

### 4. 三任学宫祭酒的荀子

荀子（前 313—前 238），名况，时人尊而号为“卿”，战国末期赵国人，著名的哲学家、思想家、教育家，也是儒家学派的代表人物。他先后三次任稷下学宫的祭酒，可谓名噪一时的大师。《荀子》一书是他思想的集大成，他虽然是儒家学派的代表，但遭到后辈儒生的攻讦，认为他有违孔子的思想宗本。荀子自认是孔子思想的继承人，其实他综合百家思想之长，形成了自己的学术思想体系，其中一个重要特征是用道家思想改造儒家，实现儒道互补，相互融合。比如，他吸收了“道”的一些意思，把天、天命、天道自然化，认为天是自然的，没有理性，没有意志，没有善恶好恶之心，“天行有常，不为尧存，不为桀亡”。适应其规律处事就会吉祥，违背其规律行事就会凶乱。天道不会因为人的情感和意志而有所改变。

荀子还认为，自然界和人类各有自己的规律与职分，天道不干预人道，所谓“天能生物，不能辨物也；地能载人，不能治人也”，“天有其时，地有其才，人有其治”。他否定了儒家“天命主宰人命”的天命观，这已经接近道家的思想了。

荀子主张“性本恶”，人是自然的产物，人性不是天生就是善的。由于人对自然物质的追求，产生与社会道德相冲突的欲望，欲望就是“恶”的来源。这种观点与孟子的“性本善”形成对抗。荀子还主张隆礼、重法、爱民，又主张厚今薄古，这与儒家的复古守旧的思想也格格不入。正因为荀子的思想已经远远超出了儒家学说框定的范围，所以后来的儒家学者对他大张挞伐，不屑与他为类。与传统的儒家相比，荀子思想要进步得多，充满了唯物主义色彩；但他又不是道家，而是吸取了道家思想，形成了一家之言。

### 5. 韩非子雄才可惜

韩非（约前 280—前 233），又称韩非子，战国末期韩国人，是法家学派的集大成者。他思维敏锐，才华横溢，著述有文采，思想有创意，现存的著述有《解老》《喻老》《孤愤》《五蠹》《说难》等。司马迁在《史记》里，把他和老子放在一起作传，编入《老子韩非列传第三》，实际上把韩非子列于道家，还说韩非子“喜刑名法术之学，而其归本于黄老”。这说明韩非子的思想本源是黄老道家学说，但后来的学者把他归类于法家。之所以产生这样的分歧，是因为韩非子兼有道家和法家的主张，最后以法家的主张而著称于世。

韩非子是当时最有才华的思想家，他能综合各家思想之精髓，致力于经世之道，为统治阶级提供变法强国的方略。韩国国君腐朽昏庸，不重视人才，用的都是一些好大喜功、吹牛拍马的人，以致国力日下。韩非子只好闭门读书，也去稷下学宫研修，他和李斯都是荀子的学生。

韩非子的著作传到秦国后，秦王嬴政对他赞赏有加，并说：“寡人得见此人与之游，死不恨矣！”可见，韩非子的才能有多高。

韩非子到了秦国后，为秦王起草了统一天下的战略计划，在他正要一显身手的时候，遭到了李斯的嫉妒与陷害。李斯伙同他的死党姚贾诬陷韩非子，向秦王献媚说，您要统一六国，韩非子肯定向着他自己的国家，这是人之常情；他在这里住了很久，放他回国，他知道您的战略，后患无穷，不如杀了他。秦王中了李斯的离间计，把韩非子交由法官处置。李斯趁机要韩非子在监狱里服毒自杀，韩非子要求面见秦王，表白自己，但没有实现。后来秦王想见韩非子时，韩非子已经死了。一代天骄，英年早亡，这又是历史的遗憾。

韩非子的思想和主张为什么会得到重视呢？有什么特别之处？韩非子对老子非常推崇，他的《解老》和《喻老》对老子思想进行了系统深入的阐发，肯定老子关于“道”是宇宙万物本源的观点，“道者，万物之所然也”，“道者，万物之所以成也”。同时，认为自然万物是有规律的，这个规律就是道。所谓“天得之以高，地得之以藏，维斗得之以成其威，日月得之以恒其光，五常得之以常其位，列星得之以短其行，四时得之以御其变气”。他反复强调道是自然界的普遍法则，统治者必须遵道而行。韩非子对老子的道进行了改造和发挥。老子的思想中有一些关于治理方法的描述，比如“善行者无辙迹，善言者无瑕谪，善数者不以筹策”“知其雄，守其雌”“知其白，守其黑”等。老子的“无为”也可以理解为一种大智慧、大策略，含有谋略的色彩。韩非子也把道家的一些论述予以发挥，形成了他的“道术”，这样，他的法家思想包含了“法、术、势”的内容，与他建立封建君主集权国家的政治理想相结合，就更有实践意义。

纵观历史进程，遍览古籍烟海，老子道家思想对许多古代思想流派都产生了深远的影响，这里只是列举一二，以资证明。

### 6. 玄学之谜

东汉灭亡以后，进入魏晋南北朝时期。从西晋灭亡到隋朝统一，中国大地上的分裂延续了 260 多年。这是一段漫长的黑暗时期，是一段充满混乱、恐怖、战争的苦难时期，也是短命王朝迭代更替、底层社会大流亡、大整合的动乱时期。

玄学是这个时代的产物。由于两汉的经学统治着思想界，在封建专制的笼罩下，学术界死气沉沉，士大夫们以阐发儒家经典的微言大义为己任，恪守古训，在古文字里找义理，一句古训可以发挥到万言之巨。不仅思想意识受到钳制，士人们被压制、被迫害的事例屡见不鲜，“文字狱”时有发生。汉朝中央集权终结以后，思想松绑和精神束缚减少，为各种思潮的兴起提供了土壤，思想文化领域犹如大河决堤，河水迅速泛滥。道家思想在这种时代背景下如脱缰之马，任其驰骋，它借助玄学、佛学、道教、养生等，表现自己的存在和社会影响。

玄学是一种逃避现实社会生活的体现，不谈国事、远离政治是士人们的无奈选择，也是对儒学的离经叛道。一些有门阀士族背景的名士，家庭殷实，饱食终日，无所事事，经常三五成群，谈天论道，采取纯思辨的方式，撇开经验事实，直指现象世界之外的本体，探讨形而上学的思辨哲学。其实，这是一股难得的学术清风，是中国历史上少有的现象。玄学学者们的话题还是从老子开始，因为只有在老子的思想里面才能找到形而上学的命题，比如老子的“玄”“道”“无”等。在老子那里，道是玄之又玄的东西，“玄”字在《老子》中多次出现，比如“两者同出，异名同谓。玄之又玄，众妙之门”“谷神不死，是谓玄牝。玄牝之门，是谓天地之根”等，又没有确切的解释，这也是玄学家们感兴趣的问题。

玄学家们以“祖述老庄”来立论，把《老子》《庄子》《周易》称作“三玄”，以老庄思想为骨架，穷究宇宙人生的哲学。他们思考和讨论的范畴主要有“有无”“本末”“体用”“动静”等，其实大都是老子的哲学范畴，这些命题在儒家学说里基本没有，因此，他们觉得十分有趣。从这里看来，老子的思想，不只是我们现代人看不懂，魏晋时期的学者们也是模糊不清，一头雾水，他们一定要探个究竟。

玄学兴盛的时间虽然不长，到东晋末年，玄学进入尾声并让位于佛学，但它是中国思想史上极为重要的一环，反映了当时的士大夫们试图从老子的思想中得到启示，进而寻求世界观的突破，也是人生观的一次洗礼。王羲之《兰亭序集》描写文人们聚会，“群贤毕至，少长咸集。此地有崇山峻岭，茂林修竹，又有清流激湍，映带左右，引以为流觞曲水，列坐其次……是日也，天朗气清，惠风和畅。仰观宇宙之大，俯察品类之盛，所以游目骋怀，足以极视听之娱，信可乐也”，这正是玄学家们的风骨和情怀。虽然玄学是务虚之学，但他们的思维是发散的，生活态度是积极的，对后世的文学和艺术产生过深远影响。

## 二、老子是官绅士人的偶像

科举制度产生后，封建时代的士子们，大多数必须通过科举考试进入仕途，必须终身以儒学为伴。这是一条独木桥，只有少数人才可以通达，即使有些人科举成功，在为官时也会遭到排挤、贬谪和迫害，仕途其实是一条宿命之路。因此，很多仕途中碰壁的知识分子转而向往老子的道学，从中去寻找生命的力量。

林语堂先生对中国古代知识分子在面对儒学和道学时表现出来的矛盾心态和双重人格有一个形象的写照，他说儒家学说“适合于服官的阶级，也适合于向他们叩头的庶民阶级”，还说孔子学说“是太投机，太近人情，又太正确。人具有隐藏的情愫，愿得披发而行吟”，又说“官吏尊孔，作家、诗人则崇老庄；然而，一旦作家、诗人戴上了官帽，却又走向公开激赏孔子，暗地研究老庄的途径”。纵观历朝历代的科举士人，都不同程度地表现出双重人格，一方面要努力通过儒学求取功名，另一方面又不甘愿克己复礼，唯命是从，压抑个性，从而对老庄道学的自由洒脱充满向往。这一倾向在唐宋以后愈加明显。

在这里，列举一些熟知的名人代表，可以一叶知秋。

陶渊明（352 或 365 或 372 或 376—427），名潜，字元亮，浔阳柴桑（今江西九江西南）人，东晋诗人。曾任过祭酒、参军、县令等职。但他天生放荡不羁，逍遥自在，不喜欢官宦生活，在彭泽县令上不到三个月，就弃官而退做隐士去了。什么是隐士？老子就是隐士的鼻祖。隐士喜欢拥抱自然，崇尚无为，遵循少私寡欲，但他们并非消极颓废，也不是没有社会责任和担当，他们追求的是另一种生活方式，另一种生命状态，另一种生存形式。很多隐士著书立说，传道解惑。陶渊明《饮酒·其五》中的“采菊东篱下，悠然见南山”脍炙人口，他《桃花源记》中的景色似人间仙境，成为后人的精神食粮。这都是老子的精神与风韵。

魏徵（580—643），字玄成，魏郡馆陶（今属河北）人。早年家境贫寒，当过道士。少年时喜欢读书，涉猎广泛，尤其喜好纵横家学说，也就是春秋战国时的合纵连横韬略。后来参加了隋朝末年的瓦岗军起义，失败后投奔李唐，到太子李建成麾下，做了“太子洗马”。玄武门之变后，魏徵也成了李世民的阶下囚，本来要被杀掉，但李世民听说魏徵思想豁达，经验丰富，儒道兼修，又有谋略，就把魏徵叫来进行审问：“你为什么要离间我和太子李建成的关系？”魏徵直率地说，如果太子按照我说的去做，就没有今天您的事了。李世民一向看重魏徵的才能，又当面看到他的直率忠诚，不仅没有杀魏徵，反而请他做幕僚，再后来他成为李唐王朝的宰相。魏徵借用老子的思想辅佐李世民，主张休养生息，重用贤才，发展经济，诚信治国。他是历史上著名的谏臣，从不吹牛拍马，深得皇帝信赖和器重。有一次国家征兵，打算将即使年龄不满 18 岁但身体健壮的男子，也征召入伍。宰相魏徵不同意，李世民发火了，质问魏徵为什么不同意。魏徵说，皇上您曾经说要诚信治国，取信于民，现在却要违反兵役规定，让那些年幼之人当兵打仗，您这不是失信吗？皇帝哑口无言。魏徵经常与皇帝讨论是非，皇帝也乐意向魏徵征询意见。魏徵死了以后，李世民非常惋惜，把魏徵比作自己的一面镜子，说魏徵可以帮他“正衣冠”。

王安石（1021—1086），字介甫，号半山，抚州临川（今江西抚州）人，北宋著名的政治家、思想家、文学家。王安石聪颖过人，自幼酷爱读书。21 岁中进士，49 岁当宰相。宋神宗起用他改革旧制，富国强兵，他大刀阔斧，雷厉风行，推出一系列革新措施。但新法遭到保守派的强烈反对，最终以失败而告终。王安石两次当宰相，两次主政，都以失败告终，只能说是封建制度的悲剧。王安石提出“天变不足畏，祖宗不足法，人言不足恤”的改革新理念，以大无畏的精神领导了变法革新。王安石有《老子注》，他对老子的思想进行了改造，他赞同“道”是世界本原的论点，但指出老子对“道”的界定不够明确。他认为《老子》的辩证思维是丰富的，但过于强调了守柔处弱，容易导致消极保守。他说老子的“道”是“有”与“无”的统一，“道有体有用。体者，元气之不动；用者，冲气运行于天地之间”。体是道之本，用是道之用，用不能离开体。可见王安石对老子的理解是有新意的。

苏辙（1039—1112），字子由，号颖滨遗老，眉州眉山（今属四川）人。嘉祐进士，官至尚书右丞、门下侍郎，宋代杰出文学家和思想家，他与父亲苏洵、哥哥苏轼合称“三苏”。苏辙在治国经略上有思想，有主见，他反对王安石变法，认为改变法令应做充分准备，周密思考，反复论证，不能轻率推出，否则后患无穷。他说得头头是道，有理有据，王安石觉得有道理，但还是贬了他的官。苏辙一生多次遭遇贬谪。苏辙著有《老子解》，并以“心是道士”自慰，就是说无欲无为，顺其自然。他用“性”解来“道”，“盖道无所不在，其于人为性，而性之妙为神。言其纯而未杂，则谓之一；言其聚而未散，则谓之朴。其归皆道也”。他认为“道”在人身上的表现就是“性”，只要复归于“性”，就符合“道”。他从佛教中引来了“性”的概念，佛教讲“佛性”“法性”，与道家的人道相结合。儒家也讲“性”，所谓“天命之谓性，率性之谓道”。所以在中国古代文化里，“道”和“性”经常混用，儒释道都讲“道”和“性”，但它们都有自己的内涵。

王夫之（1619—1692），字而农，号姜斋，晚年居衡阳之石船山，世称“船山先生”，湖南衡阳人。出生于没落的地主家庭，23 岁中举人。清兵入关后，在衡山举兵抗清，失败后到南明桂王政权任职。南明亡后，隐居衡阳石船山潜心著述，成为明清之际伟大的启蒙思想家。著作有《周易内传》《周易外传》《尚书引义》《读四书大全说》《老子衍》《庄子通》等。

王夫之知识广博，思维敏锐，视野开阔，提出了许多新见解，对近代中国思想界影响深远。比如，他对程朱理学“存天理，灭人欲”的主张进行批判，说天理就在人欲之中。他反对专制，反对等级制度，提出“平天下者，均天下而已”的观点，这是对统治中国 2000 多年的封建专制理论的公开挑战。在本体论上，他发展了“气一元论”，认为气是唯一实体。他对老子的“无”加以深化，指出道“当其排之而来则有，当其引之而去，则托于无以生有，而可明为无”，认可老子的朴素唯物主义。他赞赏老子发展变化的观点，认为“飘风不终朝，骤雨不终日……天地尚不能久，而况人乎”体现了事物发展的规律，并解释坚金“可锻而液”，积土“可漂而夷”，“岂果有黄河之不可澄，马角之不可生哉”，一切都是可变化的。这与当时“存天理”“天不变道亦不变”的守旧理学形成鲜明对比。他解释“万物负阴而抱阳，中气以为和”为“天下之变万，而要归于两端”，两端就是事物内部的矛盾的两个方面。王船山被视为近代湖湘文化的鼻祖，他的思想具有鲜明的启蒙色彩，影响了三湘四水几代知识分子和革命志士。

魏源（1794—1857），字默深，湖南邵阳人。道光进士，官至高邮知州。著述盛丰，有《古微堂集》《元史新编》《海国图志》《老子本义》等，他与龚自珍都是晚清著名的思想家。他在学术上非常推崇老子，不满前人对《老子》的解读，认为“韩非的《喻老》《解老》则是以刑名为道德；王雱、吕惠卿诸家皆以庄解老；苏子由、焦竑、李贽诸家又动以释家之意解老：无一人得其真”。他说的是实话，历史上，能够准确解读老子的人极少，很多都是误解或者曲解。他还认为《老子》所包含的哲理和智慧来源于社会历史，“老子道，太古道；书，太古书也”。又称《老子》是救世之书，黄老之学是救助世人、治理社会的学说，然而传到后世，老子的思想遭到人们的误解。魏源对老子“无为”进行了准确的解读，“其‘无为治天下’，非治之而不治，乃不治以治之也；‘功惟不居故不去’，名惟不争故莫争；‘图难于易’，故终无难；‘不贵难得之货’，而非弃用有用于地也；‘兵不得已用之’，未尝不用兵也；‘去甚、去泰、去奢’，非并常事去之也；‘治大国若烹小鲜’，但不伤之，即所保全之也；以退为进，以胜为不美，以无用为用”。这些解释非常精当。面对积贫积弱，被西方殖民者欺辱掠夺的中国现实，他痛心疾首，顿足而泣。在内忧外患的关头，他根据自己的思想认识，结合当时中国的实际，编著《海国图志》一书，这是一部让人们睁开眼睛看世界，变法自强的启蒙著作，具有深远的现实意义，标志着中国传统儒家知识分子开始向近代知识分子转变。

严复（1853—1921），字又陵，又字幾道，福建侯官（今福州）人。他是福建船政学堂首届毕业生，留学英国海军学校，是最先了解西方文化，睁眼看世界的知识分子。严复所处的时代，正是中国封建王朝即将倾覆，殖民主义猖狂瓜分中国的危亡之际，作为先进的知识分子，他只能凭借自己的知识为国分忧。在北洋水师学堂，他创办了《国闻报》；中日甲午战争后发表了《论世变之亟》《原强》《辟韩》《救亡决论》等政论文章，积极参与时政大辩论。翻译了赫胥黎的《天演论》，全面阐发文达尔、赫胥黎等人的进化论思想。他发表了《老子道德经评点》，发掘老子道家思想的内核，目的在于阐明世界万物变化发展的普遍规律，呼吁统治阶级适应时代变化，改弦易辙，走维新变法的道路，为当时康有为、梁启超的维新运动摇旗呐喊。严复对老子、庄子的思想进行了评点，认为老子"道法自然"的天道观与西方的进化论是一致的，以此批驳封建顽固派"天不变道亦不变"的腐朽唯心主义世界观。相比康、梁等传统知识分子的维新主张，严复贯通中西的论据和观点，更有说服力，更有影响力。

## 三、老子的皇帝学生不乏其人

东汉班固称道家所言为"君人南面之术"，后世亦常称《老子》为"帝王之学"，也就是说《老子》是写给君主看的。从汉代开始，历代都有皇帝愿做老子的"徒弟"。下文将略举几例加以说明。

### 1. 汉高祖

刘邦（前256或前257—前195）统一全国后，天下初安，百废待举，他思考的是如何把国家治理好，实现长治久安。陆贾按照他的旨意，总结了十二条治国之道，后结集为《新语》一书。《新语》在总结秦朝覆亡历史经验和教训的基础上，提出一套新的治国方略。陆贾每写成一篇，就呈奏给刘邦看，刘邦都很满意。《新语》的核心内容之一是“无为而治”，《无为》篇指出“夫道莫大于无为，行莫大于谨敬。何以言之？昔虞舜治天下，弹五弦之琴，歌《南风》之诗，寂若无治国之意，漠若无忧民之心，而天下治”。大意是皇帝要无为而治，让老百姓自由自在，安心生产，国家就会太平。刘邦认可并接受了这些建议，一面平定余乱，安定社会，一面加强中央集权，分封亲族和功臣，同时遵循约法省刑、轻徭薄赋、与民休息的无为而治政策，使得汉朝初期在政治、经济等各方面取得了显著的成效。可以这样说，刘邦是首开无为而治先河的君主。

### 2. 汉文帝、汉景帝

汉文帝刘恒（前202—前157），是刘邦的第四子。刘恒7岁时被封为代王，他敦厚仁慈，朴实无华，做事谨慎，在刘邦的所有儿子中名声最好，但不是吕后所生，既不是嫡子，又不是长子，压根没有想过做皇帝。吕后专权为众臣所不齿，刘邦的老臣陈平与周勃等合谋剿灭吕氏集团，要迎立代王刘恒为皇帝，刘恒听说后，怕是阴谋，推辞不受。几经周折到了长安，群臣面见刘恒，要拥立他做皇帝，他还是辞让。最后，在一帮老臣的鼎力说服下才接受皇帝之位。可见，刘恒是一个权力欲望不强烈的人，这正符合老子的思想。

汉文帝即位后，奉行“无为而治”的统治策略。据《史记·孝文本纪》记载，他以身作则，厉行节约，与民休息，在位 23 年，皇室宫廷里的设施、器物等都没有增加，尽量不浪费财物。他曾想建一个露台，供观赏、祭祀、娱乐用。当建筑工匠计算成本后，要一百金，文帝说，一百金相当于十家中等人户的家产，我现在住的是先王的宫室，如果不惜钱财，恐怕遭到先王的羞辱，为什么要建露台？结果露台没有建成。文帝穿衣很朴素，经常穿比较粗糙的绨衣；在宫廷里，他要求后宫妃子穿的裙子不要拖地，窗帘帏帐不得纹绣，以示敦朴；按照皇族的规矩，要提前给皇帝修皇陵，他要求都用瓦器，不得用金银铜锡做装饰。像汉文帝这样的皇帝真是老子的好学生，完全符合老子的要求。在中国古代历史上，这样廉洁自律的皇帝仅此一人。

汉景帝刘启（前 188—前 141），汉文帝的嫡长子，汉武帝的父亲。景帝继续奉行文帝时期的政策，推行重农抑商，鼓励农民开荒辟地，种植粮食，督促地方官员支持农业生产。实行轻徭薄赋，减轻百姓负担。景帝即位后马上把田税减少一半，将十五税一降为三十税一，这一规定成为西汉的定制。他又减轻徭役，推迟男子服役的年龄，减少服役时间。在法律上实行轻罚慎罚，司法公平，对特殊罪犯给予照顾。

西汉前期，从汉高祖开始到景帝，几代皇帝始终奉行黄老之术，而且保持了这一理念的连续性，使得汉初的经济得到快速恢复和发展，人民安居乐业，社会相对稳定，没有发生大的动乱，出现连续五六十年的繁荣。据历史学家范文澜先生考证，西汉初经过长期的休养生息，实现了民富国强的大好局面，“汉景帝末年，地方官府的仓里装满了粮食，库里装满了铜钱。朝廷所藏的钱，积累到好几百万，钱串子烂了，散钱无法计算。朝廷所藏的粮食，新旧堆积，一直堆到露天地上，让它腐烂”（《中国通史简编》）。由此可见，黄老之术在汉初取得了显著成效，成就了“文景之治”的良好局面。这种局面在中国历史上并不多见，这样的经验成为后世封建统治阶级的治国安邦的宝贵借鉴。

3. 唐玄宗

唐玄宗李隆基（685—762）对老子崇拜有加，他是第一个亲自为《老子》作注的封建皇帝，也是第一个把道教列为国教的皇帝，他把道学和道教推向了高峰。

唐玄宗李隆基是武则天之孙、睿宗之子，在位 44 年。玄宗是在一个家族相杀，夫妇相叛，充满腥风血雨的环境中长大的。他亲眼看到奶奶武则天挟持伯父李显，玩垂帘听政的把戏。在他 5 岁的时候，武则天干脆把李氏王朝篡改为“周”。武则天死后，中宗李显即位，可是中宗天生懦弱，大权被皇后韦氏和女儿安乐公主操纵，韦氏也想效法武则天，做起了皇帝梦，为了扫除障碍，韦氏用毒酒毒死了中宗。这个时候，玄宗已是 20 多岁的英武小伙，在斗争风雨中成长起来的玄宗，可谓英俊伟岸，多才多艺，见多识广，机智善谋。他暗地里团结了一批忠于李家王朝的幕僚和将士，发动突击。动手之前，有人提醒他应该事先禀告他的父亲相王李旦，玄宗不以为然，他说，我们做这件事是献身国家，事情成功了，把福功归于相王，不成功就自己死于忠孝；如果相王同意，相当于让他参与这种危险的事，如果他不同意，就会坏了我们的计划，怎么能让他担心和冒风险呢？玄宗真是少年老成，果敢有担当！他们以迅雷不及掩耳之势，把韦氏集团诛灭。事后请出他的父亲李旦即位，恢复了李唐王朝。李旦执政不久，让位于玄宗李隆基。玄宗登上皇位的过程，惊心动魄，血染华宫。

玄宗是一个文修武备、有雄才大略的统治者，善于用贤，先后任用姚崇、宋璟、张说、张九龄等为宰相，采取选拔人才、加强吏治、发展经济、严明赏罚等措施，促进了社会稳定，开启“开元盛世”的繁荣局面。

与此同时，他深刻反思武后、韦后专权的历史教训，认为她们是利用佛教篡权窃国，因此对佛教非常反感，必须改弦易张，恢复唐初重道抑佛的政策。玄宗对老子情有独钟，极力推崇。首先，受宗族意识的影响，老子姓李，玄宗把老子当作李氏家族的祖先，让李唐王朝和老子拉上亲戚关系，李氏家族就有了更亮更耀眼的光环。老子又和黄帝贴在一起称“黄老”，李氏就更加有来头。所以，他大力提高老子的地位，尊老子为“玄元皇帝”，并多次加封，最高为“大圣祖高上大道金阙玄元天皇大帝”，把老子抬高到无以复加的地位。其次，他把《老子》列为众经之首，置于儒家经典之上。他说《老子》“义高象系，理贯希夷，非百代之能俦，岂六经之所拟”，意思是《老子》义理高深，四海皆适，百代以来没有可以和它相比的，儒家的六经也不能与之媲美。这种评价在中国历史上还是第一次。此外，他还把《老子》作为皇室家教的经典，皇室子弟都要读《老子》，规定“钦若尊经，本朝家教。《象》《系》不足以拟议，《风》《雅》不足以指陈。横亘古今，独立宇宙。虽诸家染翰，未穷众妙之门；多士研精，莫适重玄之境”。这似乎完全颠覆了董仲舒以来“独尊儒术”的正统原则。

除此之外，为了弘扬老子的思想，他组织文人学士编修“道经”，把有史以来各种老子学说汇集起来，叫作《道藏》。《道藏》是他对中国道家学说研究的一个贡献。最令人惊叹的是，在科举制度上设置“道举”，就是用道家学说进行科举取士，把《老子》《庄子》《列子》《文子》列为考试书目。在朝廷，增设崇玄馆，置“玄学博士”，在各州设“玄学士”，以应贡举。值得一提的是，唐玄宗亲自为《道德经》做注疏，撰写了《御注道德真经》和《御制道德真经疏》两部著作，对老子的思想进行了全面的解读和阐述。作为一个皇帝，亲手撰写，真是难能可贵。

综合来看，唐玄宗与《老子》的核心还是有距离。如果他真正理解了“道”的本源，就不会发生后期的错误。

“道，可道，非恒道也”，一切都是变化的，没有一成不变的东西，不管是人还是物，抑或是人类社会。唐玄宗集辉煌与衰落于一体，前期和后期判若两人，历史给“变”做了最好的注解。

### 4. 宋徽宗

赵佶（1082—1135），北宋第八位皇帝，1100—1125年

在位，史称宋徽宗，自称“教主道君皇帝”。徽宗是一个歪才，从小就有艺术天赋，他是中国历史上唯一一个以绘画、书法著称的皇帝。他的艺术造诣很高，有许多国画作品传世，如《芙蓉锦鸡》《池塘秋晚》《四禽》等；他的书法也很有特点，自成一体，叫作“瘦金体”。赵佶的哥哥是宋哲宗赵煦（1077—1100），但赵煦早夭，又没有儿子，这样，幸运之神关照赵佶，让他糊里糊涂做了天子。徽宗在治国理政方面昏庸无能，导致外患频发，内忧不断。为了稳定社会，徽宗和蔡京集团企图利用道教神化封建王权，达到慑服外敌、征服人民的目的。他在任上，大兴道教，重用道士林灵素等人，编造神话，蛊惑人心，但并没有获得成效，反而使国家误入歧途。靖康二年（1127），金兵攻占东京（今河南开封），次年四月，俘徽宗和他的儿子钦宗及宗室、后宫、百官等数千人一同押送北方，史称“靖康之变”，北宋灭亡。徽宗在五国城，即现今的黑龙江依兰县，囚禁八年之久，受尽屈辱，最后客死他乡，可以说他是中国历史上最悲催的皇帝。

赵佶推崇老子，他说：“老子当周之末，道降而德衰，故著书九九篇，以明道德之常，而谓之经。其辞简，其旨远，学者当默识而深造之。”为此，他也像唐玄宗一样，撰写了《御解道德真经》。徽宗解老的最大特点是儒道合流，把老子和孔子都看成圣人，都要尊崇。当然，这是他作为统治阶级所需要的。他崇拜老子，因为老子的思想微妙玄达，富有智慧；他又需要孔子，因为孔子的纲常名教有利于他统治社会。他既要“见素抱朴”，又要“仁义礼智”。他希望群臣和百姓“无为”“无欲”，但又要遵循“三纲五常”。所以，在他这里，儒道合一是正常的，是适用的。

徽宗对“无为”的理解有消极的成分，他说：“其难也，若有为以经世；其易也，若无为而适己。”就是说，依靠“有为”来治世，很难达到目的，而做到“无为而适”，则比较容易。“无为而适”是徽宗创造的一个概念，他的“适”是指适宜、适应、适当。无为而适就是无所作为地顺应自然。他又说：“性长非所短，性短非所续，天之自高，地之自下，鼓宫而宫动，鼓角而角应，春先而夏从，长先而少从。”一切都顺应自然，就可以达到治理的目的。

徽宗对老子思想的理解是片面的、孤立的，也是消极的。老子于他来说，只是为他所用的工具，老子思想的核心和精髓却不那么重要。正因为这样，他在治理国家的实践中，也充满消极无为，导致北宋经济日下，军力羸弱，边防空虚，最后国破家亡。

### 5. 明太祖

朱元璋（1328—1398），幼名重八，又名兴宗，字国瑞，濠州钟离（今安徽凤阳东北）人。朱元璋少年孤贫，生活艰难，小时候给地主放过牛。在他 17 岁的时候，家乡发生旱灾，颗粒无收，接着又发生瘟疫，他的父亲、母亲和大哥相继死去，没有钱买棺材，没有地方下葬，在同乡人刘继祖的帮助下，才安葬了他们。万般无奈之下，他只好去一个叫皇觉寺的庙里做和尚。元末农民起义爆发后，他参加郭子兴部红巾军，后自立一军，队伍逐渐壮大，经十多年征战，终于削平群雄，推翻元朝，统一中国，建立明朝。

朱元璋只用 17 年完成了从贫民到大明皇帝的金蝉脱壳，把他称为奇人一点不为过。奇人就有奇人的独到之处，有他惊世骇俗的特质。他的精明之处，是知道自己有几斤几两，这叫“自知者明”。当了皇帝后，他拼命地学习，不耻下问，克勤克俭，励精图治，认真总结历代的统治经验，对汉唐时期的治理得失尤为重视。同时，他努力吸收各家思想，丰富治国理念，对老子的思想特别关注，并亲自撰写了《御注道德真经》，这本书集中体现了他的治国主张。他在自序中说：“朕自即位以来，罔知前代哲王之道，宵昼遑遑，虑穹苍之切鉴，于是问道诸人，人皆我见，未在先贤。一日试览群书，检间有《道德经》一册，因便但观见数章中，尽皆明理。其文浅而意奥，莫知可通。罢观之后，旬日又获他卷，注论不同，再寻较之所注者，人各异见。因有如是，朕悉观之，用神盘桓其书久之，以一己之见，似乎颇识，意欲试注，以遗方来，恐令后人笑，于是弗果。”这段话体现了朱元璋当时复杂的心理过程，他根本就没读过书，没有文化，皇帝位置对他来说是个极大的挑战，他迫切需要提高自己的文化水平。于是在处理政事之余，他坚持博览群书，如饥似渴地学习。当他看到《道德经》一书时，爱不释手，彻夜研读，产生了很多想法，想写又不敢写，怕人家笑话，诚惶诚恐。经过反复的思想斗争后，终于按捺不住内心的冲动，还是注解了《道德经》。

朱元璋对老子“无为而治”进行了改造，认为“有为”和“无为”是相对的，“无为”不是不为，这与宋徽宗的消极无为不同。他主张“君子之持身行事，国王治国以陈纲纪，岂无知而无为？在动以时而举必善。以心言之，则世间美恶无不周知，在乎去其恶而存其善者。君子可以利人，国王可以利济万物，即爱民治国者也”。就是说，君子做事，国王治国，怎么能不为呢？关键是要做善举，不做坏事，要有利于他人，有利于利用万物，要爱民治国。这是对老子思想的准确解读。他还说：“为无为，事无事，谓当可为之事，先利时而为之已尽，免致后多繁为而不安也；又无事之时，常恐有非理之事及于身，故先若有事而备之，乃得安于无事也。”这是老子“为之于其未有也，治之于其未乱也”的居安思危思想。他又说：“人欲久安者，必做久安之事，方乃易守；凡人无事之时，能先知备御何事，恐及于身者，是谓易知未来者。”可见，朱元璋的“无为”是一种积极的“无为”，他把“无为”比喻为“先苦后乐”，这是一种实践性心得。

爱民治国是老子鲜明的政治主张，朱元璋对此也高度认可，他把安民作为立国之本，说：“为国之道，以足食为本。大乱未平，民多转徙，失其本业，而军国之费所资不少，皆出于民。若使之不得尽力田亩，则国家资用何所赖焉……若年谷丰登，衣食给足，则国富而民安。此为治之先务，立国之根本。”（《明太祖高皇帝实录》）朱元璋研读《老子》，与那些学富五车的文人不同，他学以致用，从社会实际出发，从治理国家的实践出发，把老子的思想变成实用而有生命力的法宝。

### 6. 老子思想的实践成效为什么截然不同

老子有众多皇帝学生，他们都崇拜老子、研究老子，但据以治理国家的成效却大相径庭，为什么？汉文帝刘恒用黄老思想把国家治理得丰衣足食、国泰民安，而宋徽宗赵佶同样信奉老子，却把国家搞得一地鸡毛，自己身陷囹圄、客死他乡，这是为何？其实关键在于统治阶级自身。刘恒基本上真正领悟了老子“无为而治”的思想内核，把政权的巩固、国家的兴旺建立在广大老百姓的安居乐业和努力奋斗的基础之上，用皇帝的“无为”换取老百姓的作为，鼓励老百姓努力生产，创造价值。然而，绝大多数封建皇帝由于阶级的局限，不可能放弃正统的天命观，不可能放弃自己的至尊特权，更不可能把老百姓视为同类，他们信奉老子，要么出于盲目崇拜，要么出于利用，或者是断章取义，或者是一知半解，或者是歪曲篡改，一切以贵族统治阶级的利益为转移，无法真正地发挥出老子思想的效用。

李世民和朱元璋也算是好学生，他们的皇帝之位和江山，都是提着脑袋，出生入死打出来的。因为他们能够切身体会打江山的艰难困苦，也珍惜坐江山的千古恩赐，所以对老子的思想，能认真地去解读，以求国家的长治久安。但他们对老子的思想也只是选择性地运用，不可能全面准确地贯彻执行。

唐玄宗和宋徽宗则主要是利用老子和道教为自己的统治服务，把老子和道教作为工具，拉虎皮作大旗，来获取老百姓的认可与崇拜，并不是内心深处真正理解和实践老子的思想精髓。这是由他们的阶级本性和认知能力所决定的。一般来说，统治阶级总是把自己凌驾于劳动人民之上，在他们的心目中，国家和人民都是他们的私有财产，任由他们摆布操弄，他们可以恣意妄为，无所顾忌。“无为而治”便沦落为懒政、享乐和腐败，他们不可能真正为老百姓着想，更不会为了老百姓去革自己的命。他们最后必然滑到儒家天命观的道路上去，儒家思想和封建道统才是他们的救命稻草，才能真正符合他们的阶级利益。唐玄宗后期的荒淫昏庸就是最好的注解，大唐王朝的衰落不可避免；宋徽宗陷入道教迷信的深渊，北宋王朝从积贫积弱走向灭亡也是应有的结局。

道家思想为封建社会治理和发展带来了一线光明，然而它也具有局限性。其一，道家学说本身是一种思想，不是一种治国方略，虽然它有许多闪光的理念，也代表了历史进步的方向，但在操作上不免带着空想色彩。这些天才的想象超越了时代的社会价值取向，要求治理者都是圣人，希望人们无欲、无私、无为，在当时的社会背景下，大多都是一种理想。其二，在儒家思想独占鳌头，封建道统根深蒂固、坚如磐石的条件下，道家学说只能算一股清风，无力摧毁坚固的“帝国大厦”。其三，阶级的局限性决定了封建统治者不可能放弃已有的高贵、财富和等级特权，不会放弃既得的利益。当他们面对权力、财富的选择时，会毫不犹豫地放弃道家学说。

## 四、老子被尊为道教之祖

道教是中国本土宗教，和世界其他民族的宗教一样，它有一个悠远、漫长的演化过程。

远古人对自然万物的认识有限，对许多自然现象，如日月星辰的运转、风雪雷电的产生、生老病死的缘由等都无法解答，他们把这些现象归结于一种超然的力量，那就是神灵。所以世界上有各种各样的神灵，每个民族都有自己的神灵。古希腊神话中神灵繁多，如宙斯、赫拉、波塞冬、雅典娜、阿波罗等，每个神灵主宰一方。多神文化成为古希腊文明的重要支柱，至今仍然富有魅力。中国古代的神话也很多，《山海经》等古籍里就有许多关于盘古、伏羲、黄帝、神农、女娲、共工、夸父的美丽传说，时至今日，我们仍然会津津乐道。

在夏商时代，先民就有了祭祀活动，祭祀就是人们在某个固定的场所聚集起来，向神灵祈祷、致敬，祈求神灵保护。祈求的内容很多，主要与人们的生活息息相关，如祈雨、除病、禳灾、求子、祈寿等。

到了周朝，祭祀活动更加丰富、正规，更讲仪式，并逐步纳入周朝的礼制。祭祀活动由巫师主持，女的叫巫，男的叫觋，后来统称为巫觋，成为一个专门的职业。巫觋是那个时代的文化人，是人和神之间对话沟通的桥梁和使者，他们通过道具、祭品、仪式、咒语等，实现人与神之间的沟通，一般国家的重要活动都由他们主持祭祀。

战国时期，在燕国和齐国一带，出现了“神仙方士”。所谓“方”就是指方术，包括不死仙方、修炼成仙等。方士吸收了古时巫术的遗产，自称他们能通神仙，能炼不死的丹药，让人飞升成仙。

齐国有一个叫驺衍的人，曾经就学于稷下学宫，也在那里讲过学，他把远古的“五行”和“阴阳”两种思想结合起来，形成一种新的宇宙观，提出“五德终始”说，对后世产生了深远影响。驺衍同时又是一个知名方士，与其他方士不一样的是，他掌握了阴阳五行的理论，又懂得长生不死的方术，还能说得头头是道，所以在当时的北方特别有影响力。据史料记载，驺衍受到诸侯国的热捧，燕昭王捷足先登，特地邀请他入燕，燕昭王出门恭迎，抱着扫帚亲自为他扫地去尘。秦始皇也信方术，他每年封禅拜山，并派人四处寻找长生不老药。这都说明当时的统治者对神仙方术非常信慕。

1. 道教的产生

道教产生在东汉后期，它融合了我国古代文化中多种社会思潮，成为中国土生土长并长期影响中华民族社会生活的古老宗教。

为什么叫道教呢？道教与老子有什么关系？前面说过，到了战国后期，老子思想演变成了黄老道学，黄老道学不再是老子的原本思想，已经融合了多种学派的观点，并逐渐朝两个方向演变：一个是学术方向，一个是世俗方向。学术方向继续老子的哲学思想体系，世俗方向则与神仙方术结合。也就是说，老子学说的世俗流派逐步走向宗教化，道教在这种环境和形势下应运而生。

道教和道家是什么样的关系呢？简单地说，道家是学术，讲哲理；道教是宗教，讲信仰；二者有关联，但不是一回事。然而，当老子的《道德经》被道教奉为经典后，当老子被道教尊奉为“道祖”之后，两者确实有了“割不断，理还乱”的关系。一方面，道教从道家思想中找到立足的根据，《道德经》成为道教的本源；另一方面，道家思想在道教学者和信徒的宣传鼓动下，不断传播，不断扩大，让老子和《道德经》的影响如风蔓延。

2. 张道陵创立道教

张道陵（34—156），本名陵，东汉沛国丰（今江苏丰县）人。据说是张良的八代孙，为太学书生，通晓天文、地理、诸子等，曾为江州（今重庆）令。但他喜好黄老之学，看到当时世风日下，不愿做官，便到洛阳的北邙山，收集资料，研究丹术。不久和他的弟子从鄱阳湖入云锦山，继续研究炼丹技术。据传，他和弟子们炼丹成功，龙虎现形，于是把云锦山改名为龙虎山（在江西贵溪西南）。之后听说巴蜀一带民风淳朴，可以教化，便带着一帮徒弟入蜀，走遍周围的名山大川，最后选择在鹤鸣山（在今四川大邑境内）炼丹修道。

公元 141 年，张道陵在鹤鸣山正式创立道派，最初名“正一盟威之道”，为道教定型化之始。他以鹤鸣山为中心，设立二十四治，“治”就是传教点，首领为祭酒，管理信众和教务；用符水、咒语、丹药为百姓治病，传授长生不老方技，吸引了大量民众。入教的人要出五斗米，所以又称“五斗米道”。后道教徒尊他为“天师”，世称“张天师”。

为了建立道教的理论体系，张道陵撰写了《老子想尔注》，这是一本改造道家哲理为道教神学的理论著作。从书名可以看出，作者是托老子之名，建构他的道教理念，跳出道家思想的束缚，创立一套道教的理论。

在《老子想尔注》里，张道陵神化老子的“道”，把“道”变为人格化的神。没有神，就没有宗教，道教要一个以“道”

为最高精神本体的神学思想体系，《老子》提供了源泉。《老子想尔注》借助老子，把“道”和“一”完全等同起来，说“道”就是“一”，“一”就是“道”，进而把“一”也进行神化，鼓吹“一”凝聚为形，就是“太上老君”，太上老君就是老子。《老子想尔注》鼓吹一个人经过长期修炼，坚持“守诫”“守一”，就可以反本还原，成为神仙，达到所谓“长生久视”。“长生久视”一词是《老子》里的原话，被道教加以利用和发挥，成为长寿成仙的宗教信仰。《老子想尔注》还编织了一套道功、道术，指出修道成仙的具体途径，就是“保形”“炼形”“食气”三个方法。“保形”主要是“守诫”，积善去恶，去欲无身，其实就是教徒的行为举止。“炼形”是指死后去太阴中聚气复生。“食气”就是调整呼吸，吐纳引导，这是从黄老道术中抽取出来的养生之法。

### 3. 葛洪成就屠呦呦的诺贝尔奖

葛洪（约 281—341），字稚川，号抱朴子，丹阳句容（今属江苏）人，东晋道教理论家、医学家。出生于世族大家，13 岁时丧父，家道中落。自幼喜欢读书，16 岁开始读《孝经》《论语》《诗经》《周易》等经典，学富五车，可谓“上自正经诸史百家之言，下至短杂文章近万卷”。由于社会动乱，世风日下，他产生厌世嫉俗的思想，开始寻求修身养性之道，走上道教徒的生涯。

葛洪之所以成为著名的道教理论家，与他的家传与家学有关。他的从祖父是三国时著名方士“葛仙公”葛玄，以其炼丹秘术传授弟子，在当地很有影响。葛洪传承了他从祖父的思想成果，著《抱朴子》，此书分内外篇，尤其内篇二十卷是葛洪晚期学道隐修的集大成之作，对后来的道教发展产生了重大影响。

除了家学渊源以外，葛洪还拜南海太守鲍玄为师。鲍玄精通道家之学，还会占卜，测吉凶，对葛洪很赏识，还把自己的女儿嫁给他。因为年岁已高，想要炼仙丹以求长寿。他听说交趾出产仙丹，请求担任勾漏县令。途经广州时，见到了广州刺史邓岳，邓岳听说他懂丹术，答应可以为他提供炼丹材料，他求之不得，便改变主意，不去勾漏了，干脆带着老婆儿子入罗浮山炼丹。现在，罗浮山为广东四大名山之一，还保留有1600多年前葛洪炼丹的遗址，冲虚观依旧香火缭绕。

葛洪的《抱朴子》是一部重要的道教理论著作，主张“以道家养生为内，儒术应世为外”，把道家的神仙信仰同儒家的纲常名教结合起来。在儒道的关系上，他肯定“道之为本源，儒之为末流”，说“道者，儒之本者；儒者，道之末也”。他虽然肯定道本儒末，但并不排斥儒家，说“圣人不必仙，仙人不必圣”。在葛洪看来，儒道可以相融，道家“内以治身”，儒家“外以治国”，开儒道合流之先河。

葛洪还有一个历史性贡献，就是他精通医学和药物学，主张道士兼修医术，这一思想对后世的道教发展产生了极其深远的影响。葛洪利用罗浮山丰富的植物资源，研究了多种药方，写成了《肘后备急方》一书。这些药方既简单又便宜，都是老百姓日常生活中用得上的，可以放在背袋里，随时取用，所以叫《肘后备急方》。富有神奇意义的是，这本

《肘后备急方》被屠呦呦深挖，在里面找到了青蒿可以治疟疾的记载，由此得到启发，提取出了青蒿素，这一发现为世界千百万人带来了福音，屠呦呦也因此获得诺贝尔奖。

平心而论，葛洪的思想、理念为道教发展探索出了一条极有生命力的康庄正道，不仅在于它的经世致用，造福百姓，更重要的是包含了一些朴实的科学元素，葛洪在炼丹的过程中，发现了多种化学成分，如汞、铅、硫等，还有这些物质的化学转换，这在中国历史上不可多得。可惜这一趋势没有持久地、深入地延续下去，没有完成科学意义上的蜕变，不得不为之抱憾。

4. 唐朝把道教推上高峰

道教自它产生开始，就在时代的风浪中演进，时起时伏，曲折发展。

唐朝是道家发展的黄金期，主要是皇帝大力倡导，并身体力行，为道教的快速传播创造了良好的社会大环境。主要表现有：

首先，道教的社会地位非常高，把老子捧到至尊地位。唐高宗李治在位时，追号老子为“太上玄元皇帝”。唐玄宗李隆基有过之而无不及，三次为老子加冕。天宝二年（743），追尊老子为“太圣祖玄元皇帝”。天宝八年（749），又尊老子为“圣祖大道玄元皇帝”。天宝十三年（754），再次加封老子为“大圣祖高上大道金阙玄元天皇大帝”。对道教来说，为老子加冕就是给道教升级。实际上，道教已成为唐朝的国教，这意味着人人都可以信奉道教，家家都可以修炼道术，这是历史上绝无仅有的。而且老子的后继者，如庄子、文字、列子等都被封为“真人”，在道观里被请上神仙宝座，作为偶像被信徒们顶礼膜拜。

其次，大修道教宫观。从高祖开始到玄宗，除了皇室增设、修缮道观外，朝廷还诏令各地官府兴建道观。其实，就是以政府的名义，号召地方政府多建道观，把这项工作当作利国利民的文化设施建设。据史料记载，唐玄宗时，当时全国有道观 1687 所，仅长安城就有道观 30 多个。许多道观建造精美，庄严典雅，富丽堂皇。

再次，道家已经成为一种全国普及的大众文化。由于《老子》被列为科举取士的正规科目，读《老子》，讲《老子》蔚然成风，修炼道家学说成为一种时尚，是有文化的象征。许多人以当道士、女冠为荣耀，以至一些皇亲国戚、将相名臣、公主妃嫔竞相步入道门。杨贵妃曾经就做过女道士，睿宗的女儿西宁公主和昌隆公主也是女道士。著名诗人贺知章晚年辞官还乡，要去做道士，玄宗不仅同意他告老还乡，还赐诗送行，并赏镜湖数顷，用作放生池。

最后，道家思想渗透到社会各个领域，尤其是文学领域。很多文人学士都与道家思想结下了不解之缘。著名道士司马承祯，是道教上清派茅山宗的第十二代宗师，隐居天台山，文学修养极深，与陈子昂、卢藏用、宋之问、王适、毕构、孟浩然、王维、李白、贺知章等合称“仙宗十友”。李白不仅与道士司马承祯要好，还与名道士元丹丘、吴筠等交往甚密，他自言“五岳寻仙不辞远，一生好入名山游”，甚至曾经登坛受箓，正式皈依道教。享誉古今的画家吴道子，被尊为“画圣”，曾经为玄元皇帝老子画像，玄宗很欣赏他，出去巡游总带上他，还给他改名为吴道玄，他以擅长寺院、道观壁画名震天下。书法家颜真卿，因与道家有缘，也被列入道教神仙谱中。

唐代文化是我国封建文化发展中的一个高峰，它之所以能够达到如此的境界，与当时道家思想的传播与普及密切相关。

### 5. 宋代道教一度疯狂

宋徽宗是一个虔诚的道教徒，他“以神道设教”来注解老子的“行不言之教”，把老子神化，来充当他的护身符。徽宗好大喜功，每年要举行道家大法事，组织几千人的道士队伍，搞“天神”下降仪式，塑“圣像”，册封号，轰轰烈烈，自己俨然成了天神的使者。政和七年（1117），他授意道宫封自己为“教主道君皇帝”。他对道教的虔诚和迷信几近疯狂。

徽宗迷信道教到了不可理喻地步。他相信道士的相命之术，比如他的生日是五月五日，道士说不吉利，他就改成十月十日。徽宗奉行抑佛扬道政策，除大力兴建道观外，下令把佛教寺庙改成道教宫观，为了把宫观修得漂亮，在全国范围内征集奇花异石，“花石纲”就是皇帝到处收集奇石异物的运输队伍，一个船队称为一纲。将这些珍奇物品运到京城，沿途需要大量劳役民工，老百姓极为反感。他还诏令把僧人改为“德士”，尼姑改称“女德”。还要求各地提高道士地位，地方官僚对道士应以礼相待，不得怠慢。

徽宗尽管尊崇老子，重视道家，但他完全背离了老子的思想精髓，偏离了道家的正确方向。他是借圣人、天神之名，蛊惑人心，树立他的权威，维护摇摇欲坠的封建统治。

6. 道教的高光时期

经过几百年的发展，到宋元明时期，道教进入极盛。由于有老子这位“太上老君”的大名与光辉，信徒越来越多，影响越来越大，大江南北教派林立，宫观遍地，信奉道教的人比比皆是。

根据修炼方法来分，道家主要分为丹鼎和符箓两派。丹鼎派为什么叫丹鼎？丹者，单也，与“双”“多”对应，丹就是指“一”。丹鼎学家认为，《老子》里面的“一”就是“道”，所谓“天得一以清，地得一以宁，神得一以灵，谷得一以盈，万物得一以生，侯王得一而以为正”。所以“丹术”也就是“道术”了。丹鼎派以“天人合一”思想为指导，以人体为鼎炉，以“精、气、神”为药物，在人体内凝结成丹，达到消除病痛、健身长寿的效果。丹鼎派主要活跃在中国北方，重要代表人物有钟离权、吕洞宾、王重阳、丘处机等。符箓是“符”与“箓”的合称。“符”在道教中是天神的文字，“箓”是记载奉道者及道教神仙名讳、职责等的名册。它是道士与神仙对话的符号和语言，这些符号和语言只有道士才懂，道士成了凡人与神仙对话沟通的桥梁。道教尊奉三大天尊，即玉清元始天尊、上清灵宝天尊、太清道德天尊。老子就是太清道德天尊，又称太上老君。道士借助纷繁复杂和神秘的法事，辅以丹药，达到役神驱鬼、去病救人、测吉消灾的作用。最早的天师道就是符箓派，是张道陵这一支系承传下来的，后来形成了正一、上清、灵宝三大派系。正一派以江西龙虎山为基地，上清派以江苏茅山为基地，灵宝派以江西阁皂山为基地。符箓派主要活跃在中国南方，并且分化为众多新兴教派。

宋元明时期，道教名人辈出，很多大道士都是学识渊博的社会名流，他们中有的被皇帝加冕，有的成为皇帝的座上宾。

### 7.“太极图”的集大成者

陈抟（？—989），字图南，自号扶摇子，亳州真源（今河南鹿邑）人，赐号白云先生。曾隐居武当山，后移居华山。他先后在武当山、华山、峨眉山设坛讲学，传播道教。在武当山 20 多年，修炼服气、辟谷、修道，同时著书立说，著有《胎息诀》《指玄篇》，绘制了《易龙图》《无极图》等。

陈抟不仅对《老子》有深刻的理解，也精通《周易》，而且把二者关于“阴阳”和“虚实”的思想贯通起来，抓住了二者的核心内涵和本质，绘出了《先天太极图》的生动图式。

作为道士，陈抟借鉴《周易》的理念，对道家思想进行了突破性的研究，把“道”上升到动力学的高度。他认为生命的过程就是一个从无极开始，经过阴阳转化、五行相克、精气吐纳、神仙自成的修炼过程。他把修炼过程程式化、形象化、操作化，生动地描述了“道”和“易”的运行原理和动力学机制。他的《先天太极图》是这一突破性成果的标志，比如说，“道”变成了一个逆时针旋转的动力场，具有原动力的属性，更接近老子的思想本意。陈抟多次受到皇帝的邀请，

先天太极图

为皇帝出谋划策，指导炼气养生，成为历史的佳话。

一个有趣的现象是，从唐朝末年开始，特别是宋代，很多道教学者同时也研究《周易》，很多儒家学者也研究《老子》。究其原因，是因为《周易》和《老子》有许多重要命题是相近和相通的。大家熟悉的阴阳太极图，它的思想最早来自《周易》。《易传·系辞上》说：“易有太极，是生两仪，两仪生四象，四象生八卦。”八卦图出现得比较早，阴阳太极图到宋代才出现。《老子》里面也有阴阳之说，所谓“万物负阴而抱阳，中气以为和”。说《周易》是《老子》的思想来源之一，这一点应该是没有疑义的。可是，孔子的天道观和封建道统说，与“道”“易”变化发展的观点是对立的，孔子强调“天不变道亦不变”，“三纲五常”不能变。因此，《老子》和《周易》的核心思想与孔子的主张不能相融。司马迁的《史记》和班固的《汉书》都说《易传》为孔子所作，但宋代学者欧阳修对孔子作《易传》的观点提出了质疑，现代易学学者杨天才等也怀疑孔子作《易传》的说法，这种“怀疑论”有一定的道理。因为从逻辑上看，孔子是反对变化，反对发展的，他如果作《易传》，等于自我否定。

道士陈抟所作的《先天太极图》，受到了道家学者和信众的崇拜。在此基础上发展而来的《阴阳太极图》，在道教学者看来，形象地体现了老子关于世界本源和运动规律的思想，于是干脆把《阴阳太极图》当作道教的标志物了。令人意想不到的是，宋明理学大师们也对太极图极度热衷，如张载、周敦颐、程颐、程颢、朱熹等都乐此不疲，特别是朱熹，对《周易》进行了系统整理和深入研究，对陈抟的太极图式进行了修订和拓展，成为儒家诠释的权威。现在我们熟悉的阴阳八卦图，到底源自道家还是儒家，似乎是个悬案。但有一点是肯定的，道教把阴阳太极图拿来作标志，儒家并不反对。这说明一个事实，越到中国封建时代的晚期，儒道相合得越贴近、越融洽。

### 8.“活死人”创立全真道

王重阳（1112—1170），号重阳子，咸阳（今陕西咸阳东北）人，金道士，全真道创立者。他本来是进士出身，学富五车，颇有一番济世救国的抱负，但朝廷给他一个征酒税的小官，他愤然离去，干脆出家当了道士。他在西安户县一个叫作南时村的地方，请人挖了一个地下墓穴，在里面住了两年多，研究修炼道教学说，自称“活死人”。《立教十五论》

是他的主要著述，主张儒、释、道三教平等，三教合一。后来去山东传道，收了一批徒弟，创立了全真道。全真道主张“无心忘言，柔弱清静，正心诚意，少私寡欲，出家修行”，要求“功行双全，成仙证真”。就是说道教的修炼功法和德行都要齐备，最终成仙，这叫作“全真”。全真道在山东创立，影响逐步扩大，成为辐射中国北方的主要教派。元世祖封他为“全真开化真君”。他的几个徒弟如马丹阳、谭处端、刘处玄、丘处机、王处一、郝大通、孙不二等，个个都道高业精，名噪一时。明清以来，道教成为武侠小说创作的重要生活源泉。在金庸笔下，王重阳就是一位志向高远的抗金志士和侠义英雄。

9. 成吉思汗的特邀嘉宾丘处机

王重阳有一批得意弟子，丘处机是他最有成就的高徒，就连当时不可一世的元太祖成吉思汗，对丘处机也是刮目相看。

丘处机（1148—1227），金道士道号长春子，登州栖霞（今属山东）人，是全真道“北七真”之一。那个时候的蒙古族不懂汉文，成吉思汗更不知道老子和《道德经》，但是他知道道教，相信道教的智慧和力量。当成吉思汗在西域开疆拓土，以破竹之势席卷中亚广袤大地的时候，早就听说过丘处机的大名，便召见丘处机，请教国家的久安之策。丘处机是一位有智慧、有见识的大师，能够辨别是非曲直。在此之前，金国和南宋皇帝都邀请过他，都被他拒绝了。当他收到成吉思汗的诏令后，亲自率领弟子不远万里，跋山涉水，两年后来到天山脚下，面见成吉思汗。成吉思汗把他当作上宾，问他如何治理国家，他回答以“敬天爱民”为本，又问他长生久视之道，他回答应以“清心寡欲”为要。成吉思汗非常赞赏，把他尊为神仙。不久他和弟子们被安排到燕京，太祖赐予他虎符、玺书，命他掌管天下道教。他先后建立了长春、宝灵等八个教会，撰写了《大丹直指》《摄生消息论》等道教著作，创立龙门派，大建宫观，广开教门，收罗道侣，推动了全真道的迅速发展。

## 第四章

# 《老子》之光仍然闪耀世界

人类社会发展到今天，如果说它漫长，相较于宇宙的历史而言，不过是一瞬；如果说它短暂，相较于人类自身发展来说，已是久远。站在现代的宇宙观上看，人类很渺小，渺小得近于无知。历经无数代的披荆斩棘，经过千百年的启蒙和蜕变，人类文明有了长足的发展；科技水平大幅度提升，物质条件不断变好，地球的确可以承载更多的人。遗憾的是，文明背后的野蛮也不曾停止增长。就全人类而言，局部战争、地区性冲突、绝对贫困、环境恶化、毒品泛滥、枪支犯罪等仍然是紧压在头顶上的阴云；就个体而言，焦虑、抑郁、自杀等心理问题并没有随着物质的充裕而下降，反而不断攀升：这都与人类文明的初衷背道而驰，与科技的发展格格不入。面对野蛮，人们似乎找不到万全良方。

世界百年未有之大变局正在加速演进，当中国逐步从世界的边缘走向世界舞台中央的时候，我们提出了“文化自信”的命题。为什么要文化自信，怎样实现文化自信，是一个需要深入研究和理性思考的时代课题。文化自信必须建立在中华五千年文明的历史之上，必须从古代圣贤那里寻求滋养。我们有什么好的文化可以与世界交流、碰撞，可以得到他们的普遍认同，并能给他们提供借鉴？我想，还是回到先哲们那里去，那儿有无尽的宝藏，那里闪耀着智慧之光。

老子的思想既不是历史的尘埃，也不是现实的玩偶，而是一支穿越时空、通向未来的智慧之箭。它不应该只属于中国，也属于世界，属于未来。

### 1. 君道民心——亘古不变的兴国之道

老子主张天下为公，以民为本，要求“圣人恒无心，以百姓之心为心”。做君王的没有自己的心思，一切以老百姓的心思为转移，老百姓想什么，君王就想什么。这一主张与范仲淹“先天下之忧而忧，后天下之乐而乐”的情怀一样博大，与马克思主义“人民群众是历史的创造者”的唯物史观相媲美，与“坚持人民至上”的价值理念有异曲同工之妙。“圣人恒善救人，而无弃人，物无弃财，是谓忡明”，这是老子关于宇宙进化和社会发展原动力的经典描写。在他看来，宇宙世界根本不存在没有价值的东西，一切资源，包括被视为“废物”和“废人”的自然存在，组成一个推动宇宙万物和人类社会运动、变化、发展的动力系统。老子把这个看不见的原始动力系统作为圣人的治理之“道”，可见其洞察之精深。

### 2. 弭兵不武——文明与野蛮的分水岭

老子反对战争，主张“不武”。他说“善为士者不武”，他是一个公平不争、和谐相处、世界大同的倡导者。老子的全部道学思想都集中在建设一个平等、不争、宁静、寡欲、守柔、太平的世界。战争是人类的灾难，但他并不惧怕战争，不逃避战争；他反对先发攻击，主张后发制人。《老子》里面充溢着以谋制胜、以柔克刚的谋略与智慧。老子认为战争就是违道的，特别是侵略战争，对道的反叛就意味着终究走向失败，这是他认识道与战争关系的自然逻辑。据了解，2023年，全球军费总支出为2.4万亿美元，出现了10多年来的最大增幅。而美国军费支出占全球总额的37%，令人发指。老子的“不武”社会虽然是一种理想，但正是这种理想值得人们去追求，可以让世界变得更加文明、更加和平。

### 3. 道法自然——古老而永恒的天人法则

“道法自然”这几个字听起来似乎很平常，但它是老子最重要、最根本的宇宙观和世界观。它揭示了人与自然的关系将会成为人类长期面临的矛盾，即人类在意识和欲望的驱使下会对无意识、无欲望的自然构成无休止的破坏与掠夺，这将反过来威胁着人类的生存与发展。如何做到“不为物而损人，也不为人而损物”，已成为人类文明进步中遇到的极大困惑。全球气候变暖已是人类需要共同面临的大问题，核武器的潜在破坏力让人类惶恐不安，人工智能也蕴藏着不可预知的伦理颠覆……这些都是人类向自然进击过程中产生的反噬效应。这些都颠倒了人与自然的原初关系，都是因为人的意志与欲望凌驾于自然之上，超越了自然承受的界限，导致“人为”与“自然”的冲突。老子认为，天人合一，道法自然是宇宙间的根本法则，人类必须克制自己膨胀的欲望，必须管控肆无忌惮的任性，深刻理解天道与人道的辩证关系，让“道法自然”法则成为控制和调节人类欲望与行为的法宝。

4. 居上谦下——上位者必备的管理法宝

当人类进入阶级社会以后，就出现了等级差别，这种差别渗透到了社会的一切领域。等级差别导致了很多矛盾和冲突。几千年过去了，人类的文明提高了几个层次，人类的文化绚丽多彩，但等级差别依旧是人与人之间不可逾越的沟壑，这的确令人沮丧。直到现在，民族优越论仍然甚嚣尘上，种族主义阴魂不散，政治“精英”、财阀、资本大鳄等对平民、穷人的剥削和压榨从来都不手软。文明只是一件华丽的外衣，里面实则布满了虱子，底层劳动人民忍辱负重、逆来顺受，历史在徘徊中挣扎前进。这种基于等级，包括官职等级、知识等级、财富等级的社会，永远难得安宁。等级是剥削制度的产物，资本主义虽然宣称“自由”“平等”，但实际上它为等级设置了无法逾越的陷阱。老子提出的“居上谦下”的思想，建立在自然法则之上，从自然理性上论证了天地不仁、万物平等的内在逻辑。他主张居上谦下、大邦下流，这一思想是所有统治者、权力者、管理者的必备修养，也是国与国、家与家、人与人之间交往的高尚品质。

### 5. 虚静守柔——独具魅力的彬彬文质

虚静守柔是老子道学中的一种重要品性。“虚”“静”“柔”三个字，如果用世俗的眼光来看，都是一种消极的、虚弱的表象；但是，如果植入老子的道学思想体系，它们都是熠熠生辉的星光。这是一种宇宙观，在老子眼里，虚、静、柔是宇宙万物存在的形式，只不过被世俗忽视了。人们往往容易看到事物的实体、事物的运动、事物的坚硬；老子反其道而行之，去关注它们的反面，反面的特质恰恰是事物内在动能的柔性折射。虚、静、柔还是一种生命状态，这样的生命状态与实、动、硬相比，更有功效，更有空间，更有韧性。将它们放到人的语言和行为中，即在人格品质中，表现出的是豁达广袤、宁静恬淡、温柔舒适。这些都是人的德性的重要表征，老子把它们当作圣人的品质与风采。虚、静、柔还富有原始动力的意义，因为它们的存在，为事物的运动、变化和发展提供了向外扩张、向内固本的时空与能量。就像辽阔的宇宙一样，因为它的辽阔无垠，银河这样巨大的星系才能运转自如，昼夜不止。作为治理国家的策略，虚静守柔并不是羸弱，不是柔软，而是聚集动能，攻实克坚。

### 6. 贵生复命——与生俱来的终极关怀

老子的思想里包含了许多生命之道，是人生观、生命观、生理观、生长观、生死观的集合。现代社会，人们往往更关注物质的需要，以致没有节制地获取，老子称之为“生生之厚”。贪食、贪杯都会导致物质摄取超过了身体的承受能力，饱食终日而不知虚其腹，结果是伤害身体。老子告诉人们，人的精神充实比物质充实更重要，要少私寡欲，要上德无为。老子的“贵生复命”说对现在快节奏、高效率、大压力、强欲望的人们，具有普遍的现实意义。

除了以上所述，老子还有许多智慧宝藏，将在下篇中作进一步分享。

# 下篇

# 老子的智慧

第一章

# 道之本

道之本是指道的本体，它重点解读道是什么，道由什么构成，这是千百年来困扰读者理解《老子》的最大障碍。弄清楚道之本是理解《老子》文本和全部思想的前提。

## 一、众说之道

道是什么？它是抽象的还是具体的，是物质的还是精神的，是虚幻的抑或是实在的？千百年来，无数士大夫、哲学家、思想家、历史学家、宗教家甚至封建帝王和政治领袖，都热衷于解读、注释《老子》。直到今天，关于道的含义，仍然众说纷纭，莫衷一是。下面将列举几种具有代表性的解释，来印证对道的理解存在分歧。

王弼的《老子注》，被当作权威版本流传下来，几乎所有注释和研究老子的人，都把它作为基本依据。王弼对“道可道，非常道；名可名，非常名”的注解是“可道之道，可名之名，指事造形，非其常也。故不可道，不可名也”。在王弼看来，道和名是指可见可识、有形状的事和物，不会永恒存在，因此不可道，也不可名。但到底什么是道，什么是名，不仅没说明白，反而引起了不少歧义和误解，造成了许多神秘和玄乎。

冯友兰先生是中国近代哲学大师，是中国哲学史研究之大成者，著述了《中国哲学史》两卷本。他认为，老子的道是指“天地万物之所以生之总原理”。老先生对道有了一个明白的说法，但“总原理”似乎仍然有些笼统和抽象。

享誉国际的老庄哲学研究学者陈鼓应先生，他在《老子今注今译》中认为道“意指构成宇宙的实体与动力”；在译文中说，“可以用言词表达的道，就不是常道；可以用文字表达的名，就不是常名”。他的“实体与动力说”比较清晰地解释了道的内涵，但后面对“常道”和“常名”的解释蒙上了不可知论的阴影。

当代知名文化学者余秋雨先生，在其《老子通释》一书中解释：“道，说得明白的，就不是真正的道。名，说得清楚的，就不是真正的名。”他还特别发挥了其语言天赋，说老子的道是一个“定义巨障”，一开始就说不清楚，“在老子看来，不仅文章的开头说不明白，而且直到文章的结尾也说不明白。不仅自己说不明白，而且别人也说不明白。不仅现在说不明白，而且永远也说不明白”。还说：“老子呈现的，是一种伟大的不可知……只有不可知、不可道、不可名，才能通向真正的伟大，才能靠近他心中的道。”不得不承认，余秋雨先生把道真的弄玄乎了，比老子的玄有过之而无不及。

葛实如和郑君华是研究帛书《老子》比较早的两位学者，他们合著的《老子新本》对帛书《老子》进行了深入研究，订正了王弼《老子注》中多处讹误，提出了许多新见解，是研究帛书《老子》的有力之作。他们认为老子的道可谓一语多义：一有本原之意，二有规律、道路之意，三有方法之意。他们对“道，可道也，非恒道也。名，可名也，非恒名也”的翻译是“把道说得头头是道的，不一定是真理；把名呼得清楚明晰，不一定表达了规律”。这种翻译似乎也值得商榷，“恒道”和真理是什么样的关系？“恒名”与规律是否等同？

罗义俊先生在《老子译注》里是这样翻译的：“道，可以言说出来的，就不是恒常的道。名，可以作为名字的，就不是恒常的名。”他认为老子的道的基本意义包括：宇宙万物的根源、本体；万物的宗主；万物的奥体；生成宇宙万物的实现原理；宇宙人生的总法则、总规则；超越的绝对的最高价值；宇宙人生的大道、正路。他把道的含义进行了扩展，很丰富，说明道是可以言说，可以描述的。

统观各种对《老子》的注释和解读，或者是模棱两可，似是而非；或者是自相矛盾，不能自圆其说；或者是望文生义，断章取义，狭隘地理解；或者是陷入玄学，用其他宗教来解释老子，最终还是道不明白，说不清楚。

由于王弼的《老子注》影响了中国历代学者接近 1800 年，有必要对他的解释作一个辨析。

首先，他说道和名是“指事造形”。把道和名放在一起，笼统地加以描述，就偏离了老子的思想。在老子那里，道是道，名是名；名可以“指事造形”，指事物，但道是某种“视之不见、听之不闻”的力量。此二者差异很大，完全不在一个层次上，他误解了道和名的内核。

其次，王弼的注本原文是“道可道，非常道；名可名，非常名”，他注解为“可道之道”和“可名之名”把人们引向了歧路。帛书《老子》则是“道，可道也，非恒道也。名，可名也，非恒名也”。两个判断句已经把道和名说得很清楚了，第一个“道”和“名”是名词，“可”是副词，第二个“道”和“名”是动词，表示“道”和“名”可以言说。王弼把它们说成“可道之道”和“可名之名”，反而把意思复杂化了，即还存在“不可道之道”和“不可名之名”。后来，真有学者这样理解，把“可道”和“可名”当作名词用了，出现了道、可道、恒道三个并列的名词。老子只有道，没有“可道”这一用法。

再次，王弼解释道和名“非其常也。故不可道，不可名也”。意思是说，道和名是不恒定的，是变化的，所以不可说，不可言。这又有问题，道和名变化无常没有错，但为什么不能言说、不能描述呢？难道有变化的东西就不能言说、不能描述吗？或者说只有不变的东西才可以言说、才能描述？如果是这样，世界上就没有什么可以描述了，因为一切都在运动变化之中。

如果跳出王弼的解释，反而简单直白得多，那就是“道，是可以描述的，但不是永恒之道；名，是可以称呼的，但不是永久不变之名”。这就很通顺，也很通俗，道根本就没有“说不清楚，道不明白”的意思，是后来的读者把它复杂化了，甚至把它玄乎化了。

我冒昧地推测，王弼以后的历代学者，是先入为主地受了王弼注解的影响。因为几乎所有老子研究者都把王弼的注释作为重要参考，尤其是帛书《老子》出土之前，王弼本《老子》是历史上保存最完整的《老子》文本，他的注释一直被奉为权威，作为标准版本。其实，王弼病死的时候才 23 岁，他不仅有《老子注》《老子指略》，还有《周易注》《周易略例》等著作。一个 20 多岁的青年才华横溢，对众多深奥的学术问题，有自己的独立见解，当予嘉许，但他的注解并不是唯一答案，也不可能绝对准确，有的解释大有商榷的余地。事实上，自从帛书《老子》出土以后，研究发现王弼的版本存在许多讹误，既有文字上的，也有解释上的。由此说来，王弼的注解只能作为参考，而不能作为唯一正确的依据。

道正如老子描述的一样，“玄之又玄，众妙之门”，让人望洋兴叹，由此生出很多猜测，陷入了不可知论的泥潭。而这种不可知论是不可取的。

## 二、突破传统思维模式

本人认为，老子的“道”一定是可以描述和表达的，而且可以被清晰地、明白地、通俗易懂地解释，有知识、有文化的人能解读它，普通老百姓也能听懂它，理解它，实践它。

要想准确理解和把握“道”的含义，必须在认识论和方法论上进行突破，跳出传统思维的固定框框，把老子的“道”用现代人的语言符号体系和思维方式表达出来。

第一，站在系统论的立场整体观照。对于“道”的本质内涵与外延，不应该拘于一字一句、一节一章，也无须泥于个别的议论，而要从《老子》的全篇中去寻觅和归纳“道”的意义。老子在不同场合、不同背景下，对“道”的表述是不同的，比如有时候用“一”指“道”，有时候用“无”指“道”，有时候“朴”也指“道”，这些都是一种借指，并不代表“道”的全部含义。如果“一”“无”和“朴”就是“道”，那就干脆直接解释“一”“无”“朴”得了，何必用“道”去多费周折。只有从全篇中梳理、提炼、概括，才能得出“道”的本真意义。

第二，运用定义法来解读。现代认识论告诉我们，在认识和理解一个事物时，要有定义，就是对一个事物的本质特征及其概念的内涵与外延给出完整的说明。中国古代典籍中，基本没有“定义”，这是中国古人的思维习惯。在《论语》中孔子有很多关于“仁”的论述，如仁者“爱人”、“仁者乐山”、“仁者安仁，知者利仁”、“巧言令色，鲜矣仁”等，但这些只是具体的行为实例，都不是定义，不是对内涵和外延的说明，说了半天还是不知道什么是“仁”，容易产生歧义。老子的“道”也是这样，从不同角度讲的“道”，意义不尽相同，这就为后人带来了不少麻烦。梁启超在《论中国学术思想变迁之大势》中说：“大抵西人之著述，必先就其主题立一界说，下一定义，然后循定义以纵说之，横说之。”现在，我们在理解老子的“道”时，不妨给它一个定义，划定一些边界，可以帮助我们理清思路，有利于人们的认识趋向一致。

第三，采用分析法。分析法也可以叫分解法，即把一个事物分解成若干组成部分，分别加以说明。任何物质都是由若干元素组成的，只有把这些元素分解开来，逐个加以分析，然后进行综合，才能得出准确的认识。以“水”为例，若说“水指一种无色无味的透明液体”，这种解释还是笼统，不够清晰；但说“水分子由两个氢原子和一个氧原子组成，化学式为 $H_2O$”，这样把它分解开来，再作说明，就可以准确表达。如果不用分析法，很难把水的概念说清楚。在理解“道”的过程中，也要采用分析法，因为“道”是一个综合性或者复合性概念，它包含多个元素、多个层次、多个维度，如果局限于笼统地解释，永远没法说明白。

## 三、重解道的密码

找到了正确的思维方式和认识方法，对“道”的解读就迎刃而解了。

### 1. 给“道”下个定义

根据现代人的思维和认知习惯，我试图给“道”下一个定义：道是基于宇宙本原，决定事物本质和能态转换的自组织能量系统。它由事物的本源、本质、本性，事物的规律、法则，事物变化的能量、运动路径等要素构成，形成圆融自洽的自组织动力体系。

这个定义不一定完美，可能有缺陷甚至错误，但它是方法论的革命，是思维方式的革新。我们无法从《老子》原文中找到明确的对“道”的解释，但纵观全篇，老子的“道”

包含了这些意思。只有这样，才不会陷入“道不明”“说不清”“永远说不明白”的认识窠臼。

2. 分解“道”的内涵

在吸取前人研究成果的基础上，综合各家之长，把老子的“道”归纳为四重含义。四重含义不是从某个章节段落中得出的，而是从通篇文本中收集、比对、提炼、概括得来的。在老子的5000多言里，“道”字出现了80多次，都是围绕“道”来展开。为简便起见，这里重点列出几章，集中说明“道”的弘义。

道，可道也，非恒道也。名，可名也，非恒名也。无名，万物之始也。有名，万物之母也。故恒无欲也，以观其妙；恒有欲也，以观其所徼。两者同出，异名同谓。玄之又玄，众妙之门。

道冲，而用之有弗盈也。渊呵似万物之宗。挫其锐，解其纷；和其光，同其尘。湛呵似或存。吾不知谁子也，象帝之先。

谷神不死，是谓玄牝。玄牝之门，是谓天地之根。绵绵呵若存，用之不勤。

孔德之容，唯道是从。道之物，唯恍唯忽。忽呵恍呵，中有象呵。恍呵忽呵，中有物呵。幽呵冥呵，中有精呵。其精甚真，其中有信。

有物混成，先天地生。寂呵寥呵，独立而不改，可以为天地母。吾未知其名，字之曰道。吾强为之名曰大。

大曰逝，逝曰远，远曰反。道大，天大，地大，王亦大。国中有四大，而王居一焉。人法地，地法天，天法道，道法自然。

反也者，道之动也。弱也者，道之用也。天下之物生于有，有生于无。

道生一，一生二，二生三，三生万物。万物负阴而抱阳，中气以为和。天下之所恶，唯孤寡不穀，而王公以自名也。物或损之而益，益之而损。故人之所教，亦议而教人。故强梁者不得死，我将以为学父。

除此之外，还有许多关于道的描述，这里不做一一赘列。道的四重含义如下：

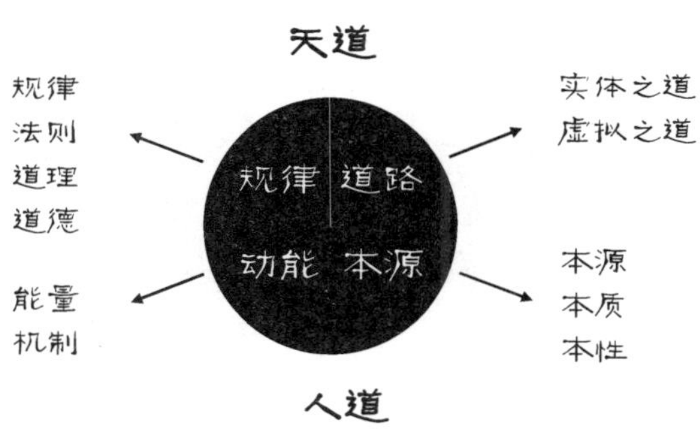


（1）道——指道路

“道”字的甲骨文为“[illegible]”，意思是一个人站在道路的交叉口，面临着路径的选择。金文为“[illegible]”，中间的“人”字变成了“首”，下面加上脚趾，意思也是在交叉路口，选择走哪一条路到达目的地。这条路对他非常重要，关乎他的目标能否实现。

老子为什么要用“道”字来指称一个博大精深、玄奥悠远、包罗万象的哲学范畴？这是一个令人好奇而倍感兴奋的问题。

老子觉得很难找到一个恰当名称，去代表“有物混成，先天地生。寂呵寥呵，独立而不改，可以为天地母”这个事物。这个名称非常重要，是最关键的一个核心概念，这个核心概念既要有高度的概括性，也要有深刻的内涵，还要通俗易懂，能够被人们理解。老子很是费了一番周折，只好找一个形象化的事物来代替。经过反复推敲，老子认为只有道路的“道”才勉强可行。所以老子特别强调“吾未知其名，字之曰道”，也就是说，用“道”来称呼它基本可行，但仍然觉得有一些勉强。为什么会勉强呢？因为“道”不只指道路，还有其他含义，其他含义用“道”来表达，就有些力不从心了。可见“道”字仍然不能完全表达他那个核心概念，但无法找到比“道”字更适合的名字了。

老子的“道”首先指道路，如“使我介有知也，行于大道，唯施是畏。大道甚夷，民甚好解。朝甚除，田甚芜，仓甚虚。服文采，带利剑，厌食，货财有余，是谓盗夸”。文中的“我”泛指统治者，也指圣人；“施”是“迤”的通假字，是斜行的意思；“夷”表示平坦。整段的大意是：假如我明白通达的话，就要行走宽广的大道，唯恐走入歧路。大道很平坦，但人们喜欢走小路，因为小路是捷径，走得快。现在，朝廷政事废弛了，田地荒芜了，仓库空虚了，而统治阶级却穿着华丽的衣服，佩带锋利的宝剑，吃着美食还厌弃，财富有余还不嫌多，这些贵族统治阶级简直就是强盗头子。老子是说统治者走的是歪门邪道，老百姓也会去效仿，也被带上了邪路，如此这般，国家就不可救药了。

在“道”指道路的时候，又包含两层含义。道路的第一层含义是具象的道路，即有形的、物质的、实体的道路，也就是人们行走的大道。

物质世界需要道。比如城市中若没有大道，城市将陷入瘫痪。在城市里面，有什么比道路更重要、更根本呢？大地上飞驰的火车需要轨道，江河湖海中运行的船只需要航道，各种飞机在天空中穿行需要航道，甚至于地球、月亮、太阳等天体也有自己运行的轨道……没有这些各种各样的道，世界将陷入混乱。

人体内部也布满各种道，如食道用来运送食物，气道用来输送氧气，肠道用以排泄废物等。没有这些道或者道不通、道破损，生命将无法存续。传统中医就贯穿了道学思想，人体内的“经络”即细微的通道，它隐藏在肌肉组织中，为人体器官输送氧气、血液和各种营养。所谓“通则不痛，痛则不通”就是这个道理。

道路的第二层含义是抽象化的道路，即无形的、非实体的道路。如社会发展道路、人生成长道路等。抽象的道路更能体现老子的思想，更接近老子的核心概念。“天下有道，却走马以粪。天下无道，戎马生于郊。”直白地说是：天下有道的时候，社会安定，没有征战，马匹都用于生产，为农民运输耕种的肥料；天下没有道的时候，诸侯混战，战火纷飞，马匹都成为战马，在郊野兴兵备战。这里的“道”字既有实体道路的意思，也有抽象道路的含义。

老子用抽象的道路来指代他的核心概念，具有深刻的哲学意蕴。其实老子的真正意图是借用实体的道路作为入口，把“道”引向抽象的道路。因为道路有很多引申义，这些引申的含义才能表达他的核心思想，才是他的核心概念所富含的内核。抽象的道路上升为人类发展的路径和方向，就具有无限广阔的空间了。比如人生道路就具有立体性、多样化的特征。每一个人都有多条自己的道路，如求学之道、成才之道、经商之道、治家之道、为官之道等。在这样的抽象道路里面，包括了人们的信念、理想、价值观等要素。如果人生的道路错了，就意味着偏离了方向，步入了歧途，就将远离他的目的地，背离了他的初衷。只有当道路上升到哲学抽象的时候，道路的关键性、决定性作用才会显现，这才是老子要表达的微言大义。

当道路引入社会政治生活时，其意义更加深远。比如不同的文化传统，不同的历史背景，不同的民族特质，决定了不同国家的发展道路。有的国家走资本主义道路，有的国家走社会主义道路；有的国家奉行霸王之道，有的国家坚持和平之路。道在这里已经升华为一种理念，一种体制模型，而且具有指引性、导向性和命运决定性。

在宏观世界和微观世界里，还有许多我们没有认识的道。如遥远的宇宙天体遵循什么样的道运行，微观粒子、暗物质、暗能量等的运行遵循什么样的道，我们仍然未知。

所有这些道，都象征着道路，它是宇宙万物存在的方式和前提；没有道，整个宇宙就不能运转。具有象征意义的人类社会中的道，已经超越了“道路”这个原始本义，这正是老子的神奇用意所在。

这些物质的、实体的和非物质的、抽象的道，绘就了一幅宇宙万物和人类生活的壮阔图景，没有任何一个其他名称能够取代它的地位。道路如此重要，如此多样，如此多彩，老子用它来指代生育宇宙万物的核心概念，一点也不离奇，丝毫也不荒谬。

（2）道是万物的本源

“道冲，而用之有弗盈也。渊呵似万物之宗。”这里的“冲”表示空虚。老子说，道的里面空虚浩荡，非常渊深，无底无垠，但作用和功能没有穷尽，好像万物都从那里生长出来。这听起来有些玄乎，虚无缥缈。老子进一步解释说：“视之而弗见，名之曰聋。听之而弗闻，名之曰希。揩之而弗得，名之曰夷。三者不可致诘，故圂而为一。”这里的“一”是指道，就是万物的本源。研究《老子》的学者，对“一”也有多种解释和说法，纷繁复杂，仍然不能自圆其说。其实，“一”就是指事物的“最初本原”。任何事物的最初本原都是唯一的，所以，老子有时候把“一”视作道。

道在老子的思想里面，还是一个多样态的哲学概念，既有物质的也有精神的，可以说是一种存在和意识交织的复合体。老子说道“其上不攸，其下不忽。寻寻呵不可名也，复归于无物。是谓无状之状，无物之象，是谓忽恍”；又说“道之物，唯恍唯忽。忽呵恍呵，中有象呵。恍呵忽呵，中有物呵”。虽然听起来的确是迷迷糊糊，不知所云，但可以肯定的是，道是含有物质的，“中有象呵”“中有物呵”讲得十分明确。同时，它又显现出“无状之状，无物之象”、既“忽”又“恍”的形态，这说明道又有虚空的一面，虽然听不见、看不到、摸不着，但虚空并不代表没有。

（3）道的本源性蕴藏着一种方法论

追本溯源是老子道学思维的一个很重要特征。宇宙是怎么来的？天地万物是怎么产生的？事物是如何变化的？社会矛盾是由什么引起的？这些都是老子热衷思考的问题，也是《老子》全篇着力追寻和回答的问题。实际上，老子通过追本溯源，告诉人们区别根本和枝叶、原因和结果、首要和次要、原动力和后动力、核心和边缘的思维方法。老子说：“天下有始，以为天下母。既得其母，以知其子，复守其母，没身不殆。”是说万事万物都有其“生养之母”，知道了它的“母亲”的现状，就可以知道它的“孩子”下一阶段情况；反过来，知道了它的“孩子”，就可以了解它的“母亲”。“母亲”是源头，它的许多基因和特质都会被“孩子”遗传下来。自然界是这样，人类社会也不例外。它是一种指引人们认识和把握问题的方法。

老子为什么要追踪事物的本源呢？因为本源是事物发生、发展、变化的原始动因，用现在的话说，就是因果律。找到事物的本源，才可以推导、判断事物的前因后果，才能正确认识和把握事物的走向和结果。

从这个意义上说，老子是中国历史上第一个伟大的哲学家，他关于本体论的思考与探索，在中国哲学史上可以说前无古人，后无来者。老子思想的伟大之处，在于他总是用本体论的思维去观察世界，分析问题，解决矛盾。

（4）大道至简，直面本质

由事物的本源追索事物的本质，是道的一种特有禀赋。老子说："为学者日益，闻道者日损。"有的人把这里的"学"理解为"欲望"，似有不妥；这里"学"表示一般的知识学问。意思是追求知识学问的人，了解和掌握的知识越来越多；而追求道的人，头脑中需要记住的东西越来越少。因为道是指事物的本质、规律、要领。在老子眼里，人们应该用更多的精力和时间去认识和把握本质与规律，它们更重要，更有决定性意义，不要过多地纠缠那些无关紧要的细枝末节。老子又说："道恒无名，朴虽小而天下弗敢臣。"意思是称得上道的东西常常无法给它命名，在大千世界中幽微不可见，但当人们掌握了它，就没有不能克服的。"执大象，天下往"指了解本质、认识规律、掌控大势后，就可以做到游刃有余。

大道至简是一种思想方法，关键是掌握本质和规律。老子说："不出于户，以知天下。不窥于牖，以知天道。"有人认为这句话反映了老子是唯心主义者，不出门能知晓天下，这不是主观臆断吗？老子之所以能不出户以知天下，是因为他能够洞悉时势，把握事物本质，了然变化规律，所谓运筹于帷幄之中，决胜于千里之外。在纷繁复杂的环境背景下，只有抓住事物的重点、规律、要害，才能在各种矛盾冲突中保持镇定自若，做到举重若轻。诸葛亮未出茅庐而定三分天下，这是因为他把握了事物的本原和本质。

在知识膨胀、信息爆炸、科学技术快速更新的当代，这种思想方法具有特别重要的现实意义。以教育为例，人工智能正在跨越式发展，AI 技术在不断接近人类智力，它可以代替人类进行信息收集整理、图像识别和处理、解决问题、演绎推理等复杂劳动，这种技术对传统教育提出了严峻挑战。现在的情况是，我们的教育依然在做大量重复性劳动，教师们往往更加注重书本知识、概念知识，强调死记硬背，不厌其烦地进行题海战术，唯分数是从，导致极大地扼杀了教师和学生的积极性、主动性和创造性。如果不进行深刻的变革，不大刀阔斧地破旧立新，就可能在激烈的人才竞争中落后。现在的教育传授给孩子的东西以“术”为主，记忆术、答题术、背诵术、考试术等，忽视了教育之道、学习之道、成长之道。教育的根本任务是培养人的创造性思维和分析、解决问题的能力以及美好的德性、健全人格等关键能力与核心素养。老子关于道的思想为我们提供了宝贵的认识和实践智慧。

（5）道——规律与法则

道指规律，这几乎是公认的观点。规律主要指自然界的规律，老子把它命名为“天道”。《老子》中有关这方面的描述很多，如“飘风不终朝，暴雨不终日”“曲则全，枉则正，洼则盈”“天之道，不战而善胜，不言而善应，不召而自来”“人之生也柔弱，其死也揎仞坚强。万物草木之生也柔脆，其死也枯槁”等。老子从自然现象中观察和发现了许多规律，并把这些规律称为“道”。事物发展的规律无穷无尽，人类对它的认识也不会有止境。道的规律性，人们耳熟能详，在这里无须赘述。

道也指法则。《老子》里没有法则的概念，这个概念是现代人赋予的。什么是法则？它与规律的区别是什么？笔者认为，规律是对自然属性而言的，只要是具有自然属性的事物，都可以用规律去判断去检验，而法则是对人的社会属性而言的。

人的社会属性具有能动性、不确定性等特点，它可能不受自然属性支配和约束，使人的意识和行为变得复杂多变。人类为了群体和自身的生存与发展，必须建立一套规则，以形成一定的秩序，这些规则和秩序就是法则。因此，法则是针对人类社会而言的。法则就是“人道”，是关于人类社会的一些准则，与“天道”相对应。人类如果没有准则，就没有章法，没有规矩，就不能形成有秩序的群体社会。

自然规律是一种可以通过论证和实验来检验的唯一性结论，只能在“是”和“否”、“对”与“错”中二选其一，而人类的法则不需要检验，也无法检验，因为它不具备唯一的结论和标准。比如说，世界上有“按劳分配”“按需分配”“按资本分配”“按时间分配”等多种分配原则，不存在一个绝对科学的标准，而是由人们自己去决定，一旦确定，就成为法则，需要大家共同遵循。法则是人类建立和谐稳定秩序的保障，但法则本身的价值取向具有多样性，而且它的约束力有限，这为人类行为的任性和放肆留下了空间，人与人、人与社会之间的矛盾就在所难免了。从这里，又引起众多的法律和道德冲突。《老子》中关于“人道”（即“德”）的篇幅占全书的很大部分，其中有许多独到见解和精辟论述，笔者将在后面一章中集中探讨。

（6）道——原动力

道是一种内在动力，这是一个比较新的说法，在众多的解老学说中，只有个别学者提到这一观点。肖钢先生在他的《帛书〈老子〉破译报告》一书里，别开生面地对这一观点做了很有个性的阐述。

“道生一，一生二，二生三，三生万物”，每次阅读这一章时，笔者总是陷入迷茫，总是不禁自问，道为什么能生万物呢？凭借什么依据和力量来生养万物？现在恍然大悟，因为道就是宇宙间的“原动力”。

要证明道是原动力，至少具备两个关键条件：一个是它的动力性，一个是它的初始性。这二者结合就可以形成原动力。

老子把天地比作一个大风箱来形容道的能量，所谓“天地之间，其犹橐籥与？虚而不淈，动而愈出”，大意是天和地之间的空间就像一个大风箱，里面空虚但不会枯竭，一动就会加速喷出。这个“大风箱”是一个巨大的能量库，它为万物提供能量，万物因此得以生长、发育、变化。风箱只是一个比喻，说明能量来自自然，来自物质，也来自虚空。老子生动形象地描述了道的动力性的存在。

关于道的初始性，也阐释得非常明确，所谓“有物混成，先天地生”，是说道在天地万物之前就有了，这里面既包含了物质性，也包含了初始性。“道冲，而用之有弗盈也。渊呵似万物之宗”，这里的“冲”代表空，“宗”指宗源、祖宗，意思是天地万物都是从道里面生成出来的。“道生一，一生二，二生三，三生万物”也是这个意思，它们都指向了道的初始性。

原动力是宇宙万物运转的原初动力，也是内生动能。老子称它“虚而不淈，动而愈出”，取之不竭，用之不穷。这一思想在认识自然、改造自然，尤其在社会治理中，具有巨大意义。事物变化发展的原动力是什么，这是人们分析问题、作出决定的认识前提。孩子倘若没有学习的原动力，就会丧失积极性和主动性，也就不可能取得理想的学习效果。人们参加劳动、工作，如果没有原动力，就会失去热情，丧失责任和使命，就难以实现自身的目标和价值。

激发原动力是人类社会永无止境的生命主题，老子给我们指明了方向。作为治理者应该明白，如何让生命迸发出原动力，如何让个体保持经久不衰的生命激情，如何创造条件让个人实现崇高理想，才是最大的道，才是最高的管理哲学，才是最高的治理境界。

## 四、“无”的玄机

### 1.“无”字解译

很多人对道的物质存在性表示怀疑，一个重要原因是对“无”的理解存在分歧。“无”在《老子》中出现的频率很高，如“有、无之相生”“故恒无欲也，以观其妙”“无名，万物之始也”“上德无为而无以为也”“无有入于无间”等，一共出现了 80 多次，说明“无”和道有着密切的关系。如果没有准确地、透彻地把握“无”，就很难理解道，也很难统一认识。

“无”在《老子》里面到底代表什么，具有哪些深层含义，是不可回避的问题。

说到“无”字，其实在西汉以前，“无”和“無”是两个独立的字。马王堆出土的帛书《老子》，“无”和“無”是有区别的。但是现在出版的所有《老子》著作，要么都用“无”字，这种情况是大多数；要么都用“無”字，如徐志钧先生等，完全把二者等同了。“無”的甲骨文是“”，它由“舞”字演化而来，古文中有时二字通用。舞指舞蹈，古代主要在祭祀亡灵时进行，是祭奠死去的人，因而“無”字有消亡、失去等意思。“无”字与“元”字接近，与“炁”字相当，指元气。而“元”代表开头、元始，比如元旦、元月、元首等。“元”字的一撇出头就是“无”字，故“无”有代表“元气”一说。中国古文字历史悠久，演化繁多，从字源上考证它们的含义，得由古文字学家去做了。但此种说法可以帮助我们开阔思路。

2.“无”的真义

综合考察《老子》全文，老子的“无”并不是什么都没有，也不是“零”，而是事物存在的另一种形式，是可以产生“有”的特殊存在。有的人错误地理解了老子的“无”，把“无”看成什么都没有；还有些人认为“无”就是道，这一观点也值得商榷。关于“无”的含义，许多学者都有不同的解释，本人认为它至少有三重意思。

第一，代表事物的一种初始状态，是一种即将要出现但还没有出现，暂时看不见的存在形式。它不是“什么东西都没有”，不是绝对的虚无。“万物负阴而抱阳，中气以为和”，只有当一阴一阳交合，产生动力，才诞生生命。高压气流与低压气流汇合，激荡之后产生风雨。种子埋在地里，当它的芽还未破土而出的时候，便被视作“无”。这都是事物的初始状态，只是人眼看不见而已。初始状态的“无”其实是一种物质存在，人们看不见它们，才被称作“无”。这个“无”不是“零”，不表示什么都没有。恰恰相反，这个“无”实际上是“有”，是“有”的另外一种存在形式。正因为“无”是“有”的另一种形式，所以老子把“无”和“有”视为一对对立统一的范畴。对立是指它们存在的形式不一样，人们对它们的称呼也不一样；统一是指它们可以互相转化，你中有我，我中有你。只有这样，才能理解“有无相生”“无中生有”的逻辑关系。

第二，“无”是指一种无形无质的虚空，是道的一种表现形式。在老子那里，“虚”和“无”是属于同一层次的范畴，有时候“虚”“无”连用，有时候它们分开用，虚空就是“无”。老子讲得非常明白，而且很形象，“卅辐同一毂，当其无，有车之用也。埏埴而为器，当其无，有埴器之用也。凿户牖，当其无，有室之用也。故有之以为利，无之以为用”。大意是说，三十根辐条汇集到一个车毂中，有了车毂中空的地方，车辆才能行走。制作陶器时，只有把中间挖空，才能成为器皿，才能有盛装物品的效用。建房子的时候，必须开凿门窗，让房子的墙壁上有孔洞，房子才有使用价值。所以“有”给人便利，“无”发挥了它的作用。老子把有形的、看得见的对象视为“有”，把无形的、看不见的对象视作“无”。在这里，“有”成了工具，成了手段；“无”成了目的，被人们使用。“无”似乎更为重要、更为可贵，这又是老子独特的发现和认识。虚空即“无”，确实重要。如果房子内部没有空间，周围没有门窗，就只是一堆建筑材料，不能住人。故虚空的“无”也不是什么都没有，相反，它包含许多“有”。虚空的“无”越大，“有”的内容越多、越丰富。

第三，“无”代表没有，即“無”字的含义。这是大多数人通常的理解。

老子为什么那么看重虚空，看重“无”呢？《老子》中“谷”“溪”“玄牝”“雌”“母”等，它们都有虚空的含义，都是“无”的象征。在老子看来，虚空的“无”是那么博大，那么遥远，那么不可穷尽。宇宙不就是一个巨大的虚空吗？我们看到的除了日月星辰，便是一望无际的“无”。但“无”里蕴藏着澎湃的力量，暗含着无穷无尽的“有”，它是滋生和蓄养万物的温床。

老子的“无”是一种“有”，一种无形无质、无影无踪、看不见摸不着的“有”。这种“无”可以生出“有”，可以变成“有”。我们只有透彻地理解“无”的本意，才能理解“道”，才能理解“无为”“无欲”“无私”等重要概念。从某种意义上说，把握了“无”就拿到了一个通向《老子》深邃宝殿的密码。

## 五、道的特性

### 1. 道的复合性

如果只强调道的物质性和存在性，或者直接说道就是物质的，这种观点一定会被大张挞伐，因为道还包含着一些非物质的要素。比如说抽象概念的道路，包括社会发展道路、人间法则等，都是意志层面上的东西，是人类社会的反映。它们是基于物质之上、不同于物质本身的意识凝结，是超物质的。

由于老子思想中包括了非物质的内涵，因此，近代以来，一些老学研究者包括哲学史大家，把老子的思想归属于唯心主义，这真是莫大的冤案。在2500多年前的上古时代，生产力低下，语言不够发达，文字还在发展，思维相对局限，人的思想主要是从观察自然、观察人类社会活动中获得，不可能有“唯物”和“唯心”的意识。况且“唯物”和“唯心”是近代西方的哲学范畴，完全用西方的概念来评判中国古代的文化思想，其实是不适合的。如果我们用“唯物”和“唯心”去简单地判定它，显然草率且粗暴。

老子的道是一个复合性概念，是一个综合体，它建立在物质基石之上，把物质和精神、存在和意识集于一身，所谓毕其功于一役，道的博大与鬼魅可见一斑。

### 2. 道的圆融自洽

前文说了那么多道的元素，似乎很复杂很琐碎，难以抓住纲领。实际上，道是一个圆融自洽的自组织系统。宇宙就是一个巨大的自组织体系，各种天体运行不悖，它们遵循着一种自洽的运行模式，不需要外力的干预，既坚守自己的规律，又为宇宙万物的运动变化提供不竭的动力源泉。

道是宇宙万物运动发展的总法则、总原理，它无处不在，无时不有，各种要素互相依存，互相制约，自行发挥作用。比如一个初创企业，需要厘定初始愿景和目标，需要确立一个符合自己发展的道路与方向，需要遵循企业运营的规律和法则，需要激发员工的原动力，这些就是尊道。一个地方发生差错，就会影响发展，甚至最终导致失败。一个成功的企业，就是要建立一个圆融自洽的自组织体系。个体的人也是一样，每个人一生中都有许多道需要去追寻。尊道才有可能健康发展，违道就会受到失败的惩罚。

3. 道的超验无痕

道的最大神秘是它的超验性。所谓超验性是说它听不见、看不到、摸不着，它的存在超越了人们的感官知觉，人们无法验证它的真实存在，以致各种怀疑、质问甚至否定它。老子的伟大之处，正是他看到了凡人看不到的魅影，领悟了浩瀚宇宙和万千世界的变幻，而且以宏博之势、如椽之笔描述道的博大精深和飘逸悠远。

道虽然具有超验的特性，但并非不可知、不可言、不可道。如果真正理解了道的精髓，人们可以去静默地求证它，追寻它，体验它，拥抱它，因为它就在我们的周边，就在我们的视野里，甚至就在我们自己身上。

4. 尊道即赋能

因为道是能量是原动力，所以尊道就是赋能。也就是说，当你找到了正确的道路和方向，把握了事物的本源、本质，掌握了事物发展的内在规律和法则，你就是尊道之人，就被赋予了能量。这种能量不是外加的，不是别人给的，而是你通过寻道、悟道、修道、尊道得来的，是自生的内在动能。

尊道即赋能是老子思想的至尊珍宝，不认识这一点，就无法真正理解道的伟大价值。当一个中学生掌握了一个重要定理或公式，攻克了一道久攻不下的难题时，他可能会兴奋地跳跃起来，这就是赋能的表现，因为他掌握了这道题的道。他掌握的道越多，他的动能就越迸发，他进一步努力的兴趣和热情就会增多。人生诸事皆然。

通过以上的讨论，我们对老子的道的内涵就会有新的认识。对“道，可道也，非恒道也。名，可名也，非恒名也”这一经典名句，可做这样的解读：道是可以言说，可以表述的，但它不是永恒不变的。因为不同的事物具有不同的道，同一事物的道也会随着时间、条件的变化而改变。名是可以用来给人与事物称呼和命名的，但这些称呼和命名也不是恒定不变的，所有的名称、名誉都是暂时的，不必为名而累，更不用为了名誉而斤斤计较。

综合而论，老子的“道”既是本体论、认识论、方法论，又是宇宙观、世界观、人生观。

第二章

# 道之源

道之源是指道的来源、根源，它揭示了道从何而来，向何而去的精深道理。

既然道是老子思想的核心概念，是所有论述的起点，那么，影响道、决定道的东西是什么？这是一个不得不深入探究的问题，这里试图作一个系统讨论。

## 一、老子是自然主义崇拜者

“道法自然”是老子的经典名句，也是他道学思想的根基。然而，老子对自然的论述并不多，只有四处：“希言自然”“人法地，地法天，天法道，道法自然”“道之尊，德之贵也，夫莫之爵，而恒自然也”“是以圣人欲不欲，而不贵难得之货；学不学，而复众人之所过；能辅万物之自然，而弗敢为。”老子在四个地方说的自然都有不同意思。第一个自然，是说稀言、少言、贵言，才符合道。这里的“言”既指

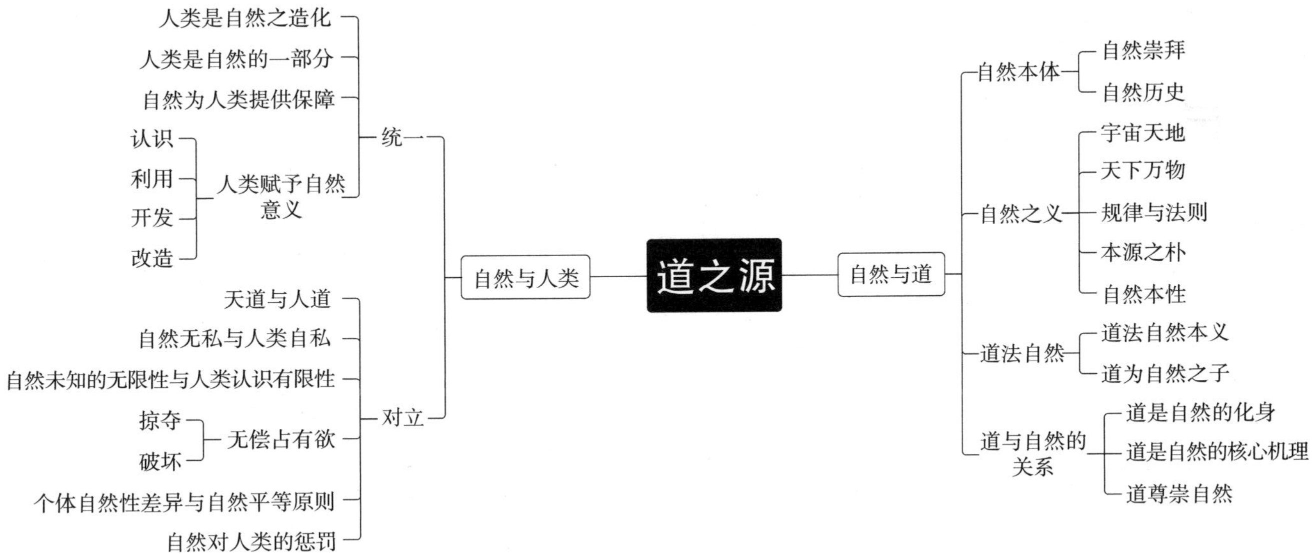
道之源
自然与人类
统一
人类是自然之造化
人类是自然的一部分
自然为人类提供保障
人类赋予自然意义
认识
利用
开发
改造
对立
天道与人道
自然无私与人类自私
自然未知的无限性与人类认识有限性
无偿占有欲
掠夺
破坏
个体自然性差异与自然平等原则
自然对人类的惩罚
自然与道
自然本体
自然崇拜
自然历史
自然之义
宇宙天地
天下万物
规律与法则
本源之朴
自然本性
道法自然
道法自然本义
道为自然之子
道与自然的关系
道是自然的化身
道是自然的核心机理
道尊崇自然

道之源结构图

统治阶级的声教法令、教化统治，也指圣人的言语。第二个自然，是指自然界。第三个自然，指道和德之所以受尊崇、被珍惜，是因为它不加干涉，守持自然法则。第四个自然，是说圣人辅助万物自然成长而不加干涉。

和道一样，老子对自然没有作出具体解释，也没有定义，这就需要我们从全篇中去挖掘和提炼它的内涵。事实上，老子用了大量篇幅描述和讨论自然现象和自然规律，如“长、短之相形也，高、下之相盈也”“天地之所以能长且久者，以其不自生也”“水善利万物而有静”“万物并作，吾以观其复也”等等。粗略统计全书涉及自然现象的描述达 48 章之多。为什么会出现这种情形？因为老子是从无数的日常生活观察中研究自然现象、探究自然规律、发现自然奥妙的。这些从生活中得出的道理深入浅出、通俗易懂。例如，“水善利万物而有静”，我们每个人天天都要和水打交道，但只有老子发现了它“有静（不争）”的品质。“江海之所以能为百谷王者，以其善下之”，万流归宗，百川入海，老子思索现象背后的原因及其富含的哲理。绝大多数人对于周遭的事物和现象，都习以为常，熟视无睹，只有少数人能从寻常中发现真理，能透过现象看到本质。老子是一个自然主义崇拜者，崇拜自然的广阔无际，震撼自然的博大精深，惊叹自然的玄奥机巧。他的所有思想和论述都来源于对自然世界的独到观察与反复琢磨。我们不能因为老子对“自然”没有进行解释，没有阐发，就认为他的“自然”仅仅局限于“自然而然”的表层意义。

## 二、人类认识自然的历史

一部宇宙万物发展史，首先是一部自然发展史。根据现在的研究和推测，宇宙的历史已有 138 亿年，地球形成约有 46 亿年，而人类的出现只有约 300 万年，相当于地球历史的约一千六百万分之一。晚期智人，也叫作“新人”，大约生活在 4 万 ~ 1 万年前，真正的现代人类，出现的时间更晚。如果把人类比作地球的孩子，他似乎还在稚嫩的婴儿阶段。早在 18 世纪，法国有一位著名的博物学家叫乔治·布封，他毕其一生研究自然历史，撰写了一部《自然史》，成为当时轰动欧洲的经典名著。这部巨著历经 20 多年完成，多次重印，它知识广博、视野开阔、文字优美、图文并茂，至今仍然闪耀着智慧和文学的光辉。他说，从人类开始把自己的力量与大自然的力量进行结合，并把这种结合扩展到大部分的地球上时，至今也不过 3000 年左右的时间。就是说，人类真正认识和利用自然的历史还相当短暂。布封先生在编写《自然史》时，将它分为动物、植物、矿物、人类、自然的世代等五个部分。人类排在第四，这种排列虽然并不表示自然发展的顺序，但人类一定是自然界的后来者，人类只是自然中的一个物种。毫无疑问，是自然孕育了人类，人类是自然之子。

自然世界为人类造化了赖以生存的物质基础。简单地说，人类是依靠自然来养活自己的，阳光、空气、水是人类一刻也不能或缺的，成千上万的各类动物、植物为人类提供充足的食物，大地、山川、江湖、海洋为动植物和人类创造了生存和繁衍的温床。

自然是如此博大，如此神奇，但在人类认识它之前，它一直在熟睡，一直在沉默。除了老子以外，真正科学上的自然研究始于近代西方，从文艺复兴开始，自然科学才正式登上历史舞台。正如恩格斯在《自然辩证法》中说的："现代的自然研究同整个近代史一样，发端于这样一个伟大的时代……这个时代是从 15 世纪下半叶开始的……这是人类以往从来没有经历过的一次最伟大的、进步的变革，是一个需要巨人并产生了巨人的时代。"从此，各种自然研究开始迅速发展，物理学、化学、生物学、天文学、矿物学、医学、人类学等，研究领域不断扩大，新的分支学科、边缘学科、交叉学科快速增加，为后来的几次工业革命奠定了知识和科学基础，可以说，人类的历次工业革命都着眼于自然，肇始于自然，植根于自然，人类所有的科学研究成果无一不是对自然认知的一次次深入和突破。

老子早在 2000 多年前，就对自然世界给予了全身心的关注，并提出了许多深邃的哲学思考，我们怎么能不被他的先见之明折服呢？尽管他的这些思想没有被后人持续地继承下来，也没有发展成为类似西方那样的近代科学，但这不是老子的过错。中国古代长期的封建专制和思想禁锢及其背后的文化因素，把基于自然的哲学和科学探索扼杀在萌芽之中，只能说是一种悲剧。

## 三、老子"自然本体"观

纵观老子的整个思想体系，可以说，他的道是一个"自然本体"哲学范畴。所谓"自然本体"，就是主张世界的本原和基质是自然，世界是由自然构成的，没有自然就没有世界。他的一切观察、思考和论证，都来自对自然存在的认识，他所提出的一切概念、命题和观点，都是建立在自然本体之上。这正是他与我国古代其他思想学派截然不同的地方，不清楚这一点，就不可能真正把握老子思想的跨时空价值。

老子的自然包含以下五方面内容。

1. 宇宙天地

《老子》全篇有许多关于天地的论述，如“天地不仁”“天地之间，其犹橐籥与”“玄牝之门，是谓天地之根”“天地之所以能长且久者，以其不自生也”“天得一以清，地得一以宁”等等。老子的天地是一个广义的概念，其实就是指宇宙中的物质、空间以及它们的运动变化。“天地不仁”是说宇宙自然界没有情感，没有亲疏，没有好恶，是公正无私的。老子说的“一”代指道，“天得一以清，地得一以宁”是指天地都有自己的运行规律。值得强调的是，老子的天地不是神，而是自然范畴。老子所处的时代，决定了他只能观察天地的宏观场景，对它们的运行规律进行观测和猜想。老子对自然的描述极富想象力，生动且形象，展现出一幅幅有血有肉、栩栩如生的生命图像。

2. 世界万物

“万物作而弗始也，为而弗恃也”“水善利万物而有静”“万物并作，吾以观其复也”“道恒无名，朴虽小而天下弗敢臣，侯王若能守之，万物将自宾”“道，泛呵其可左右也，成功遂事而弗名有也。万物归焉而弗为主”等。老子这些论述中的“万物”也是一种泛指，是人们看得见、摸得着的自然万物，是独立于人类之外，又为人类所熟悉的自然物质存在。老子在讲万物的时候，并非孤立地讲述万物，而是讲自然万物与人类的关系，落脚点是人类对自然的认识。

3. 自然规律

老子说：“曲则全，枉则正，洼则盈，敝则新，少则得，多则惑。”又说：“飘风不终朝，暴雨不终日。”这说明自然现象是变化的，一刻也不曾停止。老子还说“物或行或随，或热或吹，或强或挫，或培或堕”，大意是物质存在各种形态，它的变化和存在形式不以人们的意志为转移，不以人们的喜好为选择，这就是自然。如果人为地、强行地去改变它，就会有失败的风险，就可能遭到报复，这就是自然力量。“祸，福之所倚；福，祸之所伏”，祸福相依正是老子从浩瀚的自然现象中观察得出的结论。这样的例子不胜枚举。老子就是利用这些自然现象和法则，采取打比喻的方式，来表达他的思想，伸张他的主张。

4. 自然状态——朴

朴是指事物本来的样子，也就是没有经过人力加工的原始状态。我们平常所说的“天然”“天生”等，都是自然状态，老子叫它朴。

朴是老子的一个重要哲学概念，他说：“道恒无名，朴虽小而天下弗敢臣，侯王若能守之，万物将自宾。”意思是说，道永久存在，但没有实名，朴质看起来渺小无形，但天下没有谁能够役使它，贵族统治者们如果能够遵循它，万事万物都将按照它自己的方式顺利发展。

老子的朴有的时候也借指道。在老子的意识中，道有多重含义，也有多种表述，如“大”“逝”“远”“反”“无”“无为”“朴”等。它们都有“自然朴质”“无欲无为”“顺其自然”的意思。

朴具有深刻的哲学意蕴，它与“有为”“有欲”“强为”“甚”“泰”“奢”等概念形成对立。这一思想在《老子》中占有统治地位。他说：“化而欲作，吾将阗之以无名之朴。阗之以无名之朴，夫将不辱。不辱以静，天地将自正。”大意是说，如果事物在变化发展过程中，人的欲望兴风作浪，就要用道特有的自然质朴来克制它、压制它。克制以后欲望就不再发作，不再膨胀，天下的事物就按照正确的方向和正直的道路发展，人就会端正守德，正大光明。比如多吃多占、好吃懒做、贪污受贿、盗窃抢劫等行为都是“化而欲作”的表现，即欲望膨胀，这个时候就要用“无名之朴”去压制它们。“无名之朴”既是自然的本性，又是人类需要遵循的法则，老子把自然与人类巧妙地联系起来，吻合了人类是自然的一部分的“自然本体”思想。

朴也是中国传统文化中的一种美学意境。顺其自然、返璞归真、简约留白等思想和技法，对中国的传统绘画、书法、建筑、诗歌等艺术产生了深远影响。当代知名画家范曾先生在他的《范曾自述》一书中认为“老子的‘道法自然’‘复归其根’‘复归于婴儿’‘复归于无极’‘复归于朴’的思想，宛似玄冥中的希声，在中国文艺的空谷中回响”。直到今天，老子的这些思想和审美标准，对我们的城市规划建设、艺术创作等方面仍然具有广泛的借鉴意义。

5. 人的自然天性

因为人是自然的一部分，人也就有了自然性，自然性就是天性。尊重人的天性，就符合自然，反之，就违背自然。在社会实践中，人的天性往往被忽视、被贬低，甚至被压抑。人们在强调后天的培养和教育时，忘却了人的天性，或者以牺牲天性为代价。比如说，“玩”是人的天性，不仅孩子好玩，年轻人好玩，老人也好玩。可是“玩”往往被视为洪水猛兽，尤其对学生家长来说。似乎“玩”就等于“丧志”了。其实，换个角度来说，奥运会不是全世界的运动员一起“玩”吗？各种各样的音乐会不是“玩”吗？跳广场舞不是“玩”吗？旅游度假不是“玩”吗？不一而足。当然，不是鼓励贪玩，既然“玩”是人的天性，就应该认真研究“玩法”，把“玩”的热情转化为有意义的探索，转变成有价值的社会活动。自然性是个体生存和发展的基石，忽视或者否认人的天性，就是否定人的自然性，这种行为势必造成伤害。尊重天性才是依道而行。

## 四、道法自然是老子的伟大发现

道法自然是老子的一个伟大发现。老子从自然出发，展开了前人不曾有过的新思维、新畅想，建构起了他道学思想体系的重要支柱。

道法自然的根本意旨是道孕育于自然，从属于自然。道法自然的“法”字常被解释为“效法”“效仿”，那么道法自然就是道借鉴、模仿自然。这便曲解了老子思想的根本，是一种肤浅的理解。

要理解道法自然的根本意义，必须理解道与自然的关系。简单说来，自然是道的母体。道是从自然中派生出来的，没有自然就没有道。道的所有对象和内涵都生发于自然，倘若没有自然万物，道就是无本之木，无源之水。然而，道又不等同于自然，道不是自然本身。

那么，道与自然的区分是什么？

1. 道隐藏于自然背后

在老子看来，道是自然的化身。自然是鲜活的、形象的、实体的，而道是虚拟的、隐形的、不可捕捉的。打一个形象的比喻，道就像地球的经线和纬线一样，实际上它们并不是实体存在，是人们想象出来。然而，尽管它们是虚拟的，但并不是可有可无、可要可不要的东西，相反，人类没有它就将失去定位，迷失方向。比如，汽车在路上行驶，船只在茫茫大海中航行，飞机在高空中飞翔，都一定得依靠经纬线来确定具体位置，同样，卫星、宇宙飞船、火箭、导弹等，也要依赖经纬线确定轨道。经纬线就是道，是道路，是方向。它实际存在吗？似乎不是某种实体的存在，因为我们既看不见，也摸不着。它不存在吗？没有它，人类的活动就没有了坐标。用这个例子说明自然与道的关系，似乎可以找到一些眉目了。在这里，道就是经纬线，自然就是地球。道隐藏在自然之中，发生作用，但又无声无息，无影无踪。

2. 道是自然的“核心机理”

在下篇第一章《道之本》中，笔者给“道”下过一个定义，即“道是基于宇宙本原，决定事物本质和能态转换的自组织能量系统。它由事物的本源、本质、本性，事物的规律、法则，事物变化的能量、运动路径等要素构成，形成圆融自洽的自组织动力系统”。这些要素组成了自然万物的“核心机理”。再举一个例子，台风是热带和亚热带经常遭遇的自然现象，超级台风甚至可以掀起百尺巨浪，狂风挟着暴雨席卷大地，拔起大树，摧毁建筑，淹没村庄，造成重大灾难，这是人们能够看得见的。台风是怎么形成的呢？是因为在热带或亚热带海洋的上空温度升高，大量的海水被蒸发到空中，形成一个低气压中心，随着气压的变化和地球自转的运动，流入的空气也旋转起来，形成一个逆时针旋转的气流漩涡，在地球运动的作用下，速度和规模逐渐加大，按照不确定的方式向陆地移动，形成台风。这里，台风形成的原因、动力、速度、路径、方向等要素，就是它的“核心机理”，这个“核心机理”就是台风的道。人们看得见的是自然的表象，看不见而又决定它运行的“核心机理”是道。由此可见，自然是最普遍、最广泛、最显性的存在，道是最核心、最关键、最隐蔽的存在。因此，道既来自自然，运行于自然，又不完全等于自然。这就是“道法自然”的微妙玄达。

人类在认识自然对象的过程中，总是试图去了解它的本质和规律，这就必须依赖人的意识，借助语言、文字等符号，去提炼自然对象背后的“核心机理”。“核心机理”是人们从事物中提取出来的“梗概”和“要领”，它植根于自然万物。自然和核心机理这二者是统一的，是同在的。即使没有人类认识的参与，“核心机理”仍旧存在，它隐藏在自然的里面。道是一种隐形存在的“核心机理”，只是不被人们轻易认识罢了。

道是自然的“核心机理”这一命题，揭示了道与自然的普遍关系，自然界的所有物种都遵循着自己的“核心机理”，走过出生、发育、繁衍、衰老、死亡的过程，它是决定自然万物生发的关键力量。自然与道一起默默地影响、演进、支配着宇宙世界。自然是道产生和存在的前提，也是道发生作用和生成能量的凭据。

## 五、人类与自然相依为命

在《老子》一书中，老子试图揭示人类与自然之间复杂而微妙的关系。这一关系首先表现为二者的统一性，人类与自然互为依存，相依为命。

### 1. 自然造化了人类

自然发展到一定阶段时产生了人类，也就是说，是自然造化了人类。没有自然界的充分发展，没有非生命体和生命体的长久进化，人类就不可能出现。相对于悠远而伟大的自然界来说，人类是如此渺小，渺小得如同蚂蚁；人类存在的时间又如此短暂，短暂得像在婴儿期。人类组成了自然的一个部分，因此，人类首先是以自然形态出现的，自然性是第一特征，也是第一本能。人类越幼年，其自然性越多，动物属性越重。自然性就是人类需要吃喝拉撒，有生老病死，要阴阳交合、生殖繁衍，人类的所有活动都以自然性为底层逻辑，自然性也是根本动能。

2. 人类对自然的认识由浅入深

法国博物学家、作家布封，在他的《自然史》中指出，在大约 3000 年之前，大地的许多宝藏一直是隐藏着的，到了人力与自然力进行结合的时候，人们才把大地的宝藏挖掘出来。这里揭示的是，人类认识和利用自然的历史相当短暂，只有当人类对自然有了一定的认识，自然才变得有意义。没有人类的利用，自然再丰富，再厚载，也只是存在而已。站在人类的立场，自然就是为人类而生的。是人类的发现和研究，在自然中沉睡的石油、天然气、矿石等的价值和能量才被开发，被创造，被利用，人类赋予了它们价值和意义，只有人类才富有这种权利。

3. 人类对自然界百般依赖

人类赖以生存、发展、繁衍的一切物质资料都来自自然，哪怕是一缕阳光，一口空气，一滴清水，都是大自然的馈赠。人类一刻也不能缺少自然的赋予，自然决定着人类的命运。老子之所以崇拜自然，是因为自然无比伟大、富饶和无私，把自己的所有倾囊相献，让人类尽享，而自己无怨无悔，无恨无愁，无私无欲。用老子的话说就是“生而弗有也，为而弗恃也，长而弗宰也”。自然对人类能够如此慷慨，为什么人类就不能像自然一样无私无欲、无亲无疏呢？这是老子对人类发出的灵魂拷问。

## 六、人类与自然永恒对立

人与自然的关系是对立统一的。对立也是人与自然关系的永恒主题。

### 1. 人性对自然性的否定

老子认为自然性和人性有差别，提出了“天道”与“人道”的概念。人类是自然的一部分，故具有自然性，自然性代表的是“天道”。人类身上还有一部分特性超越了自然性，是人类所独有的，即人性，老子把它称作“人道”。之所以有“人道”，是因为只有人类才同时具备有意识、会思考、有情感、能创造的能力，并由此产生了自私和欲望。当人类的自私和欲望等人性的部分膨胀时，就会否定甚至背叛自身的自然性。也就是说，任何一个个体的人，都是自然性和人性的综合体，每个人身上的“天道”和“人道”形成了既统一又对立的矛盾，这种矛盾贯穿人的一生，也贯穿整个人类社会过程。人类所遭遇的个体的、家庭的、社会的、民族的一切矛盾，都源自人的自然性与人性的冲突。换句话说，自然性与人性的矛盾，是人类社会一切矛盾的总根源。自然性的本质特征是无意识、无私欲，而人性的本质特征恰恰相反，就是有意识、有私欲。意识不同、私欲各异孕育了人的个性化。个性化是对自然性的进一步异化，它使人的能动性和创造性得到张扬，为社会发展提供动力。客观地看，人性异化是人类上演的一部悲喜剧，一方面，受能动性的驱使，人类变得更加聪明，更富激情，更有追求，创造了一个又一个人间奇迹；另一方面，人类也更不安分，更富个性，更有侵略性，人性中的自私和贪婪膨胀得愈加疯狂，愈加不可扼制，制造了一个又一个矛盾与冲突。人类因欲望导致的各种自然、社会和身体机能的疾病，至今没有找到医治的良方。

那么，是不是人性表现出来的都是恶？是不是人类的追求不值得称道？当然不是。理想的状态是把人的自然性和人性统一起来，在尊重自然性的前提下，挖掘人的能动性和创造性。自然性优先于人性，这样才符合自然之道，如此演绎出来的便是喜剧而不是悲剧。老子的伟大就在于，他洞察了人类在自然性方面的丧失和人性方面的异化，看到了比比皆是的对自然规律和法则的践踏行为，所以提出了“道法自然”的命题。

### 2. 自然的未知永无止境

自然界的未知不可穷尽，而人类的认知极其有限，这一对立必将永恒。从广度上讲，人类永远都处在无知状态。即使在今天，自然研究和科学技术空前发达，但人类了解、认识、探索自然奥秘的水平依然肤浅。正如英国博物学家达尔文所说的那样：“对于生活在我们周围的生物，只要稍加留意，就会发现人类对它们仍然是多么无知。有关它们的起源，确切地说，你又知道多少呢？谁能解释某些物种如绵羊、老鼠等分布范围是如此广泛且数量众多，而另一些物种如大熊猫、白鳍豚等分布范围却如此狭窄且处境濒危呢？”从深度上讲，自然的真理和规律没有止境。如据有关专家介绍，人体内的各类化学反应多达几千种，目前被人们认识的才 200 多种，所以，很多疾病既不知道它的原因，也不知道它的医治方法。虽然我们的科学认知水平在日益提高，但在无穷的大自然面前，仍然幼稚无知。

3. 人类对自然的占有几近贪婪

自然界养育了人类，也造福了人类，但自然资源并不总是无穷无尽的。有些自然资源可以再生或再造，但是很多重要资源不能再生再造，比如煤、石油、天然气等。资源争夺成为人类矛盾和战争的焦点，这种争夺在未来还将更加激烈。

从本质上说，人类与自然的矛盾是人类追求发展的愿望没有止境，而自然拥有的资源非常有限。追求发展的愿望不断递增，而自然资源却在日益递减。人类既是认识自然、利用自然、改造自然的主体，又是破坏自然、浪费自然、争夺自然的主谋。世界上很多矛盾、冲突和战争，都是为资源争夺而起。老子把这种有限的自然资源称作“难得之货”，告诫人们“不贵难得之货”，并且要“去甚、去泰、去奢”。老子洞察了人类与自然的深邃关系，人类的行为如同自然万物一样，应该“生而弗有也，为而弗恃也，长而弗宰也”。“人道”最终要以“天道”为依据，而不是让人类的欲念肆意膨胀。

道法自然是老子为人类提供的通用智慧，适合所有的民族和国家，也适合所有的人群。“自然之道”几个字看起来很简单，很通白，但它蕴涵的伟大思想、丰富想象和严密逻辑，需要为人们所理解。

4. 人性与自然性分道扬镳

自然界是一个平等、平衡、圆融自洽的自组织系统，物种之间遵循着相互依存、相互反哺、相互平衡的规则，因此能够长久地存在与发展，用老子的话说就是，“天地之所以能长且久者，以其不自生也”。自然界的运作都不是为了自身：小草生长在大树下，没有怨恨，也甘愿做马牛羊的食物；参天大树老死之后，化腐朽为污泥，供养着新生物。生物链是以自然万物共生共荣、相互依存为法则，倘若没有这个法则，自然界早就不复存在了。

人类不一样，由于人类有意识、情感和欲望，于是形成了人性，尤其是人类存在个体的差异，导致了事实上的不平等。一个人在体质、容貌、智力上有优势，就为他占有更多的资源和财富创造了条件，他就可能拥有更多的机会。从自然观来看，人类个体存在差异是符合自然法则的，就像自然界不存在两片一模一样的树叶一样，存在差异才符合自然。比如说，每个人自身的条件不同，能力不同，所处的环境不同，产生的劳动成果就不同，这种差异和自然的差异一样，是理所当然的。但是不是人类存在个体差异，就应该存在不平等呢？是不是人类可以像动物界一样，以大欺小，弱肉强食呢？如果这种不平等是合理的，那么人和动物又有什么区别呢？其实，自从人类步入文明以后，就开始思考和辩论这些问题，西方的哲学家们如傅立叶、圣西门、欧文、马克思、恩格斯等，都提出了很多主张，希望实现社会公平正义，但现实却依然很残酷。究其原因，一方面是社会发展需要人尽其才、各显神通，需要鼓励争先、奖励成功，使得优胜者居上，多劳者多得；另一方面是竞争又导致了各种各样事实上的不平等，结果是弱者弥弱，强者弥强，贫者更贫，富者更富，由此构成了社会不平等的根源。世界范围内的贫富悬殊不仅没有缩小，反而在加大。强权者从来奉行的是丛林法则，社会经济活动亦是如此，人与人之间的交往也概莫例外。如果个体的自然差异与权利平等之间的矛盾不解决，世界将永远走不出野蛮时代的怪圈。

令人惊讶的是，老子对这个问题做过深刻思索，并提出了看似天真却意味深长的主张，就是“不争”。“不争”思想在《老子》中占有十分重要的位置，也许是他熟识了那个时代社会争斗的惨烈局面，认为“争”是一切矛盾的祸根。可是，在那个你争我夺的时代，要想让人们不争，岂不是痴人说梦？当今社会更是充满攀比与竞争，人们唯恐自己的资源不多，唯恐发展不快，唯恐失去“难得之货”。金钱越多越好，房子越大越好，车子越豪越好，官位越高越好，社会充满了无数的“争”。

“争”与“不争”是横亘在人类面前的一道高墙，高墙两边都布满了荆棘，就个体而言，“争”可能带来内心的焦灼与不安，“不争”也可能导致懒惰与平庸，人们似乎还没有找到一个两全其美的方法。老子试图从自然那里寻找谜底，用最常见、最普遍的现象阐明他的思想，他说“上善似水。水善利万物而有静，居众之所恶，故几于道”，还说“夫唯不争，故无尤”。“有静”便是不争的意思。人们如果都像水那样，就没有争斗了。统治者不争才符合道，人类才能和谐相处。老子想用自然法则去引导人类的行为，这听起来虽然有些天真，但他洞穿了人类社会冲突的起源。

最近社会上流行一个词，叫作“卷”，或者叫作“内卷”。各个行业都在“卷”，为什么会“卷”？说到底，它是资源有限、竞争变大、人们认知有限共同作用的结果。优质资源总是有限的，争夺资源的人却越来越多，导致人们被迫付出更高的代价、更多的努力去争抢并未增加的优质资源。“卷”只是一种表象，其本质仍然是争抢资源，还是一个“争”字当头。如何弭平这条内卷的鸿沟？这要看治理者能不能把优质资源的体量做大，缩小同类资源的质量差距，让资源质量趋向平均。同时，能不能引导人们改变认知，不在一条独木桥上竞走，而是选择最适合自己的资源，实现需求的差异化。比如教育中存在的“名校”问题，几乎成了“内卷”的第一热门。解决办法在哪里？笔者认为，首先要减少人为地、特意地打造“名校”，要推动学校均衡发展，缩小学校之间的差距，这是治理者本应做好的事。有的地方不惜代价、采取尽可能的措施向名校倾斜资源，如资金、师资、项目、分数线等，有的甚至投资数亿元建一所中小学，人为拉大了学校之间的差别，美其名曰“名校工程”，其实是不可取的。然后要加大薄弱学校和一般学校的支持力度，在环境、条件上实施同等标准，有计划、有针对性地实行校长、教师的制度性流动，快速让全部学校办学水平均等起来，人人都有接受优质教育的权利和机会。到那时，择校“内卷”将自然消失。当然，实现目标并非这么简单，需要系统的、整体的、长远的计划与推进。

第三章

# 道之动

道之动是指道的存在方式、运动形式、动力原理等，揭示事物变化和发展的内在机制和运动规律。

## 一、非恒道就是变化

“非恒道”“非恒名”代表了老子的变化观和发展观。

老子揭示了一个伟大的哲学命题，那就是一切事物都有道，道无处不在，无时不有。但道又是变化发展的，不同的事物有不同的道，此道不同于彼道，所有的道都是“非恒道”。

“非恒道”可以理解为“道不恒定”，指道不是恒定的，不是一成不变的。“非恒道”“非恒名”是老子变化观和发展观最直接、最精练的表达，这一思想可以从道的内涵来展开。

首先，道路是变化不定的。道路可以分为具象和抽象两种形态，具象的道路如铁路、航路等，这些道路在一定的时间和空间内是恒定的，其实也在不断的变化之中。抽象的道路更是变化无穷。人生有多少道路可以选择？成才之道怎样可以不拘一格？管理之道有多少异样的经典案例？治国之道又是多么大相径庭？等等。

老子的“非恒道”告诉人们，道路是变化的，要根据自己的实际选择适合的道路，并根据情况作出及时调整。

其次，事物的规律和法则也不是绝对的，世界上没有绝对真理。规律是人类认识自然的一种能动意识，规律本身并不是物质，而是人类意识对自然物质世界的反映，它的表现形式就是人们的观点、判断和结论，用以指导人类的认识和行动。由于人类认识自然的能力和水平永远有限，所以对自然规律和法则的把握也没有止境。哥白尼提出了“日心说”，这是人类认识的第一次重大革命，意义非凡，它为后来的欧洲文艺复兴打开了一扇思想大门。它虽为后来的天文学研究奠定了基础，但因局限性又被后来的天文学家超越。牛顿的万有引力定律是近代物理学的基石，他的《自然哲学的数学原理》推翻了欧洲千年神学思想的根基，建立了完整的严密的经典力学体系。但它解释不了非惯性系和宏观宇宙的运行现象。爱因斯坦修正和发展了牛顿的理论，他的相对论建立了物理学中新的时空观和（可与光速比拟的）高速物体的运动规律，成为 20 世纪以后物理学的理论基础。但爱因斯坦对量子的不确定性原理表示质疑，他与以玻尔为首的量子理论学家进行了多次论战，对量子论观点进行驳斥。现在，量子论已经被公认并取得了快速发展。这些都说明，没有永恒的规律，没有绝对的真理。

最后，道是能量，在《道之本》章中已经阐述。道是能量，能量是可以转化的，这意味着“道不恒定”。

## 二、反者道之动

“反者道之动”是老子思想的又一精髓，几乎贯穿了老子思想的始终。老子说的“反”有多重意思，包括反面、反对、反复等意思。

首先，我们看任何一个单独的事物或现象，都有正和反两面。老子认为，正和反是事物存在的固有属性，这两个相反的属性相互依存，互为存在的条件。比如一个物体的长度有长和短两个属性，如果没有这两个属性，人们就无法准确地认识它。老子认为“有、无之相生也，难、易之相成也，长、短之相形也，高、下之相盈也，音、声之相和也，先、后之相随”。这一系列的对应关系都是相辅相成的，它们对立又统一，对立是说它们各自所指的意义相反，统一是说它们相互不能分割。老子不仅揭示了事物相反相成的辩证统一关系，也揭示了远古人类认识世界、把握世界的一种认识论方法，概括了人类认识活动从特殊到一般，又从一般到特殊的辩证过程。比如“大”和“小”，是人们从许许多多的具体事物中，从无数次的生活情景体验中，发现、对比、归纳出来的两种属性，从而形成了“大”和“小”两个概念。对比或者类比，是远古人类最简单、最便捷、最有效的认知和思维方式，比如上与下、左与右、前与后等等。

其次，两个或两个以上的事物和现象，具有相互对立的情形，也是反，有“反对”的意味。这种反是从第一种“反”

发展而来的，或者说是它的延伸和扩展。比如两种不同的观点，两种不同的态度，两种不同的方法，两条不同的路线，等等。这种带有“反对”意味的仅是针对两个以上的客体而言的。

最后，反是指反复，或者叫作往复，也可以认为是周而复始。“吾强为之名曰大。大曰逝，逝曰远，远曰反”，这里的反就是往复的意思。“故以知知邦，邦之贼也；以不知知邦，邦之德也；恒知此两者，亦稽式也。恒知稽式，此谓玄德。玄德深矣，远矣，与物反矣，乃至大顺”，这里的反指返璞归真、尊道贵德。老子从自然界观察到了日月轮换、星移斗转、万物荣枯、生命盛衰的规律现象，把它称之为“返”，与反同义。

两点论和两分法只是老子辩证思维的开端，他进一步阐述了对立面互相转化的思想。“曲则全，枉则正，洼则盈，敝则新，少则得，多则惑。”意思是说，委曲反能保全，屈就反能伸展，低洼反能充盈，陈旧反能生新，少取反能多得，贪多反而迷惑。老子在这里揭示的是事物发展、变化、转化的规律，同时告诉人们矛盾着的对立双方不仅始终存在，而且互相转化。

如何理解“反者道之动”的深层意义？或者说，老子为什么赞赏“反者道之动”？这是一个有意思的问题。

“反”的对立面是“正”，一般来说，“正”更多为人们所关注。因为“正”表示方正、正面、正直、正确、正派、正中、公正等意思，都是褒义。不管是自然界还是人类社会，都倾向于接受正能量的东西。在《老子》里面有一些“正”

的描述，如“不辱以静，天地将自正”，指不受伤害便通向了静，天地将会自己运行不息。“侯王得一而以为正”，是说侯王如果尊道，就会使天下安定。“清静，可以为天下正”，意指清静可以让天下的百姓淳朴。“以正治国，以奇用兵”，是讲用公正、正义治理国家，用出奇制胜的方法指挥用兵。“正复为奇，善复为妖”，就是说正可以转化为邪，善可以转化为恶。这些都是表达“正”的意义，但老子并没有把“正”上升到更高的道的位置。

老子对“反”却大加褒扬，把“反”当成道运行的核心力量。“反者道之动”的意思是事物和现象中的反面、对立面和反复是道运行的动力。老子花了大量笔墨来阐明他的思想，如“知其雄，守其雌”“知其白，守其黑”，意思是知道其雄健的一面，就要安守其雌柔的一面；知道它的明亮，就要坚守它的暗昧。“将欲翕之，必固张之。将欲弱之，必固强之。将欲去之，必固与之。将欲夺之，必固予之”，意思是想让它合拢，必须先让它张开；想让它削弱，必须先让它强大；想要废除它，必须先让它兴起；想要夺取它，必须先给予它。“甚爱必大费，多藏必厚亡”，是说过度的喜爱必然耗费巨大，过多的收藏一定会损失惨重。“大直如屈，大巧如拙，大赢如炳。躁胜寒，静胜热”，是说笔直的物体看起来好像弯曲，灵动的技巧好像愚钝笨拙，盈余富足看起来像是亏损，躁动可以抵御寒冷，宁静可以克制暑热。“坚强者，死之徒也；柔弱微细，生之徒也。兵强则不胜，木强则恒”，这是讲坚强的东西归属于死亡的一类，柔弱的东西归属于生长的一类；军队过于逞强必将遭遇覆灭，树木刚硬必然招致折毁。“受邦之诟，是谓社稷之主；受邦之不祥，是为天下之王”，意思是为国家承担屈辱的人，才配当国家的君主；担当国家灾难的人，才可以做天下的王。

在老子看来，“反”具有丰富的内涵，他把它上升到一个普遍原理的高度，指出所有事物的性状都存在两个互相对立的面，有美就有丑，有好就有坏，有长就有短，有先就有后，有易就有难，等等。这既是一种认识方法，又是一种思维方法，就是我们现在所说的“两点论”“两分法”。老子是中国历史上第一个明确、系统、完整地提出“两分法”的思想家。尽管历史上也有人提出过类似的观点，但都没有像老子表达得这样明白，这样通俗，这样实用。

难道“正”不是道的动力吗？正面的东西难道没有价值？当然不是。老子之所以如此强调“反”的动力性作用，是因为人们通常只注重“正”的作用，对“正面”的东西抱有始终不渝的偏好，比如人们总是喜欢大的、高的、多的、长的、美的，唯恐自己得到小的、低的、少的、短的、丑的。人们对事物和现象的“正面”趋之若骛，不遗余力，却常常忽略了“反面”的意义。但在老子看来，事物的“正面”和“反面”是相反相成的，没有“反面”的存在，“正面”就失去了存在的意义。只看到“正面”的人，犹如瞎子摸象，他们的认知是片面的，一定会陷入认识的误区。由于“正面”已经获得普遍的赞赏和追捧，便不需要再强化、再论述了；而“反面”则还是一个远远没有被人们认识的无穷天空，因此，老子把“反面”单独拿出来阐述，以揭开罩在人类眼睛上的迷幻面纱。

反者道之动的神妙之处在于，反面的东西或者反对的力量可以成为自己的动力。在自然界中这种现象比比皆是，例如，当两个物体相互作用时，作用力越大，反作用力也愈大，体育运动中的蹦床就运用了这个原理。微观世界也是这样，细胞分裂、原子裂变等都包含这个原理。在人类社会实践中，这一原理更加普遍适用。比如，对手是前进动力之一，一个企业没有对手，就难以持续保持创新力和活力；一个运动员没有对手，就难以激发出全部的能量。

老子的反者道之动还作为一种谋略，在历史上影响深远。他关于“将欲翕之，必固张之。将欲弱之，必固强之。将欲去之，必固与之。将欲夺之，必固予之”的论述，被后来很多人当作谋略，甚至权术。老子的逆向思维深藏着哲理，对高明的统治者来说，是一种大智慧。有人说老子是谋略家，甚至是阴谋家，其实是误解。老子所有的思想建立在道之上，而德是道的化身，这里的德是上德、玄德。老子的思想中没有低级趣味，更不会媚俗；但他的智慧确实微妙玄达，需要认真体会。

## 三、从蔂土到九层之台的变迁

宇宙万物的运动是渐进式的，是从无到有、从小到大的过程，也就是从量变到质变的辩证发展。量变与质变虽然是近代欧洲的哲学概念，但老子早就有十分精当的阐释。他说：“合抱之木，生于毫末。九成之台，作于蔂土。百仞之高，始于足下。”这一千古名言，讲的就是从量变到质变的普遍规律，它告诉人们，一切变化都是从点滴开始的，积少成多，集腋成裘，不要好高骛远，急功近利，更不要脱离实际，急躁冒进。

他还告诫那些治理国家的人，“其安也，易持也。其未兆也，易谋也。其脆也，易判也。其微也，易散也。为之于其未有也，治之于其未乱也”。意思是说，事物处于安然静态的时候容易把持，在它还没有征兆的时候容易谋划，在脆弱的时候容易破裂，在它微小的时候容易散落，在问题还没有发生之前就要行动，在还没有出现乱子的时候就要有措施。这是防微杜渐、居安思危的最好表达。

他又说：“大小多少，报怨以德。图难乎其易也，为大乎其细也。天下之难作于易，天下之大作于细。是以圣人终不为大，故能成其大。”意思是说，大是从小开始的，多是从少而来；要做一件很困难的事情，必须从容易的地方开始；想做一件大事，必须从细小的地方着手；圣人即尊道之人，始终不自以为大，反而能成就大业。

老子把从量变到质变的过程描述得非常形象、非常通俗，这些观察都来源于生活、来源于实践，老百姓也能领会。他不仅说明了事物从小到大的量变趋势，而且说明了事物经过渐变，转化到质变的情态；并把量变质变规律运用到国家治理等社会实践中，不愧为古代社会治理者的老师。

从量变到质变的过程，是道的运动规律。为什么会产生从量变到质变的变化？是因为道的能量在发生作用。道既是能量，又是变化的，所以，它构成了事物运动变化的动能。

回到老子“反者道之动”这一核心定律，不难发现，它展开的思想与恩格斯《自然辩证法》里面归纳的是何等相似。恩格斯说:“辩证法的规律是从自然界的历史和人类社会的历史中抽象出来的。辩证法的规律无非是历史发展的这两个方面和思维本身的最一般的规律。它们实际上可归纳为下面三个规律:量转化为质和质转化为量的规律;对立的相互渗透的规律;否定之否定的规律。”老子的时代还没有科学,更没有近代意义上的自然研究,他不可能从科学研究的角度,运用大量的科学证据去阐释辩证法,但他的思想中已经包含了现代辩证法三个规律的基本内核。“反者道之动”中的反面、反对、反复等意蕴,实际上已涵盖了对立的相互渗透规律和否定之否定规律。否定之否定是对否定的否定,经过两次否定,达到一个新的境界,完成事物的发展。两次否定发生的过程,实际上是运动变化的过程,也是事物发展演进的过程。老子的“反”就相当于恩格斯的“否定”,平心而论,“反”的深厚内涵比“否定”更具悠远的智慧。老子“道之动”的精辟论述,相比近代西方哲学,有许多独到之处,有些是西方哲学不能媲美的,比如说,老子既讲了事物发展的规律,又揭示了社会生活现象的本质,还创造了历久不衰、万古流芳的经典名句。当然,他展现的是中国式的思维逻辑,中国式的语言符号,表达的是中国式的古老智慧。

难能可贵的是,老子的思维方式具有独特的创新性和批判性。他虽然有很多关于虚、静、柔、下和无欲无为的表述,但他并不悲观,从不消极,而是从那些别人看来消极无为的现象中洞察事物的发展前景,从被动的态势中把握未来,展现出来的是积极乐观、睿智豁达的生命态度。老子顺应时代潮流，在那个需要伟人也诞生了伟人的春秋末年，不拘泥于世俗陈见，不附和统治阶级的王权思想，不与没落的贵族士大夫同流合污，不去赞美周王朝的封建礼制，而是独树一帜，用逆向思维、发散思维、批判思维、想象思维打破陈规，开创百家争鸣、百花齐放的启蒙时代的崭新局面。他的认识论和方法论是中华民族思想史上的宝贵财富，对后世思想方式产生了深远影响，至今仍然是我们的优秀传统和取之不尽的精神养料。

## 四、道的动力学原理

在历代道家学者中，著名道士陈抟对道的认识和理解达到了高峰，他突破了传统道学家的线性思维藩篱，展开了一幅立体的、逻辑的、动态的精致画面，他绘制的《先天太极图》把道的动力学原理表现得淋漓尽致。陈抟把《周易》和老子的道学进行了融合，核心元素是阴阳，《易·系辞》中“易有太极，是生两仪”的思想与老子的“万物负阴而抱阳，中气以为和”是相通的。《周易》的阴阳学说进一步发展为八卦，这是宋明以后的事了。

明朝学者赵㧑谦把《先天太极图》称为“天地自然之图”，就是描绘宇宙天地运行的图，这一评价恰如其分。我们既可以把它看作是易经图，也可以看作是道学图。因为陈抟是职业道士，他研究道的运行原理和机制，并让道形象化，是自然不过的事。比如道的运行有自己的方位和旋转方向，它的动态结构生动得令人惊叹，两条阴阳鱼相拥而视，明暗相抱，首尾相连，鱼身由粗变细，圆润飘逸，曲线优柔，极富张力。如果把阴阳、元气、五行、无极、原动力等元素充盈其中，涡流澎湃之势更加凸显。道的核心思想被他表现得十分鲜明。这种超乎想象的描画象征着一个动力引擎，越看越有动感。如果把它立体化、多维化，甚至动漫化，就能想象它的原动力结构。如果把道的动力学结构与原子、分子、量子的运动形态联系起来，会发现它们的自然机理惊人地相似。当然，在这幅图的背后，还隐藏着道的运动方向、速度、力量、规律等元素，这正是道的生动画面。

还有一个现象令人惊讶，就是太极图为什么是逆时针方向旋转？难道是依据自然界的天体运转规律吗？从地球北半球观察，我们的地球、月亮、太阳等星球都是朝逆时针方向旋转，公转是这样，自转也是这样，陈抟先生是在模拟宇宙的运行样式吗？完全有理由相信，它是一幅探索宇宙万物起源和运动规律的示意图，也就是道的结构和运行法则图。有趣的是，逆时针方向转动也可以理解为“反者道之动”，向相反的方向转动，产生动力。这样，老子的道不再是纯粹的理论，不再是枯燥的文字，而是可以感知、可以解析、可以演示的真实景象了。陈抟对道的可视化描摹，是他道学理念的一次飞跃，也是对道的内涵的最合理解释。陈抟在华山和武当山几十年没有白待，在长期的修炼中把老子的道学思想琢磨透了。

回到《道之本》章节中对道的定义，我们把这个定义可视化、图像化，就可以形成以下结构图：

这还只是一个平面图，反映道的基本结构和运行原理，道的诸多要素建立成一个自组织动能系统，这个系统具有圆融自洽性，它存在于自然万物之中，不以人的意志为转移，能够自我组织、自我调节、自我代偿，就像宇宙天体一样运行不止。

## 第四章

# 道之用

道之用指道的作用、价值和品性。道的“柔性”动力揭开了宇宙世界和人类社会另一幅动人、和谐而美丽的新画面。

“弱者道之用”与“反者道之动”是一对孪生姐妹，它们互为依托，把道的内在动力机制和外显方式完美地描述出来。

老子为什么主张“弱者道之用”？世人都希望强大，弱肉强食、强者为王是人们普遍的认知，也似乎是现实的写照。但老子却不以为然，偏偏要反其道而行之，肯定“弱”的价值，这是老子“唱反调”的又一例证。

弱在自然界和人类社会中有没有作用，起什么样的作用？自古以来弱的负面作用人人皆知，弱的正面价值鲜有人论及，是老子为它打开了一扇新的天窗。弱确实有些独特的品质，这些品质是强不能替代的。比如，人们把祖国比作母亲，为什么不比作父亲呢？父亲不是更强大吗？这个问题挺有趣。在一个家庭里，一般从自然体力的角度来说，母亲是弱者，父亲是强者。但一个家庭经营得是好是坏，子女教育是否得当，家庭是否和谐幸福，主要靠母亲的力量，这应该是不争的事实。弱的价值在这里得到了充分的显现。老子从人类认识的迷茫中看到光明，从微妙的现象中发现真理，对弱的价值进行了深度挖掘，把它提高到一个崭新的高度。

老子的弱体现在一系列不同的概念表述上，比如无为、无欲、虚、静、柔、下、朴、谷、溪、雌、母、赤子、婴儿等。在老子看来，弱是尊道的表现方式，因为道生发于自然，是自然中的核心机理，这些核心机理没有形体，没有躯壳，隐而不显，老子称之为“恍呵忽呵”，这就是弱的表现，虽然它们表征为弱，但它们决定着事物发展的命运。

为简便起见，我从《老子》文本中提取了四个字来概括道的作用，也就是“道之用”的实现方式，即“虚”“静”“柔”“下”。为记忆方便，可以四字连读，把“虚静柔下”当作一个词，也是可取的。它们之间具有趋同性，即在价值取向上相近，但又有各自的内涵。

## 一、“虚”有大包容、大海涵的胸怀

在老子的观念里，“虚”有时候与“空”“无”为同一范畴。

老子说：“致虚，极也；守静，表也。”他为什么主张“致虚极”？这还得要从“道法自然”的论断中寻求解释的钥匙。老子有很多关于“虚”的指代与描述，都来自对自然的观察与理解。《老子》里多次提到“谷”，如“谷神不死，是谓玄牝。玄牝之门，是谓天地之根”。“谷”字的意思，王弼解释为“中央无”，即四周有形有制，中央无形无影。

老子的“谷”就是“虚”的象征，山谷、峡谷、溪谷都是虚空的，这是讲“自然之虚”。自然之虚揭示了一个很重要的自然观和世界观，就是宇宙是虚空的。这种虚空是万物的母体，它是永恒的，是生生不息的。

我们不妨用现代的宇宙观与老子的自然观作一个比较，就会惊人地发现它们如出一辙。我们所处的浩瀚宇宙，是一个巨大无比的虚空空间。加来道雄在《平行宇宙》中写道：“我们所看见的周围的物质，包括山、行星、恒星和星系只占宇宙总物质和总能量的 4%。（在这 4% 的物质中，绝大部分是氢和氧，大约只有 0.03% 的重元素。）宇宙大部分实际上是由完全不知道起源的、神秘的、不可见的物质构成。我们所熟悉的构成我们世界的元素仅占宇宙的 0.03%。”宇宙中的绝大部分都是虚空的，巨大的虚空包围着我们已经知道和更多还不知道的物质与非物质形态。微观世界也完全遵循这一原理。量子理论认为，原子大部分体积是空的，最形象的比喻是，如果你将原子核想象为一只苍蝇般大小，那么，整个原子应该有一座教堂那般大。在这些余下的空间中，除去电子，其他部分皆为空。

虚空是宏观世界和微观世界存在的永恒形式，没有虚空就没有宇宙间的一切。这与老子的“道冲，而用之有弗盈也。渊呵似万物之宗”“谷神不死，是谓玄牝。玄牝之门，是谓天地之根”的观察和描述是何等相似相通。

老子认为，虚空是一个能量场，虚空蕴藏动力。他说天地之间就像一个大风箱，“虚而不淈，动而愈出”。星移斗转，月行地绕，都在这巨大的虚空中。

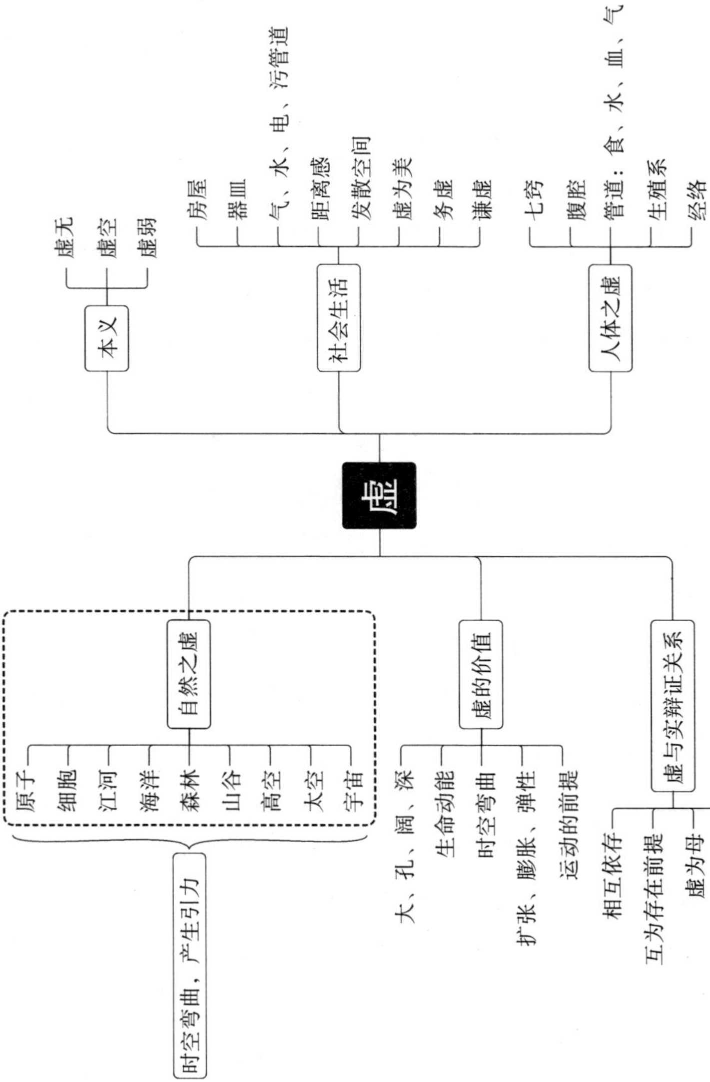
虚
本义
虚无
虚空
虚弱
社会生活
房屋
器皿
气、水、电、污管道
距离感
发散空间
虚为美
务虚
谦虚
人体之虚
七窍
腹腔
管道：食、水、血、气
生殖系
经络
自然之虚
原子
细胞
江河
海洋
森林
山谷
高空
太空
宇宙
时空弯曲，产生引力
虚的价值
大、孔、阔、深
生命动能
时空弯曲
扩张、膨胀、弹性
运动的前提
虚与实辩证关系
相互依存
互为存在前提
虚为母
实为子

道之虚结构图

人体是自然的一部分，必须遵循自然规律，也必须要有虚空。比如，食物吃得太饱了，就不舒服，长期如此身体就会生出各种病来。人需要虚空，只有有了足够的虚空，才能产生足够的能量。

### 1. 虚怀若谷是人的重要品质

虚怀若谷是人们赞赏的品质，它是指一个人有如天空一样宽广的胸怀，包容他人也包容自己，包容个体也包容社会，包容过去也包容现在，包容成功也包容失败，等等。

包容他人是很难的事情。在人的一生中，被冒犯、批评、误解，甚至是冤枉的事情时有发生，只有拥有包容之心，才能更好地和世界相处。老子告诫人们:“善者善之，不善亦善之，德善也。信者信之，不信亦信之，德信也。”善待他人，相信他人，包容他人，是老子对圣人的要求。

包容自己是一种幸福的方法。认真研读《老子》的原著，认真思考如何学会包容自己，从而成就幸福的人生。人的一生会经历挫折、失意、失败等，痛苦便不可避免。痛苦是人类生命的一部分，是幸福的敌人。要想获得幸福，关键是怎样看待痛苦，怎样消除痛苦，怎样把痛苦化作动力。这就要求我们包容自己，允许自己遇到挫折，允许自己犯错，允许自己失意，甚至是失败。只有你的生命容量够大，你的幸福指数才越高。这也是“虚空”在发生作用。

### 2. 老子的“虚”还表示谦虚

老子认为谦虚之人应该秉持“作而弗始也，为而弗恃也，成功而弗居也”的态度。意思是化育了万物但不去强制，作用于万物但不去据为己有，成功了但不去居功自傲。老子是用智慧看待功过是非和利弊得失。他以为当你不拥有、不揽功、不倨傲的时候，这些东西反而向你而来，反而会成就你的人生，成全你的德行。这也是老子的辩证人生观。所谓“不自视故明，不自见故章，不自伐故有功，弗矜故能长。夫唯不争，故莫能与之争”，意思是不自我得意的人会更加明智，不自我表扬的人会更容易得到别人的赞扬，不自我夸耀的人更能得到他人的肯定，不骄傲自满的人更能持久发展。所以，只要坚持不争，那就没有人能和你争。

谦虚低调既是人生的智慧，又是中华民族的传统美德。在市场经济价值观的冲击下，一些传统遭遇严峻挑战。现在，一些人不信奉谦虚是美德了，有的人唯恐自己不出名，说话做事唯恐天下不知，更有甚者，没有依据、没有底线地胡吹海侃，一味地追求好大喜功，追逐名利，置个人道德和社会信誉于不顾。

市场经济促使人们打造名气，推广品牌，扩大营销以获取利润，这是市场经济的规律。现代社会也更加开放，人们可以更为活泼、开朗，具备更好的沟通能力、协调能力、表达能力，展现出时代的精神面貌和全面素养。但不应把人的现代素质与谦虚美德对立起来。市场经济同样需要诚信，需要务实，需要法制，也需要良好的大众口碑。合理地运用传统，借鉴老子智慧，可以找到传统文明与现代文明的平衡。

## 二、“静”是自然世界的一种禀赋

老子的“静”包含安静、静止、镇定等意思，它是《老子》中的一个重要哲学范畴。

老子认为“静”是自然世界的一种存在方式。老子说：“有物混成，先天地生。寂呵寥呵，独立而不改。”他观察道：“致虚，极也；守静，表也。万物并作，吾以观其复也。”意思是世界充满着极度的虚空，守护着死寂的宁静；万物在虚空中无声地竞相生长，我悠闲地观察万物萌芽、生长、死亡的过程。老子把世界的运动和静止有机地统一起来，事物在运动中发展，也在静止中存在，老子认为静止是自然界的一种天然禀赋，不以人的意志为转移。他把虚与实、动与静、变化与发展的过程统一起来，这一认识已经非常接近辩证唯物主义世界观了。老子对“静”的观察和思考同样源于自然，“道法自然”贯穿于老子的整个思想体系之中。

### 1.“静”是认识万物生命规律的前提

“静”既然是一种禀赋，就必然有它的价值。老子从“归根复命”的哲学高度阐述了“静”的意义与作用。他说：“天物芸芸，各复归于其根，曰静。静，是谓复命。复命，常也。知常，明也。不知常，妄，妄作凶。”大意是，星移斗转，日月更替，百鸟鸣啭，花木荣枯，万物运动都从它的根部开始，根也指初始本源，都处于静止状态，静是生命的前兆，是诞生生命的前提，变化发展之后又回到各自的本源，复归于安、宁、静。进入生命状态就遵循着生命规律，认识了生命规律

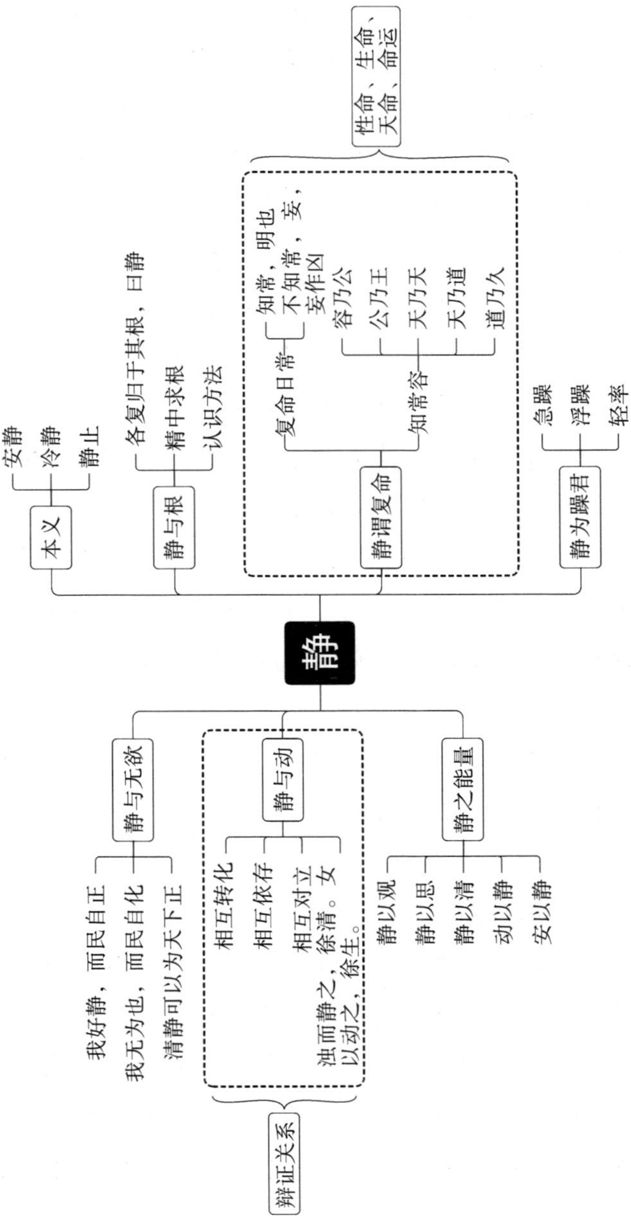
静
本义
安静
冷静
静止
静与根
各复归于其根，曰静
精中求根
认识方法
静谓复命
复命曰常
知常，明也
不知常，妄，妄作凶
知常容
容乃公
公乃王
王乃天
天乃道
道乃久
性命、生命、天命、命运
静为躁君
急躁
浮躁
轻率
静与无欲
我好静，而民自正
我无为也，而民自化
清静可以为天下正
静与动
相互转化
相互依存
相互对立
浊而静之，徐清。安以动之，徐生。
辩证关系
静之能量
静以观
静以思
静以清
动以静
安以静

道之静结构示意图

才是真正的明白，才是通透的理解。不认识生命规律，就会盲从，盲从就会有凶险。他接着说："知常容，容乃公，公乃王，王乃天，天乃道，道乃久，没身不怠。"认识了事物的本源、本质和规律，就会有包容之心，有了包容胸怀就能不党不群，不党不群就可以为王，王道可以齐天，天就是道，尊道就能恒久，终生不会有危险。老子从虚、静出发，阐述了圣人们遵循自然之道的生命逻辑和行为范式。

"静"是道发挥作用的表现形式。动和静是一对范畴，是指事物的两种存在形式，动是道的本体，静是道的形态，动必须通过静才能显现，道体通过道形得到张扬。静是生命的重要形式，在人的一生中，静几乎占据了一半的时光，睡觉是静的典型表现。睡觉是在积蓄能量，在为动创造条件。在老子看来，事物的原本、根源，事物的规律都需要在宁静、静止的状态下才能认识，所有生命的本质与规律也必须在相对静止的条件下才能掌握，否则，人们就会陷入迷茫，陷入盲目，就会遭遇凶险。老子把"静"与生命、与命运联系起来，彰显了"静"在道学中的地位。

2."静"是浮躁的主宰

老子说："重为轻根，静为躁君。是以君子终日行，不离其辎重。虽有环官，燕处则昭若。若何万乘之王而以身轻于天下？轻则失本，躁则失君。"厚重是轻浮的根基，沉静是躁动的主宰，所以圣人整天行走，不离开坚固厚重的车辆。虽然有豪华宫室，但他不为所动，泰然安居。为什么身为诸侯之王的人，还以轻浮的态度治理国家呢？轻率就会失去根本，浮躁就会失去君主之位。动和静本来是事物存在的两种状态，当它们进入人类社会和人类生活的时候，它们的意义和作用发生了变化，老子用“躁”和“静”加以描述。“躁”指躁动，“静”指清静。躁动也是动，但已不是物质的自然运动，而是指人类独有的有意识的行动，这种有意识的行为超越了“自然”的边界。同样，清静也是静，但已不是万物之静了，而是人类精神的宁静，这种宁静由人的意念控制。在老子看来，躁动是人类的敌人，清静是人类的朋友。从道的角度说，单纯的动和静是自然界的天道，而躁动和清静已经是社会化的人道了。通过对躁动和清静的分析，老子告诫人们，浮躁只会让人失去理智，失去耐心，失去机会；克服浮躁的方法，就是坚守清静、安静和镇定，修养平和与克制的心态和品质。清静是老子思想的一大特色，清静无为成为老子为人处世的重要主张。

老子对人类现实生活的种种现象进行反思，从而突出“静”的意义。在物欲横流的社会中，人们总是追逐功名利禄，总是追求物质享受和感官刺激，躁动是人们普遍的生命样态。人类社会中充满矛盾、纷扰、争吵、杀戮和战争，但最后必归于“静”。社会总以“静——躁——安——静”的方式循环往复。人生也是如此，出生之前，生命安静发育，出生后开始躁动不安，经历跌宕起伏，最后归于寂静，寂静是生命的终极归宿。

前面提到的布封先生，他说自然界耗费了 6 万年，才让地球有了“安定状态”，安定状态才使人类得以安生。这都体现了老子主静的思想。

### 3. 静能生慧

人类是靠思考来改造世界的，而思考本身又促进了人类自身的发展。人工智能正在以加速度的步伐发展，它的终极目标是用机器代替人的思考。笔者认为，无论如何，机器都不可能超越人类大脑，再厉害、再聪明的机器也得由人类来设计和创造，它始终是被动的，人类却是能动的；人类的思维还会继续发展，并且在人工智能的帮助下，将会更加敏捷，更加完美。

人类的思考需要什么样的条件，还有许多未解之谜。但有一点是肯定的，那就是要安静的环境。老子在 2000 多年前，就提出了“浊而静之，徐清。女以动之，徐生”的命题。这句话的意思是说，浑浊的水静静地沉淀，它就会慢慢地清澈。沉寂太久后动起来，它就会恢复生机。静默有利于看清形势，有利于思考。一切知识成果都来自长久的思考和研究，最有学术成就的人一定是最能“坐冷板凳”的人，人类顶级的思想和智慧必须在持久的心无旁骛的静思中获得。老子关于“静”的命题揭示了自然与人及其行为的微妙关系，至今还闪耀着思想者的熠熠光辉。

### 4. 教育的目的在于培养思考者

我曾经在一个校长论坛上说，人类社会的一切文明、进步、发明、创造及发展成果与成就，都可以从教育中找到答案；人类社会的一切愚昧、贫穷、落后及流血冲突与战争，都可以从教育中找到根源。世界进入百年未有之大变局，自私、歧视、欺诈、掠夺、贫穷、战争等，与科技进步、文化创新、经济发展、文明交流一样水涨船高。人类遭遇了前所未有的治理挑战，似乎没有一种超然的力量可以阻止这种态势的演变，不要指望科学技术的高度发展为人类带来和平与安定，也不要指望那些资本主义政客们良心发现，减少自私与霸道。只有人类文明的改造重构和人自身素质的提升才有可能逐步改善。人是决定性因素，人的教育和发展才是根本之道。

我们的教育必须改变以书本知识多、记忆技能优、考试分数高为目的的模式，把着力点放到思维能力、创造能力、实践能力和良好德行的培养上来。思维习惯、思维方法、思维技能、思维品质是一切学习行为的基石，孩子有了良好的科学思维，就能学会分析、判断、创造、合作，就能真的成长。我们的教育似乎有些浮躁，校园里少了一些宁静，学校、家庭和社会，应该创造更好的环境，让孩子学会宁静，学会享受静思中的沉醉。

## 三、“柔”是宇宙中的自然之美

“柔”是老子的另一个重要哲学范畴，它的本义是指柔软、柔弱、温柔，有的时候也指曲、弯曲等。

在《老子》中有多处关于柔的论述，如“抟气致柔，能婴儿乎”“柔胜刚”“守柔曰强”等。

老子认为，坚强和柔弱是物质的两种性状，世间万物既有坚强的一面，也有柔弱的一面。柔弱的时候代表生长的方向，坚强的时候代表死亡的方向。生长象征着力量，因为它

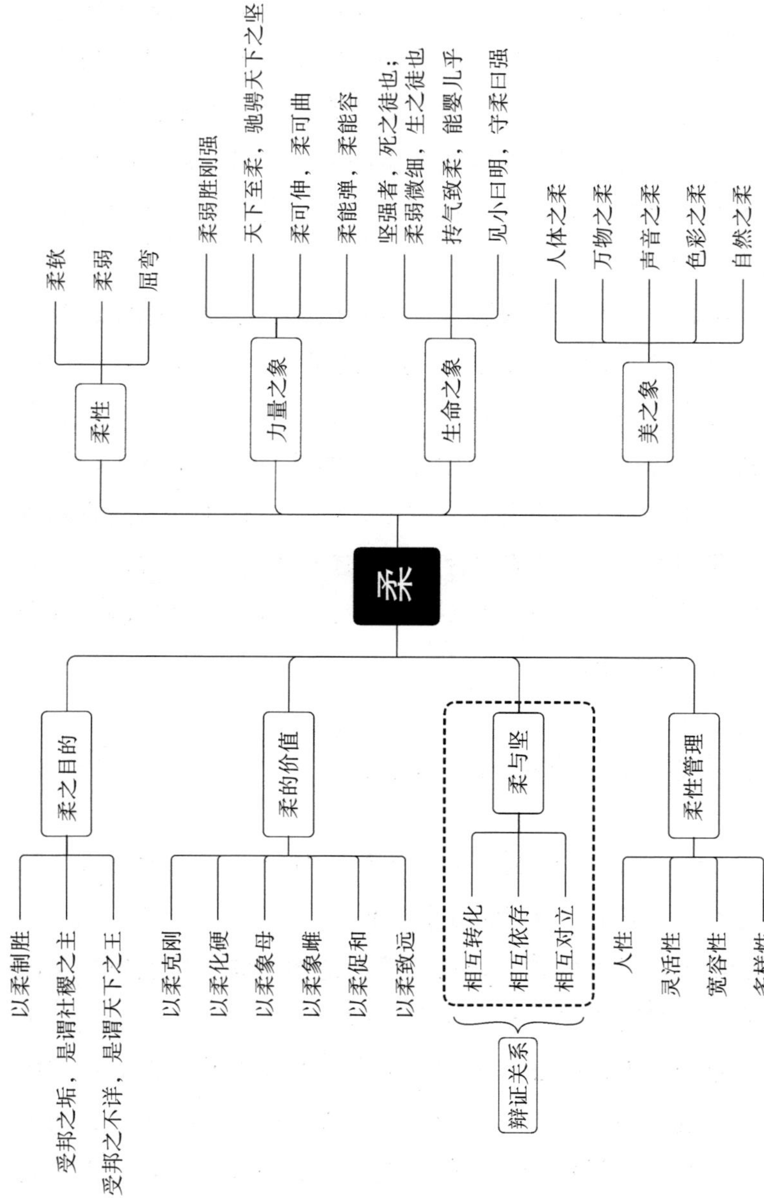
柔
柔性
柔软
柔弱
屈弯
力量之象
柔弱胜刚强
天下至柔，驰骋天下之坚
柔可伸，柔可曲
柔能弹，柔能容
生命之象
坚强者，死之徒也；柔弱微细，生之徒也
抟气致柔，能婴儿乎
见小曰明，守柔曰强
美之象
人体之柔
万物之柔
声音之柔
色彩之柔
自然之柔
柔之目的
以柔制胜
受邦之垢，是谓社稷之主
受邦之不详，是谓天下之王
柔的价值
以柔克刚
以柔化硬
以柔象母
以柔象雌
以柔促和
以柔致远
柔与坚
相互转化
相互依存
相互对立
辩证关系
柔性管理
人性
灵活性
宽容性
多样性

道之柔结构示意图

有生生不息的动能，它富于希望，富有未来；死亡象征着凋敝，因为它的动能已经耗尽，它的结果只能是灭亡。所以，老子“贵柔”而“贬强”。

老子“贵柔”的另一个理由是，柔代表了一种张力，一种韧性，能够百折不挠，无坚不可摧，无往而不胜。所谓“天下之至柔，驰骋于天下之至坚”，就是说，世界上最柔性的东西可以穿越世界上最坚固的东西。柔能克刚，但刚不能攻柔，这是刚和柔的区别。水滴石穿是柔的作用最好的佐证。

把柔性用到人身上，就具有更深远的意义。老子说：“抟气致柔，能婴儿乎？”像婴儿一样柔弱、柔顺，是一种至高境界，他坚信“守柔曰强”。

1. 身体守柔常健康

人的身体要经历一个从年轻到年老、从稚嫩婴儿到耄耋老人的老化过程，其实质就是身体机能的自然退化，其表现就是机体的普遍硬变。要想健康长寿，就要想方设法保持柔性。一方面多活动，多运动，以增加身体的柔韧性，延缓身体衰老。另一方面，精神也要持“柔 ”，不要长期让自己处于紧张、高压的环境中。

老子的思想被继承和发扬，逐步形成了中国传统养生学。中医里的按摩、推拿、针灸等技术，以及倡导的养生功法，如太极拳、八段锦、五禽戏等，都是坚持“守柔”原则。

2. 性格守柔增魅力

老子的守柔思想为健康人格的修养提供了丰富的养料。

俗话说，性格决定命运。一个人性格的好坏，对他的学习、成长、工作、事业、家庭都具有长期的决定性影响。一个人的性格柔顺、柔和、温柔，一定会增加他的人格魅力，一定会为他赋能，促进他的事业，和睦他的家庭。

柔性性格的人富有很多特性和气质，比如脾气温和，说话和气，对人亲和等。他们遇到不开心的事情，情绪不外露，不急躁，也不回避，沉着应对，举重若轻；遇到困难和挫折，不浮躁，不焦虑，也不气馁，而是积极面对，从容处置；对待他人，富有关爱心、同情心，乐于助人，不计较得失利弊；等等。柔性性格的人不是没有缺点，也不是没有烦恼，只是他们善于收敛，内方外圆，心态平和，能够自我承受，自我排遣，自我修复。

具备柔性性格的人富有魅力，让别人感觉舒服和友善，会有良好的人缘关系，会得到更多人的认可与爱护。柔性性格的人还富有张力和引力，因为他们能屈能伸，不固执，不逞强，善于吸收他人的优点和长处，在自己身上不断聚集动能，为自己的不断成熟、不断完善创造条件。

### 3. 思维守柔添聪慧

思维的柔性首先体现在它的发散性。要让思维具有发散性，就要减少对思维的限制，减少人为的、强制的条条框框。老子的思维是没有框框的，比如他对“道”的认识和思考，就别具一格。千百年来，他的“道”被无数后学者研究、琢磨、争论，因为他没有给出具体的、明确的、毫无疑义的标准和答案，留下了广阔的思维空间，也是他柔性思维的典型例子。

柔性思维还体现在想象飞扬。想象思维是创造力的源泉，可以突破固有的思维藩篱，打破久经禁锢的思维枷锁。老子是想象思维的楷模，他这样描述“有道之人”，“古之善为道者，微妙玄达，深不可识”；这样观察“有道之人”，“与呵其若冬涉水，犹呵其若畏四邻，严呵其若客，涣呵其若凌释，玔呵其若朴，湷呵其若浊，湴呵其若谷”。老子没有从理念上、概念上去解释“有道的人”，而是给他们作了一个自然化的形象描述：他们看起来，像一头大象在冬天涉水过河，小心谨慎；又像一只游走的猴子，惧怕周围的人群；像到别人家里做客一样，庄重拘谨；像冰块瞬间破裂，涣然消融；像一根原始的木材，敦厚质朴；像一池浑浊的秋水，不可言状；又像一片空旷的山谷，幽深回荡。老子就是一个想象大师，他思绪飞扬，天马行空，气势如虹，辽阔无边；他的想象思维为我们树立了经典绝伦的榜样。

4. 自然守柔赋美感

所谓美，是人的一种感官体验，视觉是体验美的第一渠道。柔顺、柔和是一种美的感受，比如色彩柔和的事物就有美感。早晨日出的时候，太阳光柔和清新，感觉很美；傍晚日落西山时，落霞满天，别具一番风情。

在自然界的柔美中，曲线是柔性的一种表现形式。自然界中充满曲线，包括太阳、地球、月亮在内的几乎所有天体都是球形的；地球上的山脉、湖泊、海洋、江河等的轮廓呈现曲线的形态。大自然的曲线美给人类带来了无限灵感，如北京的“鸟巢”模仿了鸟窝的样子；古罗马的斗兽场是一个圆形广场；现在流行的各种轿车、跑车甚至卡车，都用曲线来构建它们的外形；等等。

自然界的确是神工巧匠，它的神奇造化令人叹为观止，就连宇宙的空间和时间也可以弯曲。宇宙本身就是柔性的，就是弯曲的，柔性和弯曲是宇宙的形态特征，也是宇宙间充满动能的结构性源泉。

柔性之美在我们的生产生活中比比皆是，只要你用心观察，身边充满了柔性之美的杰作。

### 5. 管理守柔促和谐

现代意义上的管理学发端于欧美。19 世纪末 20 世纪初，美国为适应经济快速发展的需要，克服企业经济规模扩大带来的生产混乱、劳资关系紧张、效率低下等问题，由工程师泰罗创建了一套标准化的科学管理工作方法，就是在大机器生产环境下，把生产计划、任务、动作、时间、质量、监督、考核、奖励等都流程化、标准化，以提高生产效率，这套体系后来被称为“泰罗制”。泰罗制的实行，大大提高了生产效率，降低了生产成本。再以后被欧美的各类企业采用。在中国，泰罗制的影响深远，许多企业和各类组织都模仿其理念和做法，至今还留下深深的烙印。泰罗制是一种刚性管理模式，它是以机器为中心，把人的思维和行为固定在机器上，使人成为机器的奴隶。

随着社会经济的转型，尤其是知识经济和创意经济的兴起，泰罗制的弊端显现出来。从 20 世纪后期开始，发达国家出现了很多新的企业组织形式，随之也产生了多种管理学说，泰罗制也逐步退出历史舞台。

柔性管理要求以人为中心，而不是以机器为中心。处在以大数据、人工智能为基础的现代社会，新思想、新技术、新创意成为推动社会进步和经济发展的主要力量，人们的消费也在向个性化、优质化、高端化转变，人类工作的自主性和创造性将逐步成为时代的要求。我们的社会离柔性管理还有很大差距，强制、命令、管制仍然是许多企业和组织的主要手段；只要数据、结果，不管过程，不要个性，是很多管理者的“成功法宝”。把人当作动物甚至机器，一味地追求目标、指标，过度地使用数据考核、评价、奖惩，忽视人的主观能动性和创造性，这种管理与时代发展要求格格不入，长远代价实际上是磨灭人的积极性和组织的创造动力。

## 四、居“下”可为百谷王

“下”是一个方位词，表示下面、下方。就是这样一个简单的方位词，在《老子》中却有着丰富的哲学含义。

> 知其雄，守其雌，为天下溪。为天下溪，恒德不离。恒德不离，复归婴儿。知其白，守其辱，为天下谷。为天下谷，恒德乃足，复归于朴。知其白，守其黑，为天下式。为天下式，恒德不忒。恒德不忒，复归于无极。
>
> 天下之所恶，唯孤寡不榖，而王公以自名也。物或损之而益，益之而损。

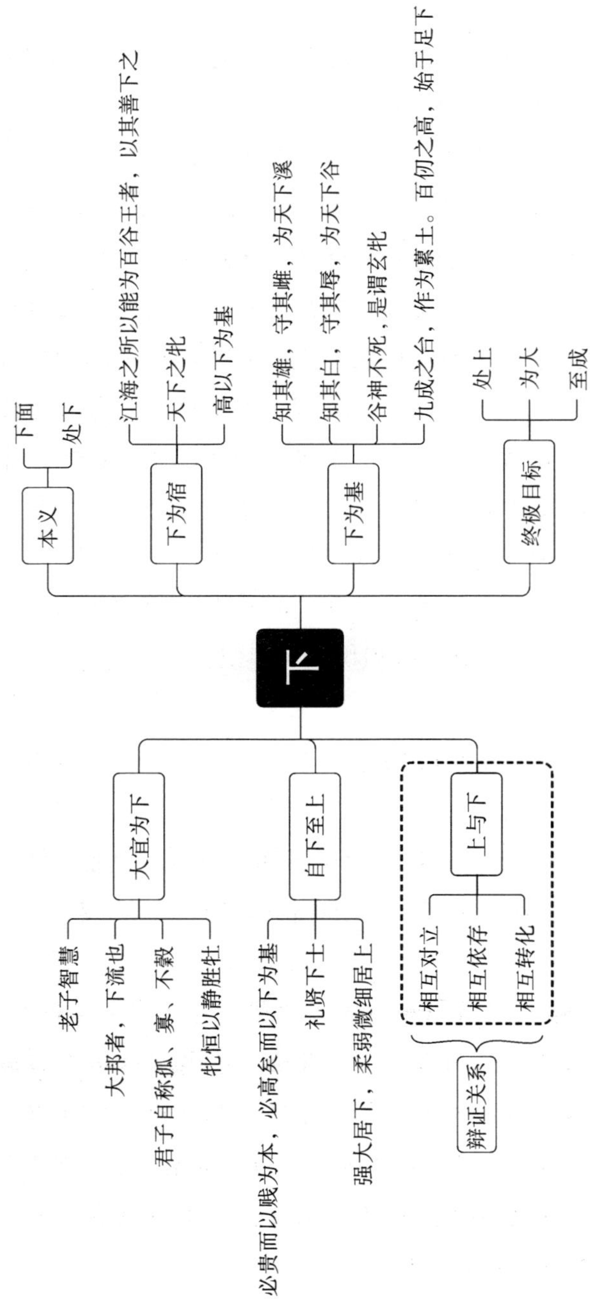
下
本义
下面
处下
下为宿
江海之所以能为百谷王者，以其善下之
天下之牝
高以下为基
下为基
知其雄，守其雌，为天下溪
知其白，守其辱，为天下谷
谷神不死，是谓玄牝
九成之台，作为蔂土。百仞之高，始于足下
终极目标
处上
为大
至成
大宜为下
老子智慧
大邦者，下流也
君子自称孤、寡、不穀
牝恒以静胜牡
自下至上
必贵而以贱为本，必高矣而以下为基
礼贤下士
强大居下，柔弱微细居上
上与下
相互对立
相互依存
相互转化
辩证关系

道之下结构示意图

大邦者，下流也，天下之牝。天下之交也，牝恒以静胜牡。为其静也，故宜为下也。大邦以下小邦，则取小邦。小邦以下大邦，则取于大邦。故或下以取，或下而取。故大邦者不过欲兼畜人，小邦者不过欲入事人。夫皆得其欲，故大邦者宜为下。

江海之所以能为百谷王者，以其善下之，是以能为百谷王。是以圣人之欲上民也，必以其言下之；其欲先民也，必以其身后之。

善用人者为之下。是谓不争之德。是谓用人，是谓天，古之极也。

这里重点分析一下“大邦者，下流也”章。“邦”指邦国，也就是诸侯国。“下流”不是现代语境中“流氓”的那种下流，而是说处于卑下的地位，源于百川向下流入江海，江海居大而处下，顺流而畅。“牝”通指雌性，雌与母同义，有时也与溪、谷同义，有道之性，接近于道。老子把高者处下思想运用于诸侯国之间的交往。大意是，大国应该自谦若水，甘愿下流，成为天下归顺和向往的地方；天下所有雄雌相交，都是雌性以清静胜过雄性，因为雌性清静处下。清静处下胜过刚强处上，这是自然界的普遍现象，老子以此说明“大邦者下流”的道理。“大邦者下流”的结果是“大邦以下小邦，则取小邦。小邦以下大邦，则取于大邦。故或下以取，或下而取。故大邦者不过欲兼畜人，小邦者不过欲入事人。夫皆得其欲，故大邦者宜为下”。大国尊重地对待小国，就可以得到小国的归顺。小国尊重地对待大国，就可以得到大国的接纳。

大国接纳小国，小国归顺大国，他们各得其所，因此大国应该谦和卑下。

老子是一个理想主义者，他的理想是一个没有战争、没有杀戮、没有压迫，百姓安居乐业、各享其成的社会，当然这在当时只能是空想。但他提出的“大邦者下流”的主张，对现代世界仍然具有积极意义，在现代外交关系中也有借鉴价值。中国政府在 20 世纪 50 年代提出的“和平共处五项原则”，如今被越来越多的发展中国家认同。在世界进入百年未有之大变局的今天，人类世界仍然战乱频发，大国欺负小国、强国掠夺弱国的现象比过去有过之而无不及，霸权主义、霸凌主义、新殖民主义有增无减。“大邦者下流”的实践之路还格外漫长。

老子为什么对“下”如此珍视？的确有些匪夷所思，我们也许可以从他“反者道之动”的思维方式中寻找踪迹。庸俗的惯性思维都是崇尚“上”，“上”是人们心目中尊贵、富有、优秀、美好的抽象概念，没有人会排斥它，抵制它。相反，“下”是人们潜意识中不受欢迎的概念，没有人乐意处下游，更没有人愿意低三下四。可是，老子却另辟蹊径，别开生面，反其道而行之，认为“下”富有特别的意义和价值。

本人把“虚”“静”“柔”“下”几个概念抽取出来整体解读，作为“道之用”的主要内容，是为了整体地把握和理解老子“弱者道之用”思想，如果分开来解读，很难窥见老子“道”的特有品性和系统格调。

需要说明的是，老子虽然主张虚静柔下，并不代表他对“实”“动”“刚”“上”不理解，也不是他对这些现象没有认识，恰恰相反，他的认识太透彻了。就像在我在《道之动》一章所说的，在现实生活中，人们只关注和强调事物的“正面”意义，实、动、刚、上都是“正面”的认识，而且这种认识太片面、太孤立，以至于蒙蔽了人们的眼睛，使人们的认识和理解违背了自然世界的本来面目。老子超越了所有的世俗偏见，从另一个视角来审视自然世界和人类社会，得出与众不同的见解，而这种见解是普通人做不到的。从这个角度讲，老子不愧为逆向思维、发散思维、创新思维的大师。

第五章

# 道之德

道之德主要解读老子关于德的本质及其内涵。老子以一个全新的视角对德进行了独特的思考，构成了他道学思想的根基。

## 一、德的定义

老子的德与现在通常讲的道德不同，现在的道德一般定义为“社会意识形态之一，是人们共同生活及其行为的准则和规范”，通过人们的自律或通过一定的舆论来教化和约束人们的行为。

如果给老子的德下个定义，德是指“在社会生活中，人们符合自然、遵循道的意识与行为的法则，是以自然之道为准则的行为指导与规范，是实现生命健康和社会和谐的根本遵循”。在这里，自然、道、生命存在与德有直接关系，构成了老子德论的鲜明特征。

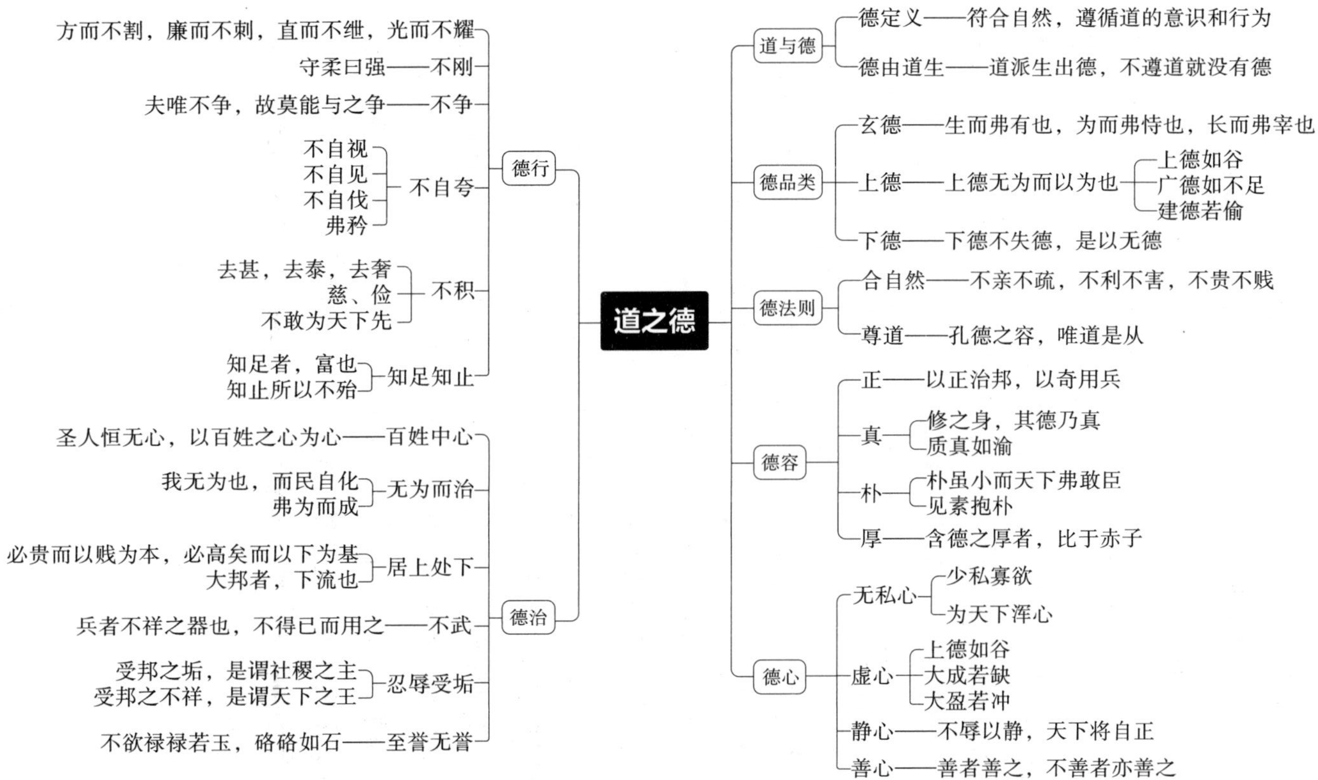
道之德
道与德
德定义——符合自然，遵循道的意识和行为
德由道生——道派生出德，不遵道就没有德
德品类
玄德——生而弗有也，为而弗恃也，长而弗宰也
上德——上德无为而以为也
上德如谷
广德如不足
建德若偷
下德——下德不失德，是以无德
德法则
合自然——不亲不疏，不利不害，不贵不贱
尊道——孔德之容，唯道是从
德容
正——以正治邦，以奇用兵
真
修之身，其德乃真
质真如渝
朴
朴虽小而天下弗敢臣
见素抱朴
厚——含德之厚者，比于赤子
德心
无私心
少私寡欲
为天下浑心
虚心
上德如谷
大成若缺
大盈若冲
静心——不辱以静，天下将自正
善心——善者善之，不善者亦善之
德行
方而不割，廉而不刺，直而不绁，光而不耀
守柔曰强——不刚
夫唯不争，故莫能与之争——不争
不自夸
不自视
不自见
不自伐
弗矜
不积
去甚，去泰，去奢
慈、俭
不敢为天下先
知足知止
知足者，富也
知止所以不殆
德治
圣人恒无心，以百姓之心为心——百姓中心
无为而治
我无为也，而民自化
弗为而成
居上处下
必贵而以贱为本，必高矣而以下为基
大邦者，下流也
兵者不祥之器也，不得已而用之——不武
忍辱受垢
受邦之垢，是谓社稷之主
受邦之不祥，是谓天下之王
不欲禄禄若玉，硌硌如石——至誉无誉

道之德结构示意图

在春秋战国时代，“道德”一词还没有出现，到了汉代，“道德”一词才正式出现。《庄子》一书讲了很多老子的故事，却从来没有提及“道德”。韩非子是早期系统研究老子的思想家之一，现存《解老》《喻老》等篇是解读《老子》古老的文本之一，也没有使用过“道德”二字。到了汉代，《老子》就被称为《道德经》了，如西汉严遵著有《道德指归论》、河上公著有《老子道德经》。由此可见，《老子》由老子所作，《老子》是本名，汉代以后的学者把它叫作《道德经》。

对书名的误解，常常使人们把老子关于道的思想错误地理解为“道德”论了。我们现在所说的道德，是指人类社会的伦理标准和行为规范，它指向人们的社会价值取向和行为伦理。道德当然非常重要，老子说的德就相当于现在的道德，但《老子》的核心首先不是讲德，而是论道，相比于道来说，德的概念和范围都要小得多。

《老子》全篇是以道为核心来展开的，并以不同的方式和事例来解说道的本质。他把道作为出发点，推导出道在人类社会生活中的延伸，落脚点就变成了德。从道转移到德，实际上是把自然规则转换为人类社会规则。道和德是一对玄奥的范畴，老子从来没有把道和德混为一谈，道是道，德是德。在文字表述上，道和德一般都是分开阐发的。但它们又是紧密相连的，当道进入人类社会以后，二者就互相纠缠着，谁也离不开谁。

## 二、道帅德归

在老子那里，道和德不是平行对等的两个概念，道处于支配地位，德处于从属地位。“孔德之容，唯道是从”，意思是大德的样态，随着道转移。拥有大德的人的行为，只有尊道才行，不尊道就不会有德。正因为这样，笔者把德称为“道之德”，也就是道下面的德，而不是“道德”。

虽然道和德是分立的，然而它们又交织在一起，很多情况下，老子先讲道，后讲德。从道过渡到德，道和德成为一对纠缠的范畴，这是老子独领风骚的一种道德观。如：

> 上士闻道，堇能行之。中士闻道，若存若亡。下士闻道，大笑之。弗笑，不足以为道。是以建言有之曰：明道如费，进道如退，夷道如类。上德如谷，大白如辱，广德如不足。建德如偷，质真如渝，大方无隅。大器晚成，大音希声，天象无形。道褒（褒）无名。夫唯道，善始且善成。

上面这段文字中，“夷”表示平坦；“类”表示崎岖；“建”通“健”，指刚健；“偷”通“懦”，意为弱；“渝”指污垢；“隅”指边角。

这段文字译成白话就是：上等的人士悟到了道，就努力地去实践；中等的人士听到了道，将信将疑；下等的人士听到了道，一笑了之。如果他们不笑，那就不足以为道了。所以有一种说法是，明白清晰的道好像暗昧模糊，前行在道上好像在后退，平坦宽阔的道好像崎岖曲折。高尚的德像低下的山谷，洁白的德好像垢黑，宽广的德好似不充足，刚健的德似乎懦弱，纯朴的德看似污浊。方正好像没有棱角，庞大的器物好像总是迟迟完工，悦耳的音乐好像没有声响，高大的形象似乎没有迹象。道隐藏在这些事物背后，默默无闻。只有尊道，才能有好的开始，也才有好的结果。

老子在这一章的前面部分讲道，后面部分讲德，说明道和德相对独立，不能混为一谈。同时，它们又相互依存，而且有主次、有先后、有轻重。道是核心是根本，是具有决定性意义的命题。

“故失道而后德，失德而后仁，失仁而后义，失义而后礼。夫礼者，忠信之薄也，而乱之首也。前识者，道之华也，而愚之首也。是以大丈夫居其厚而不居其薄，居其实不居其华。”有学者提出，此处的“失”字应该是“先”字的误写。尽管持这一看法的人很少，但笔者觉得有道理。根据老子的整体思想，失去了道的人不可能有德。如果失去道还有德，那么道就没有意义了，道就成为无足轻重的东西，这完全背离老子的思想。同样的道理，失去了德的人还会有仁吗？失去了仁的人还会有义吗？失去了义的人还会有礼吗？逻辑上和常理上都说不通。如果改为“先道而后德，先德而后仁，先仁而后义，先义而后礼”，逻辑上就没有问题，也符合常理。

在老子眼里，道是宇宙万物的起点，也是人类社会的终点，而德是道的人性化归宿。换言之，道移植到人类身上就表现为德了。德从属于道，派生于道，依存于道。一言以蔽之，先有道后有德，没有道就没有德，我把它叫作道帅德归，意思是道是德的主宰和统帅。

至于德后面的仁、义、礼，与道更不在一个层次上，因为有了德就会有仁，有了仁才会有义。至于礼，老子认为它是忠信之薄、乱之首。这个论点再一次鲜明地彰显了老子的现实批判主义精神。仁义礼智信是儒家道统论的核心，是统治阶级赖以维系统治秩序的伦理支柱，尤其是礼制，老子认为它是忠信的伪善装饰，是一切祸乱的源头。老子这种独树一帜的风格，这种犀利挑战的勇气，让他的思想更加富有时代精神和青春活力。

为什么德由道生？老子并没有德由道生的直接表述，但纵观全文，这一意思十分明确。

首先，从内涵范围来看，道与德不一样。道指向的是宇宙万物和人类社会，包括一切物质存在和现象世界，也包含物质和精神层面。正如冯友兰先生说的，老子的道“是天地万物之所以生的总原理”。而德仅仅涉及人类自身，只有人类才有德，自然界没有德可言，所谓“天地不仁”“天地无亲”。

其次，从历史发展逻辑来看，德是人类社会发展到一定阶段后的产物。它的产生是因为社会需要一套伦理道德，来约束和规范人类的行为。而道与自然界同在，有自然的时候就有道，有自然的地方也有道，道是自然的化身。

最后，从存在主义的观点看，所谓“道生一,一生二,二生三,三生万物”，说明道在人类出现之前就存在着，道“先天地生”，是万物之母，这个万物也包括了人类，人类社会的德由道派生出来，那就顺理成章了。

在老子思维逻辑里，道派生出德，决定着德，也统帅着德。由此得出，不尊道的人就不会有德，反之，有德的人必定尊道，这是理解道与德相互关系的重要认识前提，也是老子对人类道德问题最独特的发现。迄今为止，世界上还没有哲学家和思想家从自然之道的本体论出发，来论述道德的起源及其本质，把“德由道生”视为老子的发现和独创，一点也不夸张。

## 三、德的品类

老子讲的德，有品类之分，有等次之别，这里姑且把它分为三个等级。

最高级别的德是玄德。老子两次讲到玄德。玄德的经典描述就是三句话：“生而弗有也，为而弗恃也，长而弗宰也。”什么意思呢，就是说，生养万物而不据为己有，泽被万物而不自恃有功，哺育万物而不为主宰。老子把它称为圣人之德，只有圣人才能做到。由此认为，只有圣人才能治理国家。

其次是上等级别的德行，叫作上德。老子关于“上德”的论述有“上德不德，是以有德”“上德无为而无以为也”“上德如谷”等。首先，老子从人的意识、意念上给上德定位。“上德无为而无以为也”通俗地说就是，上等的德行不是为了自恃有德行才去做，不是为了获得别人的夸奖故意去做，而是人的本性、本能使然。这里的本能、本性是指自然性，不需要意志去影响，不需要有意地强加。老子的“无以为”是指没有意念和欲望的行为。举个例子，2020 年 8 月 27 日，江苏省建湖县村民夏大爷在河边钓鱼，抛鱼钩时不慎掉到河里，大呼救命。一个骑电动摩托的女大学生颜清刚好路过，她毫不犹豫地跳进河里，使尽全力，最终将老人救上岸。老人的子女知道后，拿出 1 万元去感谢颜清，被她婉言谢绝。颜清的行为完全是出于潜意识的本能——救助生命。在她跳进河里的那一刹那，没有考虑利弊得失，只有对生命的珍视，这种珍视不限于对自己的生命，也包括对他人的生命。只要是生命就应该被呵护，这就是人的自然本性。除了拯救生命之外，没有掺杂任何欲念，这样的行为可以叫作上德。其次，在内涵上，老子对上德进行了一番描述，就是“上德如谷”。谷象征着虚，象征着谦卑，有上等德行的人一定谦卑为怀。老子又形象地描述了上德的品质，如“广德如不足。建德如偷，质真如渝”。这些都是谦卑的表现。

最低等的德行是下德。老子说：“下德不失德，是以无德。”一个人的行为是带着某种预谋、某种目的，那么他看上去好像有德，实际上是没有德。老子给有德和无德下了一个区分标准，就是有无带着功利目的和个人欲望。

## 四、天道与人道之谜

老子把道分为天道和人道，天道和人道组成了宇宙万物和人类社会的动力机制和圆融自洽系统，整个物质世界和人类活动的发生、发展、消亡都在这个庞大的系统中运行。

老子为什么在“道”之外又提出“天道”和“人道”两个概念呢？它们之间是一种什么样的关系？我们不妨来做一些探讨。

所谓天道实质上是指自然之道，即自然物质世界的本质、动能、规律与路径。老子曾形象地设喻："天下之道，犹张弓者也，高者抑之，下者举之，有余者损之，不足者补之。故天之道，损有余而益不足。"意思是说，天道就像一把拉开的弓箭，当射手对着靶子射击时，弦位高了，就需要压低一些，弦位低了，就要拉高一些；把多余的减损一些，把不足的给予补充。所以天道是减少有余而补充不足。这里的天道就是自然界的能量和规律，又是代表事物生长的力量与方向。"物壮而老，是谓之不道，不道早已"，这里是说凡是气势壮盛就会趋于衰败，代表衰落和死亡的东西是不道，或者违道，不道的东西就会早亡。相反，代表初始的、成长的、上升的东西就是有道，比如赤子、柔嫩等，用现在的说法是，代表未来希望的就是有道。

但是，老子对天道还有别的表述，如"天之道，不战而善胜，不言而善应，不召而自来""夫天道无亲，恒与善人"等。这些描述已经不是单纯地指自然了，而是把自然之道引向人类社会，导出了"人道"这个重大命题。

关于"人道"，老子没有太多描述，他在讲天道与人道的区别时，指出"人之道不然，损不足而奉有余"。他又说："人之道，为而弗争。"老子虽然对"人道"的本义没有展开讨论，实际上，他《德篇》中的很多章节都主要在讲人道。

综合《老子》全篇的思想表述，可以得出几个结论：

第一，天道和人道都是道的范畴，即自然万物和人类都遵循道的规律与法则。

第二，天道与人道有区别，天道是"损有余而益不足"，人道是“损不足而奉有余”。

第三，天道的落脚点是人道，老子说天道“无亲”“不战”“不言”“不召”“不害”等，虽然说的是自然之道，实质是在暗示人类，应该像自然那样行为。这个时候，天道与人道其实已经并轨了。

第四，老子的人道本质上就是德的范畴，甚至可以说，老子的人道就是德。从道出发，抵达德，从道的原理推演德的品性，是老子思想展开的底层逻辑。也就是说，人类的德行必须由道来统帅，必须用道的法则去评判。这完全符合“道法自然”和“德由道生”的“德法则”原理。由此看来，有人把道和德放在一起，把《老子》叫作《道德经》，就情有可原了。

有一个问题至今争论不清，老子说的人之道“损不足以奉有余”中的“不足”和“有余”分别指的什么。陈鼓应先生解释为“剥夺不足，而用来供奉有余的人”。罗义俊先生翻译为“削减不足的来供养有富裕的”。这都是从字面义上去理解的直译，并没有揭示出老子的思想内核。

关于老子的人道，有必要用分析法去做一番解剖，可能会更清晰。人道应该由两个部分构成，一部分是人的自然属性。人的自然属性就是天道，比如饿了要进食，渴了要喝水等。这些都是自然之道，它的法则是“损有余而益不足”。人道的另一个部分是人的社会属性。因为人是群居动物，不可能单独存在，社群就出现了。人又是有意识、有情感、有欲望的高级动物，自私和贪欲就出现了。因为人的意识放荡不羁，导致人的行为往往不遵循自然之道，甚至突破自然之道的界限。比如，富有的人并不以为他的财富过多，高位的人并不以为他的地位过高，他们常常得寸进尺，欲壑难填，导致了德行的丧失，这正是老子要论述的关键问题。其实老子说的“不足”是指德行上的不足，“有余”是指德行上的有余。人的德行是无边无疆、没有止境的，所以就有了“玄德”这个概念。在老子看来，那些自私自利、贪得无厌、为虎作伥、欺世盗名等行为，都是德行上的“不足”，或者叫缺陷。有道之人应该减损这些“不足”的德行，应该增加好的德行，使自己的德行更加丰满，更加完美，这就是“奉有余”。

1. 天道与人道的双簧戏

天道本来指自然之道，为了彰显道对人类的作用及其特殊形态，老子特意把关于人的道提取出来，叫人道。但天道和人道其实是圆融相通的，天道处于主导的支配性地位，人道处于从属性的辅助地位，天道可以涵盖人道，支撑人道，人道可以注释天道，求解于天道。因此，“天人合一”成为自然之道的必然结果。“揎而盈之，不若其已。揣而允之，不可长葆也。金玉盈室，莫之能守也。贵富而骄，自遗咎也。功遂身退，天之道也。”老子在这里既说了自然现象，也说了人类活动。老子喜欢用自然现象打比方，比如，持一杯水，它容易溢出，不如让它静止不动。锤击一个器物让它锐利，这种锋利不可能长期保持。满室的金器玉石，没有办法守住它。富贵而骄傲的行为，必然给自己留下灾祸。功成名就后隐身而退，才符合天道。其实，老子是在用天道的原理给人们讲人道，即人的处世为人之道，他认为人道必须符合天道，因为天道是普适的规律。在这里，天道和人道演出了一台双簧戏，人道在前，天道在后，天道在背后统摄人道，驾驭人道。违背天道的行为必定遭殃，必然不能长久，不管是违背天道还是违背人道，都将遭遇失败和灾难。

### 2. 鬼神不再神气

老子的天道和人道有一个重大使命，就是揭示自然万物与人类社会运行的动力机制和生命赓续的规律。宇宙间的所有生命体和非生命体都遵循着从无到有、由盛而衰的周期性变化和发展，在这个过程中，存在许多听之不闻、视之不见、搏之不得的原生力量、运动法则和变化规律。这些不可名状的动能要素，始终在默默地控制和调整着所有生命体与非生命体的发展状态、成长过程和转换时机。古代的先民们不能理解很多现象，尝试在冥顽的敬畏和迷惘中寻求答案，于是，各种名目的神祇应运而生。宗教就是在这样的背景下产生的，不管是犹太教、基督教、天主教，还是佛教、伊斯兰教，无一不是借助神祇来解释自然和生命现象。进入阶级社会以后，统治阶级就利用宗教，为自己的君权神授寻找依据，开辟道路。老子试图解开这些蛊惑民众的伪善外衣，揭开自然界和人类命运的终极谜底。在老子这里，神已经成为世俗的奴仆。老子明确地宣告，“以道莅天下，其鬼不神。非其鬼不神也，其神不伤人也。非其神不伤人也，圣人亦弗伤也”。老子虽然没有否定神的存在，但这里的神已经走下神坛，不欺诈不吓唬老百姓了。老子告诉人们，天下万物和人的命运不是由鬼神决定，而是由道来把持和掌控，道才是世界万物和人类命运的宗主。

## 五、德的法则

道德法则是人类道德评判的依据和标准，它是人类社会赖以存在和发展，用以维系一定社会秩序，以便人们和谐相处的公认的行为规范。各个民族都有自己的道德法则。

### 1.康德的实践理性

在谈到人类的道德评判标准时，不得不介绍一下康德。康德是德国古典唯心主义哲学的创始人，他的思想对近代西方哲学具有经久不衰的影响，他被认为是继苏格拉底、柏拉图和亚里士多德之后，西方最具影响力的思想家。他的《纯粹理性批判》《实践理性批判》《判断力批判》等著作，构成了他“批判哲学”的思想体系，他的思想甚至成为马克思主义哲学的来源之一。

《实践理性批判》中有一句名言：“世上最使我们震撼的是头顶的星空和我们心中的道德律。”在康德看来，天上的星空和人类的道德，最能令人震撼。人是能动的、复杂的动物，人的思维无边无涯，人的欲望没有止境，人的行为难以约束。道德不仅涉及个体也涉及群体，不仅涉及民族也涉及国家，人类社会中所有的矛盾、冲突、欺凌和战争，都与道德意识和道德价值脱不了干系。

正因为人类的行为如此放荡不羁，所以康德对如何约束它进行了深入研究。他在《实践理性批判》一书中，第一次提出了“道德法则”的概念。人们用什么来作为道德的标准？他以“实践理性”作为道德判定的法则，给人们的意志一个

“规定根据”。他的理性是指纯粹理念的、思辨的、理智的概念和判断，与感性的、直觉的、任性的对象相对应。他的实践是指道德评判必须应用到一个普遍的具体的行动上。比如说，一个具有主体行为能力的人，他自身的行为是好还是坏，是道德还是不道德，必须通过自己的理性思辨，经过理智的深思熟虑，并且在实践上得到普遍认同后判断。在这里，“实践理性”成为道德的法则，也就是道德的衡量标准。打个比方，关于“幸福”，人们都想获得幸福，都有幸福的权利，但人们对它的理解和获得方式千差万别。在获得幸福的过程中，“自由”和“任性”发挥着巨大的干扰与冲击作用，只有把获取幸福的行为纳入“实践理性”的框架，行为才是可约束的。个体行为经过纯粹理智的思考，经过审辨式的理性判断，并在社会实践中得到检验与认可，这样的行为才可能符合道德。相反，如果没有意志上的规定根据，没有道德法则，就很难找到一个标准。人的行为倘若没有经过自己的理性思考和判断，而是盲目地受到外界的刺激和干扰，就很容易产生偏差，感性就会战胜理性。如某些贪官污吏，说他们没有理性是难以接受的，但他们的行为确实不可理喻。现金装满房间，豪华汽车几十辆，烟酒不计其数，其目的是什么，其意义何在？他们最终锒铛入狱，后悔不已。这样的案例说明许多人的行为确实是任性的，没有经过实践理性的批判。

康德的“实践理性”为道德评价提供了一个参考框架，对欧洲的道德建设产生了积极影响。但它仍然局限在个体的主观理性之中，它的实践性也拘泥于社会的认可，其意义和作用是有限的。

2. 儒家的道德伦理法则

儒家的道德主要是以“仁义礼智信”为核心的一套体系，它既是中国传统士大夫的行为规范，也是社会大众的道德指引。总体上说它是统治者的一种愿望，也是对臣下的一种道德要求。但是这些伦理法则往往没有明确的内涵、清晰的边界，往往让人们无所适从。当然，儒家道德也不是完全没有标准，比如君君臣臣、父父子子等封建道统似乎就是标准，庞杂琐碎的礼制也是标准。但是它们的依据说到底是天命观，是道统论，是等级制。这使得儒家道德很多时候不仅苍白，也反人性，尤其在集权制的封建社会里，它变成了说教，变成了束缚他人、管制百姓的工具。

3. 老子的德法则——自然之道

老子说:“道生之而德畜之，物形之而器成之。是以万物尊道而贵德。道之尊，德之贵也，夫莫之爵，而恒自然也。道生之，畜之，长之，育之，亭之，□之，养之，覆之。生而弗有也，为而弗恃也，长而弗宰也，此之谓玄德。”上面的这些“之”都是指万物，也包括人自身。通俗的翻译是，世界万物都由道来生成，由德来蓄养，它们在成长过程中有了事物的形状，也有了生长的态势。所以世界万物尊道贵德。道所以受尊崇，德所以被珍视，就在于它对万物不加干涉，顺其自然。所以道生成万物，蓄养万物，万物得以萌芽、生长、开花、结果，实现生命周期的反复轮转。生养万物而不据为己有，为它繁荣而不自恃有功，促进它生长而不主宰，这就是最高的德性。在这里，老子把道和德放在一个系统里来论述，说明道和德在万物生长、发育、成长过程中的作用。

仔细推敲老子的这段文字便会发现：德不仅由道而生，而且德含有“自然禀赋”。什么叫作“自然禀赋”？就是自然天生的、本来就有的特质。老子说的“生而弗有也，为而弗恃也，长而弗宰也”，指的便是自然禀赋，因为在老子看来只有自然界才会这样，它没有意识，没有欲望，也没有私利。自然万物不图名，不要利，不争不抢，无私奉献。老子把自然的这种品质称为“玄德”，说明在老子心目中，含有自然禀赋的德才是最完美的德。关于“道之尊，德之贵也，夫莫之爵，而恒自然也”这句话的意思，大多数研究者都只作了文字表面的解读。实际上，它蕴藏了老子的一个巨大发现，这就是：道之所以被尊崇，德之所以被珍视，是因为没有任何别的东西可以衡量和支配，只有自然才是它们的根本依据。老子凭借他深邃的洞见和伟大的思考，给人类社会的德设置了一个判断标准，或者评价标准，这个标准就是自然之道。

老子比康德要早 2000 多年提出人类道德的衡量和评判标准，主张用“道”来塑造人类的德行，也是他的独到见解。老子不是孤立地讲德行，也不是抽象地论述德性，而是用自然之道来匡正德行，也就是说，人的德行是好是坏，要依据自然之道来评判，而不是依据实践理性、人伦礼制或其他的什么东西。可以说，这是一个无与伦比的人类道德立论，也是一个破天荒的超时空命题，用自然之道来评价人类的德性，让人类的德行有了一个客观尺度，有了一个实践检验的依据，为人类的道德行为指明了方向。这里不由得感慨老子的智慧伟大而超前。

令人悲哀的是，迄今为止，人类似乎还没有找到一个被普遍公认的、行之有效的道德评判标准和自我修正机制。全世界都讲道德，道德成了一面大旗，各挥各的，好像都有理，但都互不认同。以殖民主义为例，西方列强曾在世界各地推行殖民主义，进行殖民掠夺，甚至进行种族灭绝政策。殖民掠夺、种族灭绝是人类历史上的耻辱，可是没有谁给它作出评判，作了评判也没有用，因为话语权在殖民者手里。殖民主义者也讲“道德”，他们讲的“道德”被包装得冠冕堂皇，宣传他们是传播福音，是传播先进的技术与文明，是帮助落后的地方发展。他们满口自由、民主、法制，实际上是利用他们的价值观去领导世界，统治世界，是成王败寇的强盗逻辑。如果用老子的道德评判标准，殖民主义的行径自始至终都是违道的，违道即违背自然法则。根据老子的德法则原理，违背自然之道的行为，只会有两个结局：一是改变自己德行，就是上面说的“损不足”，减少缺德，少做坏事，可以慢慢步入重生之道；一是加快衰落，走向孤立和灭亡。其实，世界需要一个具有普适价值的道德标准，这个标准就是自然之道，遵循道的德才是上德。虽然改变现实标准的力量还不够强大，但尊道贵德一定是人类世界发展的正道。

## 六、德的内涵

老子对德有许多描述，也留下了很多精彩的语言，如果对德与道、德与自然、人道与天道的本质意义和内在逻辑有了深刻的理解，德的内容就容易明白了。为了化繁为简，这里对德的内容做一个归纳，笔者把它们叫作“德容”“德心”

和“德行”，而对它的具体含义不再展开。

1. 孔德之容

“德容”是指从视觉上去观察德的样态。“孔德之容”是老子的原话，意思是“好的德行看上去的感觉”。我把它归纳为“正”“真”“朴”“厚”四种样态。

“正”就是端正，它是自然界中事物存在的一种现象，代表正直、公正，与现在的含义并无区别。老子主张“以正治邦，以奇用兵”，他把“正”不仅当作德行的重要标准，也看作治理国家的价值取向。这一点将在下一章做分解。

“真”是德行的一种表象，这里是指真实、真诚，与虚假、伪诈相对应。字面意思很简单，但行为难以达到。人类的现代化程度越高，虚假欺诈行为越泛滥。

“朴”是老子的一个哲学概念，也是德的品质。他说：“朴虽小而天下弗敢臣。”是说朴是一种很普通的现象，但它的作用非比寻常。其实，朴和真是通融的，表现在人身上，就是保持本色，保持初心，不做作、不装扮、不伪善。一旦这样，人际关系就简单多了。

“厚”是指敦厚、仁厚、厚道，这是老子特别赞赏的德行。老子用赤子来比喻“厚德”，说“含德之厚者，比于赤子”，又说“抟气致柔，能婴儿乎”。赤子和婴儿不仅象征着生命，而且其德性是淳朴的、天真的，也是无私、无害的。

2. 玄德之心

老子认为，德性由人的意念发源。人类与自然的根本区别就是人有内心的意念，自然却没有。正是因为人类具有意念，所以只有人类才有德行，德行是人类的专属品。他有许多关于人的意识、欲念、心理的论述。从老子的文本中，提炼出“无心”“虚心”“静心”“善心”等几种心态。

老子的“无心”是何所指？是人没有想法，没有心思吗？显然不是。它指的是无私心，没有自私的欲望。他还说：“圣人恒无心，以百姓之心为心。”圣人不能自私自利，统治者不要总是为自己着想，老百姓想什么，统治者就要想什么。

对于“虚心”，老子有很多精彩的论述，如上德如谷、大成若缺、大盈若冲等。老子认为谦卑处下是德行中最宝贵的品质。一个人之所以能够谦卑，是因为他虚怀若谷。

“静心”是指人的内心像自然界一样宁静安然。老子说“不辱以静，天地将自正”，只有给灵魂一个静谧安详的处所，不被世间的躁动欲念干扰，才能让德性高扬，让生命长存。

“善心”是人性中的善良恻隐之心。老子说“善者善之，不善者亦善之”，这是讲普善大爱，以德报怨，是圣人之德的境界。

### 3. 上德之行

道德的最终目标是规范人类的行为，行为才是检验德行的客观依据。老子的德在行为上，主要可以归纳为“不刚”“不争”“不夸”“不积”“知足知止”“德治”等。

“不刚”是指不刚强、不逞强、不对抗的品性。老子认为刚强是一种表面的强盛，不能长久，在一定的条件下，柔弱可以克制刚强。强行作为只会导致冲突，导致反抗，结果是两败俱伤。德行上的不刚表现了一种柔性的气质，一种退让包容的胸怀，是生命韧性的象征。

“不争”指不争名、不争利、不争贤。只有不争，人们才能和谐相处，皆大欢喜。但老子的不争是建立在崇高理想之上的品行，他认为作为统治者、作为圣人，不争才能赢得人们的尊重，才能获得民心，最后得到的结果是没有人与之争。相当于“舍得”的目的是“得到”。不争行为的目标更长远，更崇高，更富有韬略。

“不夸”是谦卑的表现，老子对这种德行的论述充满着辩证法，展现大家风范。他说：“不自视故明，不自见故章，不自伐故有功，弗矜故能长。”意思是不自我表现，才是明智；不自以为是，不孤芳自赏，才能彰显；不自我吹嘘，自我夸耀，才能成就功劳；不自高自大，不傲视天下，不目中无人，才能长久不衰。

“不积”指不积蓄财富。人的生命来自自然，也归于自然，够用之外的东西都是多余，多余的便可能带来风险，甚至是灾殃。老子的财富观揭示了生命的本真意义和自然属性，是对现实世界庸俗金钱观的警示与鞭挞。

“知足知止”是指面对功名利禄时的行为。它是上面几种心态的行动指向。人类的行为是先有意念，后有行动，知足知止就是意念之后的行为表现。老子说“知足者，富也”，又说“知止所以不殆”，这是对人生命运的经典概括。“足”字含义深远，怎么样才是“足”？每个人的标准不同，认识不同，把握也不同。从自然属性来说，老百姓经常不足，富人却有盈余。不足和盈余是辩证的，没有绝对标准，如果要找一个标准，仍然是自然之道。因此，“知足”和“知止”是德的法则，是德行的指导原则，而不是标准。

老子的德行还包括“德治”，即以德治国，构成他治理思想的重要组成部分，这一部分将在下一章做讨论。

## 七、欲望是人类的迷魂汤

“欲”是老子的又一个重要命题，它与德有着割不断、理还乱的联系，这里把它单独拿出来进行讨论，有利于更准确地理解老子的德。

欲望既是人类的本能，也是人类的天敌，人类的道德无时无刻不被心中的欲望纠缠。从人类历史发展的实践来看，欲望是人类社会发展的动力因素之一，这里说的欲望是广义的，它的别称有时可以是理想、梦想、追求、愿景等，尽管这些词汇与欲望有着细微的差别，但都是人们心中的期盼和憧憬。人类若没有欲望，就没有动力，就不会努力和奋斗。作为动物性的人，假若没有欲望，就会失去生命的活力和动能。恩格斯曾经在谈到“恶”的辩证作用时，肯定恶有推动历史发展的积极的一面，如资本家为了剥削更多的剩余价值，发明了生产机器，战争促进了武器的发展和科技的进步。正是这种恶性的欲望推动人类文明不断走向新的里程。可是人类的欲望有时候就像一匹脱缰的野马，桀骜不驯，不可掌控，甚至文明越发达，欲望越任性。人类一方面享用着欲望驱动产生的成果，一方面又承受着欲壑难填造成的痛苦与灾难。自古以来，人类历史上无数的哲学家、思想家、政治家、教育家都在苦苦探索和研究欲望。

1. 无欲的真相

老子对人的欲望进行了许多论述，提出了“无欲”“不欲”“寡欲”等主张。如“罪莫大于可欲，祸莫大于不知足，咎莫憯于欲得。故知足之足，恒足矣”。意思是说，没有什么罪恶比欲念更大的了，没有什么祸害比贪得无厌更可怕的了，没有什么过错比贪多更危险的了。所以要懂得知足的意义，常常知足，就没有危险。他提倡“见素抱朴，少私寡欲”，意指人的生命应该呈现本色，简单淳朴，减少私心，降低欲望。老子认为欲望是导致罪恶、祸害和错咎的根源，统治阶级应该克制自我，少私寡欲。

但是，老子并不简单地否定欲望，相反，他甚至还表现了欲望。比如他强调“将欲翕之，必固张之。将欲弱之，必固强之。将欲去之，必固与之。将欲夺之，必固予之。是谓微明”。意思是将要收拢它，必须先张开它；将要削弱它，必须先增强它；将要去除它，必须先给予它；将要夺取它，必须先给予它：这就叫作微妙的机智。在这里，老子表达的句句都是欲念，字字都是作为。所以老子的观点既不是绝对无欲，也不是绝对无为。

“江海之所以能为百谷王者，以其善下之，是以能为百谷王。是以圣人之欲上民也，必以其言下之；其欲先民也，必以其身后之。”意思是说，江海之所以能成为百谷之王，是因为它善于处下，只有善于处下，才能成为百川汇流的归宿。所以，圣人要想位居老百姓的上头，必须对老百姓表现出谦卑；要想站在老百姓的前面指挥，就必须把利益放在老百姓的后面。老子这里的“欲上民”与“欲先民”都是讲欲，就是欲望或者愿望。其实，圣人有欲望，侯王也有欲望，如果没有欲望，怎么能领导老百姓？如何治理国家？不管是圣人还是侯王，他们的治理、管理行为本身就是作为，有作为就要有欲望，绝对的无欲无为是没有的，也是不现实的。绝对的无欲无为就是虚无主义，也是遁世主义，而老子是一个彻底的现实主义者。

“是以圣人欲不欲，而不贵难得之货；学不学，而复众人之所过；能辅万物之自然，而弗敢为。”这里的“欲不欲”，本身就是一种欲望。

由此可见，老子的“无欲”与“不欲”，并不是彻底否定欲望，而是另外一种欲求，是有别于庸俗功利主义的尊道守德的欲求。因为欲望是人的本能，本能就是天性，而天性是合道的。老子不仅不反对天性，而且特别重视天性，赞赏天性，因为天性对应的是天道，而天道就是自然之道。任何把老子的思想理解为纯粹的“无欲”和绝对的“不欲”的认识，都是对老子整体思想的误解或曲解。有些研读老子的人，大多是从字面上孤立地、简单地、片面地理解老子的“无欲”，以为老子真的是看破红尘，无所作为，回避矛盾，消极遁世。不得不说这种理解差之毫厘，谬以千里，贻害无穷。

### 2. 老子的“无欲”之境

老子一面提倡“无欲”，一面又有欲求，这看似矛盾的背后正是欲望的原始本能使然，也就是说，欲望本来就是一把双刃剑，既有正向的意义，也有反向的作用。那么，老子的“无欲”到底是指什么？本人认为，概括起来它包含以下几层意思。

一是指减少私欲。老子的少私寡欲主要是针对统治阶级而言的，他认为，统治阶级疯狂地追逐功名利禄，拼命地讨伐征战，肆无忌惮地搜刮百姓利益，是道德沦丧、经济萧条、社会动乱的主要根源。他揭露当时的社会现实，一面是“朝甚除，田甚芜，仓甚虚”，一面是“服文采，带利剑，厌食，货财有余”。朝廷腐败，田地荒芜，仓库空虚，老百姓衣食不保，民不聊生；而统治阶级整天穿着华丽的衣服，佩戴锋利的宝剑，饱食终日，敛财积富。这些自私自利、贪得无厌的贵族统治阶级简直就是强盗头子。老子告诫统治阶级，要想治理好国家，就要与民齐心，为民作主，减少私欲，克己奉公。他借用圣人的话，提出了“我无为也，而民自化。我好静，而民自正。我无事，民自富。我欲不欲，而民自朴”的主张。这里的“我”就是指统治阶级，这里的“无为”“好静”“无事”“不欲”都有少私寡欲的含义，也就是少一点自私，少一些个人欲望。如果统治阶级能够做到无欲无为，好静无事，老百姓就可以自我造化，自我端正，自我致富，自我淳朴，就能实现丰衣足食，天下太平。

二是指不现可欲。老子以为，上行下效是社会道德和风尚形成的普遍范式，作为治理国家的统治者，应该在无私无欲方面以身作则，垂范百姓。他特别强调统治阶级应“不现可欲”，就是不要在老百姓面前表现出自己的欲望。所以他要统治者，“不上贤，使民不争。不贵难得之货，使民不为盗。不见可欲，使民不乱。是以圣人之治也：虚其心，实其腹，弱其志，强其骨。恒使民无知无欲也。使夫知不敢，弗为而已，则无不治矣”。这段文字体现了老子独特的社会治理理念，他反对统治者过分地崇尚贤能，当权者越崇尚贤能，社会上的纷争越激烈，在激烈的竞争中，一定会产生许多虚假的、伪造的、欺诈的行为。统治者应不贵难得之货，不见可欲。这里“见”读 xiàn，是说统治者不要表现出自己的好恶倾向，不要显示自己的欲望，只有这样，民风才会纯朴，民心才会不乱。老子希望以统治者的少私寡欲，去影响老百姓的行为，从社会心理学的视角看，有其合理的成分，尤其是要求统治者带头少私寡欲的观点，至今仍有深远的现实意义。他以为统治者最要关注的是让老百姓丰衣足食，身强体壮。对老百姓来说，这些才是幸福生活的根本内涵。至于老百姓的内心欲望、抱负与追求，其实都建立在他们的物质生活基础之上，有了丰富的物质生活，老百姓也就少了私心杂念，民风也将会自然淳朴。

老子关于统治者“不见可欲”的思想，作为一种社会治理理念，放在当代，依然具有思考和研究的价值。统治者到底要向老百姓表现什么样的价值追求？用什么方式表现？表现到什么程度？在信息技术和传播手段高度发达的社会，在模仿盛行、攀比成风的今天，统治者的倡导和爱好，更容易成为社会行为的风向标，它既关乎社会的价值取向，又关乎群体意识的演进。老子的这一理念尽管具有局限性，但他为我们提出了值得思考和研究的重要课题。

三是反对贪欲。贪欲是德的罪魁祸首，也是生命成长的天敌。贪欲指分外之欲，就是超出个人所需的，超出自己应有份额之外的，超出道德行为规范的欲望。人都有欲望，最基本的是生理需求，如生存欲、食欲、性欲等。人的社会性需求有尊重、荣誉、地位、财富等。老子坚守简朴主义的人生哲学，这是他的自然本体思想的延伸，他认为自然界是朴实无华的，是无私无为的，也是利他的。所以，他认为“物或行或随，或热或吹，或强或挫，或培或堕。是以圣人去甚，去泰，去奢”。意思是，世间万物有的前行，有的后退；有的舒缓，有的急迫；有的强劲，有的羸弱；有的举起，有的坠落。所以圣人应该去掉过度，去掉多余，去掉奢侈。对于功名利禄，利弊得失，老子认为要知足知止。他向人们提出了一个问题：“名与身孰亲？身与货孰多？得与亡孰病？”名誉与生命比较，哪一个更重要？身体与财物比较，哪一个更贵重？得到与失去比较，哪一个更令人担忧？这些问题看似浅显，却潜伏着深刻的人生哲理。如何做到“富而不淫，贵而不贪”，对于当权者来说，的确是一道难关。现实社会中发生的贪腐现象，都是“贪欲”惹的祸。老子说“甚爱必大费，多藏必厚亡。故知足不辱，知止不殆，可以长久”。过度的爱好必定需要更大的耗费，过多的财富收藏必然失去更多。“知足不辱，知止不殆”是老子的名言，知道满足的人不会受到屈辱，知道适可而止的人不会遭遇危险。贪得无厌的人，欲望没有尽头，行为没有止境，他们永远不满足，不知道停止，欲望膨胀而不可收拾，最后只会自遗其咎，自取灭亡。

四是违道之欲。是否尊道是衡量欲望的一把尺子，如果欲望在道的规定范围之内，就是合理的；如果超越了道的规定范围，欲望就变成了贪欲，就是不合理的。面对一桌好饭，你想吃饱、吃好，这是合理的欲望。但是你吃饱后还要多吃、硬塞，那就违道了。违道的结果就是把自己吃伤，吃出病来。又比如，有一个职位的空缺，你的条件刚好符合，希望自己有机会上去，这个欲望是合理的。但是，你为了自己达到目的，去诋毁、伤害别人，甚至伪造材料，或者走歪门邪道，也是违道了。违道的结果就是毁灭自己，葬送自己。老子的道具有非常重要的意义与作用，它为人类提供了一个可以参照的依据和尺度，这个参照和尺度就是德的标准。所以我们要修道，要尊道，要把握道的本质内涵。

老子说:“道，泛呵其可左右也。”道无所不在，无物不有，我们研究道，关键在于理解道，遵循道，如此便可以无往而不胜。当欲望发作甚至膨胀的时候，老子告诉我们“阗之以无名之朴”，就是用朴，也就是用道去压制它，浇灭它。

敏锐的读者可能注意到，这一章讲的德行与第四章《道之用》讲的“虚静柔下”非常接近，其实不用奇怪，这恰恰印证了老子德由道生的思想，也说明道与德是一个圆融自洽的自组织系统。道的法则和原理表现在人类身上，就是德，符合道的就是上德，或者玄德，不符合道的就是下德，或者失德。

## 八、谦卑是大德

老子把谦卑作为一种高尚的德行，谦卑不仅仅是一种姿态，也不仅仅是一种礼节，而是一种大德大智。为什么老子那么赞赏谦卑呢？还得从它的本源开始。“必贵而以贱为本，必高矣而以下为基”，一切珍贵都源自卑贱，一切高的物体都以其根基为存在的条件，这里讲的就是世界和万物的本源，也是在讲谦卑。老子的这句话虽然简练，但它包藏的思想无限广阔，精妙透彻。举个例子，翡翠是一种高价值的珠宝，它纯清圆润，象征着美丽与高贵。但它在地底下埋藏了几千万年，在地球高温作用下，多种矿物质经过长期溶解化合而成。它的高贵源自原始的腐朽与低贱。没有卑下之始，何有高贵之成？老子之所以赞赏谦卑，是因为它是事物和现象的始祖，是道的象征，也是德的源泉。

老子进一步指出，“炊者不立，自视不章，自见者不明，自伐者无功，自矜者不长。其在道，曰余食赘行。物或恶之，故有欲者弗居”。老子用这种自然定律来比喻人的德行，说明为人处世的道理。什么道理呢？就是自我表现的人不明智，自我炫耀的人没有功劳，居功自傲的人不会长久。这是为什么？因为这样的行为违背了道。所以，老子的德是从道那里生出来的，因而是大德，也是大智。老子告诉人们，你再有能力也不要自吹自擂，再有功劳也不要骄傲，你的见解再正确也不要自我表扬。老子要人们贵言、希言，少说多做。当你闭口少言，谦让卑下的时候，你会得到更多的肯定，也会得到更多的收获。

更有甚者，“大成若缺，其用不敝。大盈若冲，其用不窘。大直如屈，大巧如拙，大赢如炳”。这是告诫人们如何看待自己，如何守住自己的谦虚。很完美的作品好像还有缺陷，这样的态度会让你终身受益。满满充盈的器皿好像还有虚空，这样的认识会让你的想象没有穷尽。挺直的胸襟好像有些弯曲，灵巧的技能好像有些笨拙，丰盛的东西好似欠缺。这就是大智若愚。为什么要这样？因为只有这样，你才永远不会自满，不会飘飘然，而是给自己留下一些空间。这个空间既是想象空间，也是进步空间，既是留给自己的，也是留给别人的。

第六章

# 圣人的十大治理法宝

圣人之治是说老子治理国家的思想主张，包括治理社会的原理、策略和方法。以道治国是《老子》一文写作的目的，以此实现他建设理想社会的伟大抱负。

老子认为，只有圣人才能治理好国家。什么叫圣人呢？通俗地说，圣人必须通晓大道，能够把握道的原理、规律与法则，应对变幻莫测的自然和社会百态，面对世界万物，既知其然也知其所以然，在大是大非面前，能做出明智合理的决断和取舍。

根据老子的思想概括，圣人应该具备三个鲜明特征：一是他的胸怀像天空一样辽阔无垠，思考的是那些惊天地、泣鬼神的大是大非问题，不拘于一枝一叶和雕虫小技；二是他的大爱像星光一样拥吻众生，希望每个生命都得以观照和哺育；三是他的智慧像海洋一样幽深明湛，成而不骄，困而不躁，败而不馁，胜而不狂。能够廓清迷雾，洞察秋毫，挽危亡倾覆于既倒。

《老子》的国家治理之道就是圣人之道，他说的话都是针对国君和侯王而言的，不是针对老百姓的。国君是指周天子，侯王是指当时大大小小的诸侯王，老子希望当时国君和侯王们都成为圣人。从这个意义上说，《老子》是一部关于君主如何治理国家的学说。有人认为老子是一个管理大师，大到民族国家、诸侯邦国，小到社会组织、家族家庭，他的思想都具有普遍的指导价值。当然，他的管理既不是技术性的，也不是实操性的，而是集思辨性、哲理性、人本性为一体的治国思想。

笔者从老子的论述中，归纳提炼出十大治理法宝。希望对认识老子的整体治理思想有所裨益。

## 一、尊道贵德为第一要义

管理的直接对象就是人和物，这里的物包括物质、事物等自然对象及其运动规律。在老子看来，管理人和物的总纲领和总法则就是道和德。

作为统治者或管理者，他的第一能力素养就是尊道。治理者如果不懂道，不守道，不尊道，必定是昏君，是庸人，是废材。历史上，这样的情形层出不穷，比比皆是。正因为如此，老子才不厌其烦、不辞劳苦地向统治者发出劝诫与忠告。

贵德是尊道的必然要求，也是它的逻辑延伸。尊道的德就是上德，违道的德都是下德或失德。治理者以德治国的前提是尊道，这样，道和德在治理中就构成了一个逻辑结构，不能分割，这是老子道、德思想的独到之处。

国家治理的过程，是治理者的行为实践过程，这一行为实践必须符合上德的要求，体现道的作用。老子说“弱也者，道之用也”，“弱”既是道的原理，又是德的总体表征。本书下篇第四章阐述的“虚”“静”“柔”“下”等，都是“弱”的具体化，是治理者应该遵循的德性。老子认为，治理者如果用上德或玄德治理国家，就会无坚不摧，无往不胜。老子独创了一种建立在自然性和人性交合基石之上的治理思想体系，说它放之四海而皆准，毫不逊色，说它永不过时，也不显夸张。

违道必失德，失德必失败。所有社会治理都遵循这一规律。一个企业一旦走上一条欲望膨胀、贪大无厌、不计后果、盲目扩张的疯狂之路，以牺牲国家和人民利益为代价，以攫取私人财富为目标，那么它就已经严重地失德和丧德了，等于自绝于社会，不衰败不足以彰显德的厚重与威严。

再如，种族主义也反自然，违道丧德。因为在自然法则下，所有物种和民族都是平等的，“天地不仁”，不分贵贱，是自然的一条基本准则。可以肯定地说，人类还有很多违道丧德的行为，是因为人类还没有真正地深刻地认识自然。或者说，很多人包括社会精英，对自然的理解还停留在自然的物质层面，而对人类行为的合自然性，即人类的行为必须以自然法则来约束，还缺乏深刻认识。老子关于人类行为的合自然性，关于道法自然同样适宜人类行为的思想，是他的重大发现，是他对人类的巨大贡献。

尊道贵德是管理的核心法理、第一要义，任何一个有志于治理的管理者，都应该从中汲取深邃的思想养料。

## 二、无为而治为总原则

老子的“无为而治”几乎是一个妇孺皆知的思想，然而，它的真实含义在大多数情况下被曲解，这是令人遗憾的事情。无为而治是不是什么都不做？是不是自由放任？答案是否定的。倘若不能准确地、透彻地理解“无为而治”深妙而博大的内涵，就不可能全面准确地理解老子。

前文已经对“无”进行了一些阐释，世界上从来没有绝对的“无”，老子的“无”是一种“存在”形式。既然是“存在”，那一定是“有”，是一种虚空的，人们视之不见、听之不闻、搏之不得的“有”。由此推断，“无为”不是什么都不做，相反，“无为”实质上是“有为”，是一种特别形式的“有为”。只有这样，才是符合自然逻辑的，否则，怎么理解无为还能“治”呢？毕竟治就是治理，治理本身就是“为”。君主上朝是一种“为”，对臣子下发指令是一种“为”，坐着不说话或者听臣下汇报也是一种“为”，他使一个眼色、做一个手势也是“为”：只是“为”的方式不同而已。绝对的“无为”是不存在的。

老子“无为而治”的目的是“治”，他认为“无为的治”比“有为的治”更好。老子是说反话的奇才，用“反者道之动”的原理去理解“无为”，效果特别明显。比如，无的反面就是有，无为的反面就是有为，因为它们是互相转化的。老子认为事物中的对立面是事物变化的动力，也就是说，事物矛盾着的双方互为动力，正是这一动力推动了事物的运动发展。在不同的环境里，老子表达的意思也不尽相同。例如“其安也，易持也。其未兆也，易谋也。其脆也，易判也。其微也，易散也。为之于其未有也，治之于其未乱也”，这里突出了“防患于未然，治理于未乱”的思想，明确地在讲“有为”，就是为了“治”。老子把这种“防患于未然”之“为”视作“无为”，但它的实质是“有为”。紧接着他又说：“合抱之木，生于毫末。九成之台，起于蔂土。百仞之高，始于足下。为之者败之，执之者失之。是以圣人无为也，故无败也；无执也，故无失也。”老子这里的“为”是指违背事物规律的强行作为，因而它是有害的，不如不为。

概括来说，老子的“无为”包括以下四层意思：

一是守己安分，不越权、不越轨的行为。老子主张“为无为，事无事，味无味”，治理者不要什么事都管，什么都放不下。

二是没有个人私欲的行为。治理者如果抛弃个人私欲，一定少了很多作为。

三是尊道贵德的行为。统治阶级很多行为都违道失德，如果做到尊道贵德，也会少很多作为。

四是符合事物规律与法则的行为。治理者都按规律和法则办事，又会减少许多作为。

由此可见，老子的“无为”都是“有为”，是和当时统治者那种“特别有为”相区别的行为。统治阶级的“特别有为”，导致了诸侯征战，社会动乱，道德迷失，百姓受苦，因此他提出了“无为而治”。

老子的“无为”充满了玄妙的辩证思维，构成了他道学思想和治国理念的全部精华，只有全面、准确、深刻地理解他“无为”思想的精髓，才能走进老子的内心世界。由此可以看出，老子是一个鲜明的批判现实主义思想家，他不满现实，同情百姓，反对当政的统治阶级及其思想观念、治理方式和道德价值体系。

## 三、以百姓之心为心

老子秉持着一种空前进步的社会历史观，认为老百姓才是国家的底座，没有百姓何来国家？他直言不讳地指出“圣人恒无心，以百姓之心为心”，这一观点的提出是破天荒的，在老子之前，从未有过这种提法。他是借圣人之名给统治者喊话，意思是说圣人始终没有自己个人的私心，他的心思要来自老百姓，老百姓想什么，统治者就想什么，老百姓有什么需要，统治者就要思考怎样去满足这些需要，老百姓有什么疾苦，统治者就要想办法去解决他们的疾苦。老子是中国历史上第一个明确提出“百姓中心论”的思想家。尽管后来历代封建统治阶级都有过类似的认识和做法，如孟子主张的“仁政”就提出“民为贵，社稷次之，君为轻”的观点；西汉初年的“文景之治”和唐朝初期的“贞观之治”都体现过民本思想，但老子的思想更彻底，更明确。

他进一步指出：“圣人之在天下，歙歙焉，为天下浑心，百姓皆属耳目焉，圣人皆咳之。”“歙”字有合的意思。这句话可理解为，圣人治理天下，应该和老百姓一条心，同心同德，同舟共济；统治者应该淳朴无私，收敛欲望和杂念，老百姓都在看着你，以你为榜样；统治者就应该豁达大度，不与老百姓争利益，不和老百姓计较，把老百姓当作自己的孩子一样对待。上和下顺，浑然一体，社会就会升平，国家就会发展。

一个优秀的管理者，应该把员工的关切放在首位，和广大员工同进退。很多企业和机构的老板，只关心自己的利益，只关注企业利润，对待员工，能苛待则苛待，能克扣则克扣，能少给则少给。有一所民办学校，早期借助政策和时代的利好，取得了不错的业绩，教学质量高，学校口碑好。后来却逐渐异化，失去了过去的情怀和理想，变得唯利是图。老板赚了钱以后，对教师的待遇尽可能压低，分配给教师的工作则能多就多，还千方百计从家长手里捞钱，优秀教师纷纷离去，教师队伍严重不稳定，学校口碑和教学质量直线下滑。

我们为什么稀罕百年老店、百年老校、百年老号？因素可能很多，但根本原因是治理者尊道守德才能让企业持续发展，百年不倒。

## 四、简政安民

老子提出：“正善治，事善能，动善时。”这里的“正”也指政，政就是国家治理。他认为，简政少令就是善政，才能达到治理的境界。

诸侯之间的征讨挞伐是当时最大的社会灾乱，也是最大的恶政和暴政，成年男子不但要服兵役，还要承担苛捐杂税，民不聊生。老子不忍目睹这些乱象，劝诫统治阶级“为无为，事无事，味无味。大小多少，报怨以德”。就是说，统治阶级要以“无为”的方式去作为，用“无事”的方式去行事，以“无味”的心理去体味，用辩证思维去看待大小多少和利弊得失，就可以做到以德报怨。统治者怎么能做到“无为”“无事”“无味”呢？还得回到老子“无为”的本义，如果统治者不做那些满足自己欲望的事，不做自私自利的事，不做违反规律和法则的事，事情就少多了，折腾就没有了。没有欲望的膨胀，没有利益的争夺，没有苛法的强制，就是善政，就是简政安民。

老子比喻治大国“若烹小鲜，以道莅天下，其鬼不神”，意思是治理大的国家就要像烹饪小鱼一样，要小火烹，轻手翻，顺其自然，就不会出现一锅渣。这就是无为，就合符道。用尊道的观念和方法管理天下，天下就会发展，就会升平，即使鬼邪也无可奈何。因此，老子说：“其政闷闷，其民屯屯。其政察察，其邦缺缺。”意思是统治阶级的政令要少，苛捐杂税要少，压迫剥削要少，减少折腾，让百姓休养生息，百姓就淳朴敦厚。相反，统治阶级苛刻精明，老百姓时刻好像被一双眼睛监视着，他们就会铤而走险，通过弄虚作假、钻空子、耍滑头、欺上瞒下来逃避压榨。

很有意思，老子似乎洞察到了社会生活中的秋毫之末，他的观点至今管用。法律再严密，总有人去找空隙；监视再周全，总有人设法伪装；文件太多，总有人不屑一顾；会议太多，总有人逃之夭夭。作为治理者，在制定政策法令时，必须考虑百姓的意愿和感受，必须追求实效。为什么会产生官僚主义、形式主义？与政策法令繁多，并且脱离实际有直接关系。

## 五、治下先治上

老子认为，社会矛盾的根源来自上层，来自统治阶级自身，而不是底层的老百姓。他说：“人之饥也，以其取食税之多也，是以饥。百姓之不治也，以其上有以为也，是以不治。民之轻死，以其求生之厚也，是以轻死。”老百姓之所以产生饥饿，是因为统治阶级收缴的税太多了，繁多的苛捐杂税导致人民饥寒交迫，日子难过。老百姓难以管理，是因为统治阶级管得太多，太折腾了。老百姓看轻死亡，不珍惜生命，是因为统治阶级太厚生，太自私，太奢侈了，使老百姓觉得生活失去意义。老子的民本思想跃然纸上，他运用“道”的本源思维、本质思维来分析社会矛盾的根源，上梁不正下梁歪，一切矛盾的根源来自统治阶级自身，由于统治者把自己放在了老百姓的对立面，老百姓才对统治阶级产生不满，产生怨恨，甚至揭竿而起，发起造反，这是情理之中的，不可避免。

治人要先治己。老子讲了那么多道和德的原理，其实都是对治理者讲的，首先要国君、侯王、士大夫做到。治理者自己做好了，下面就会效仿。儒家也讲克己奉公，带头示范，可是不敢对国君提出要求，那是犯上。老子敢于犯上，这是老子与孔子的区别之一。在管理活动中，大多数管理者是以高高在上的姿态，按照自己的意志管理下属，管制、控制、压制是主要手段，这样的方式是否尊道，是否合德，却没有人理会。很多管理者以为，对下属进行管制和强迫是天经地义的，却不知道“要想改变别人，首先要改变自己”的道理，其结果是适得其反。有的人自以为是高才生，聪明过人，知识面广，能说会道，能力出众，后来当了“大领导”，对下属颐指气使，不分青红皂白地批评指责，听不进任何申述和解释，他把这种领导态度和方式视为理所当然。后来这种行事风格使他在别的问题犯了错误，这叫作不吃亏不知自省。改变别人容易，改变自身很难，许多高级管理者都逃脱不了盛极而衰的悲惨命运，令人惋惜。

最普遍的现象是家长对孩子的教育。在中国的传统文化里，孩子是父母的私有财产，可以任意教育甚至任意处置，很多父母信奉高压强制方法，按照自己的愿望和意志管教孩子，造成了大量遗憾甚至悲剧。可以毫不夸张地说，一切孩子的问题和孩子的一切问题，都与家长的不当教育相关联。天底下的孩子都是可爱的，都是自然之子，都有各自的特质与天赋。可是，很多父母从来不检讨自己的观念和方法，总是按照自己设定的模型去塑造孩子，一定要拿自己的孩子和所谓的“学霸”比较，一定要孩子大有作为、成就大业，活生生地泯灭了孩子独特的禀赋和天性。不禁要问，有多少家长能够自我反省、自我批评呢？有多少父母能够放下身段，放弃管制，走进孩子的稚嫩心灵呢？又有多少父母真正理解孩子的幸福快乐与他们健康成长的自然之道呢？

老子揭示的管理大道，不只是针对国家，同样适用于社会，适用于企业，也适用于学校和家庭。

## 六、含慈不怒

老子说："我恒有三宝，持而宝之，一曰慈，二曰俭，三曰不敢为天下先。"第一个法宝是慈，即慈爱、仁慈，是人们对自然和同类怀有恻隐之心、仁爱之心、怜悯之心。统治阶级对待他们的子民应该有慈爱之心，这种慈爱之心与前面说的"圣人恒无心，以百姓之心为心"相一致，就是善待老百姓，爱护老百姓。老子把慈放到了一个很高的位置，视为三"宝"之一，可见慈在社会生活中的分量。他认为慈蕴藏着一种力量，"夫慈，故能勇"，"夫慈，以战则胜，以守则固。天将建之，如以慈垣之"。慈能生勇，这是老子独到的体察，入木三分。母亲对孩子慈爱不加任何条件，在孩子遭到生命威胁时，母亲一定奋不顾身，死命保护，表现出极大的勇敢。动物界也概莫例外，即使是一只鸡、一条狗、一头猪，当它们的幼崽遇到危险时，母亲会不顾一切地扑上去，紧紧地护住幼崽。就是说，慈爱是勇敢的源泉，即使是一个温顺的母亲，一旦她的慈爱迸发，就可以生出无畏的勇敢。他认为，如果有了慈爱，去战斗就能取胜，去防卫就能坚固。老子言简意赅地讲出了慈的意义，其核心是慈富有磅礴的力量。这种母性的慈爱是最原本的力量，道生万物母生子，同源同根，老子的确精彩。

"慈"字底下是一个心，表示慈爱来自内心深处。老子用慈爱来表达他的治国理念，希望治理者心中装着百姓，视百姓的利益为圭臬。只有这样，治理者才会表现出坚毅勇敢，去维护老百姓的利益，保卫老百姓的安全。统治者要想成为圣人，要想治理好国家，就得像母亲一样慈爱和勇敢。

这里的慈还有“不怒”的意思。在老子看来，发怒是毫无意义的，不能解决任何问题。发怒意味着急躁，意味着暴跳如雷，无计可施，这是没有智慧的表现。“善为士者不武，善战者不怒”，人一旦发怒，就会失去理智，失去镇定，就会情绪暴涨，思维混乱，就会找不到解决问题的方法，丧失化解矛盾的机会。老子主张的“静”与“不怒”如出一辙，静能生智，慈能生勇，都是老子智慧的完美表达。

老子反对统治者用强权对待老百姓，也是慈爱思想的体现。他说:“民之不畏威，则大威将至矣。毋狎其所居，毋厌其所生。夫唯弗厌，是以不厌。是以圣人自知而不自见也，自爱而不自贵也。故去彼取此。”当老百姓不惧怕统治者的强权胁迫时，反压迫一定会发生，大反抗就不可避免。哪里有压迫，哪里就有反抗，这是老子对社会矛盾运动规律的深刻洞见，是“反者道之动”的必然结果。为此，他主张统治者不要限制老百姓的居所，不要压榨老百姓的生计，让老百姓有自由的空间和自在的生活，老百姓才不会产生厌恶的情绪和心理。他说高明的统治者知多识广，但不自以为是，自作聪明；优秀的领导者自尊自爱，但不张狂自傲，肆无忌惮。

有趣的是，老子干脆站在老百姓的一边，为百姓伸张正义，“若民恒且不畏死，奈何以杀惧之也？若民恒且畏死，则而为奇者，吾将得而杀之，夫孰敢矣”。文中的“奇”字，可理解为阴谋诡计。老子是说，如果老百姓从来就不怕死，为什么还要用杀人的方式去威吓他们呢？如果有人为了威吓老百姓，使尽各种阴谋诡计让百姓长期担惊受怕，我就抓到他将他杀掉，看谁胆敢冒犯。老子一点也不含糊，一点也不忌讳，一种爱憎分明、大义凛然的英雄气概明若观火，一个器宇轩昂、为民作主的正义形象昭然若现。

## 七、俭啬无弃

老子的第二个法宝是“俭”。“俭，故能广”，王弼注释为“节俭爱费，天下不匮，故能广也”。老子把节俭、节省、节约当作一大宝贝，认为它关系到国家的长治久安，意义深远。老子的“俭”与“啬”意义相近，他指出“治人事天，莫若啬。夫惟啬，是谓早服。早服是谓重积德。重积德则无不克，无不克则莫知其极。莫知其极，可以有国。有国之母，可以长久。是谓深根固柢，长生久视之道也”。“啬”就是省啬、珍惜、不浪费，引申为不费神、不费力、无为。老子认为，俭和啬都符合自然之道，自然界没有浪费一说。比如，太阳的光辉照向天空，射向地球，它既不吝啬，也不浪费。天上下的雨，要么滋润万物，要么集成江河湖海，要么蒸发，各有各的用处。“早服”可理解为先得道，先得道的人就增加德行，有了上德就没有不成功的了。对自然万物和人力不浪费、不糟蹋、不奢侈，就是啬，就是尊道。老子主张的俭和啬，实际上反映了老子一种通明的资源观，万物生长出来，都为人类所有，人类在拥有它、利用它的同时，不能过度地占有它。比如人体获取食物，少一分则饥饿，多一分则伤身。衣物也一样，少一层则冻，多一层则燥。贪婪的人总是宁多勿少，多多益善，这是违道行为。尊道的人宁少勿多，珍惜人力、物力，因而是上德。在老子眼中，统治阶级都贪婪，无一不是贪大、贪多、贪富、贪贵，他们不懂得俭和啬的根本道理，其行为就是违道失德。

老子更博大的胸怀在于提出了“万物无弃”的思想。他说：“是以圣人恒善救人，而无弃人，物无弃财，是谓忡明。”在老子看来，世界上既没有“弃人”，也没有“弃物”，一切人和物都是自然的造化，都有它的价值和用途。怎么样做到“无弃”呢？老子用了一个“救”字，那就要善于拯救它、再造它、利用它，实现人尽其才，物尽其用。老子亲睹了统治阶级烧杀掳掠，豪奢纵欲，滥杀无辜，鱼肉人民的野蛮行径，痛心疾首，仰天慨叹。即使在现在，有多少人能够透彻理解老子的俭、啬思想？现代社会，被遗弃、被抛却的人，被人为销毁、废弃的物品，不计其数。

老子把这种物我一体、天然混成的思想用到人和物上，形成了他“圣人无弃”的主张。他接着说：“故善人，善人之师；不善人，善人之资也。不贵其师，不爱其资，虽知乎大迷，是谓妙要。”老子认为，天地万物都由道而生，都是自然之子，没有贵贱之分，没有亲疏之别，人和万物一样，各有其主，各有所用。在圣人眼中，人无弃人，物无弃物。所以，善良的人是不善良人的老师，不善良人是善良人的借鉴。倘若不珍惜他的老师，不珍视他的借鉴，虽然自以为聪明，其实是迷茫，这是高明的治理者的精微智慧。

老子的圣人无弃的思想是一种超级智慧，是一个伟大的创想，在那个天国皇权的时代，多少人死于无辜？多少人被遗弃？多少财物被践踏焚毁？在这样的历史背景下，老子提出尊重自然，珍惜自然，爱惜每一个生命，珍爱每一个物种，没有无用之物，更没有无用之人的主张，证明他的确拥有一个无与伦比的博大胸怀。

## 八、不敢为天下先

“不敢为天下先”是老子的第三宝。现在，人们赞赏的是敢为天下先，为什么老子主张不敢为天下先？又是“唱反调”吗？其实，老子是说，一个好的治理者，在物质利益方面，不要跑在老百姓的前面，用现在的话说就是不要和老百姓争利。老子认为，统治阶级和百姓不在一个等级上，老百姓哪里敢争，哪里争得过？老百姓都是治理者的子民，跟自己的子民争利益，就是置子民的生死而不顾；没有了子民，国家自然也就不复存在了。

有人会说，老子的主张是不是与现在敢为天下先的精神相矛盾？否也。老子说的“先”是针对物质利益而言的，现在提倡的“先”是针对思想观念及其行为而言的，二者的概念内涵不一样。从老子的整体思想来看，二者不仅不矛盾，而且互相契合，更具智慧。“是以圣人退其身而身先，外其身而身存。不以其无私与？故能成其私”，意思是圣人在利益面前甘居人后，结果反而在德行上领先别人，把自身置之度外，反而会保存自身。这是无私的表现，所以能够成就他自己。这里老子阐明了圣人的利益与他治国使命的辩证关系，治理者要想成就治国大业，就要把自己个人的利益放在后面，国家治理好了，还是他的功劳。

老子的不敢为天下先，还有不张扬，不浮夸，不居功自傲，低调谦卑的意思，少说多做才能稳健，韬光养晦才能长久，根深蒂固才是道。

## 九、天地不仁正为本

老子认为，统治者要治理好国家，最重要的德性就是“正”。“正”与“政”相通，正表示端正、正直、公正等。他主张“以正治邦，以奇用兵”。治理国家要秉持公平公正、不偏不倚的原则。打仗就不一样了，要出奇制胜。“奇”与“正”是相对立的，指采取的方法迂回曲折、拐弯抹角，让敌人猜不到、看不懂，从而产生出人意料的效果。“正”则相反，它是方正的、透明的，是人人都清楚，人人都认同的方式。

老子以为，“正”源自自然之道，他用“天地不仁，以万物为刍狗。圣人不仁，以百姓为刍狗”来比喻天地无亲、公正无私的意思。刍狗是古人常常使用的一种祭祀品，一般用草扎成一条狗，祭祀时，和其他祭品一起使用。祭祀结束后便不再有用，任由它腐烂化作尘土。老子认为，天地不会有仁义之心，万物都可以作刍狗，也就是说，天地没有亲疏之分，没有私心，没有偏好，公正地对待万物。圣人在治理国家的过程中，对待臣民，应该一视同仁，没有亲疏，没有偏向，没有高低贵贱之分，这才是“正”。老子把“正”的内涵说得很清楚，就是“不可得而亲，亦不可得而疏；不可得而利，亦不可得而害；不可得而贵，亦不可得而贱。故为天下贵”。这样的行为，才是圣人之举，这样的统治阶级才能被普天之下的老百姓爱戴、拥护。

儒家的道德里也讲“正”，所谓正大光明，但儒家的“正”是有针对性的，大夫对诸侯要正，诸侯对天子要正，平民对贵族要正，下级对上级要正。上对下则没有什么正可言，“三纲五常”已经做了十分严密的规定。而且儒家的“正”建立在“道统”之上，亦即天地君亲师的等级制度之上，表面上看是每个人都要正，实质上只能是单向的正，所谓单向，就是下对上要正。儒家的亲亲关系非常明确，血缘是它的根基，这与老子主张的正完全不同。

老子的思想里已经包含了朴素的平等思想，正是当时阶级分化、贫富悬殊、等级分明、社会矛盾激化的折射。这种朴素的平等思想基于他的自然观，是从自然之道发展来的，与儒家维护封建等级，维护西周礼制的政治观形成了鲜明的对比。

## 十、弭兵不武

春秋战国是一个充满战争的时代，统治者应该怎样面对战争，是很现实的问题。老子对于战争，有许多独到的见解。

### 1. 君子不武

“不武”是老子的重要治国主张。春秋时期，大小诸侯国有 100 多个，穷兵黩武，长期混战，导致生灵涂炭，社会动乱。老子劝诫说：“以道佐人主，不以兵强于天下……师之所居，楚棘生之。”他认为用“道”来辅佐君主的人，不要用武力到处逞强。军队所到之处，必定荆棘丛生，荒芜遍野，所以“夫兵者，不祥之器也。物或恶之，故有欲者弗居”。武器是一种不吉祥的东西，令人厌恶，尊道的人不应用它来治理国家。

老子用道的观念来看待武器和战争，从根本上说，战争和杀戮是违反“道”的。“道”要发挥作用，就要虚、静、柔、下，这些都是生命产生和成长的必要条件，也是社会安定久治的象征；强、躁、刚、上都是违道的，战争更是不可接受。老子深刻地认识到，以武力强逞天下的行为一定会遭到报复，用他的话就是“其事好还”。战争是仇恨的根源，一切战争和杀戮，不管是什么原因，不管是什么规模，也不管是什么结果，都会结下怨仇，有怨仇就潜伏着报仇雪恨，就暗藏着更激烈、更残酷的争斗。

虽然反对战争，但战争有时不可避免，既然来了，就不得不面对。老子主张“兵者不祥之器也，不得已而用之，铦袭为上，勿美也。若美之，是乐杀人也。夫乐杀人，不可以得志于天下矣”。兵器是不吉祥的器物，因为它是用来搏斗、打杀的，一旦使用就意味着伤人、杀人，意味着有生命死亡，意味着灾难。如果一定要使用，那也是迫不得已而用之。被迫使用兵器是一种防守，是一种自卫。既然是防守自卫，是迫不得已，那就要取胜，最好的手段是突袭、奇袭。大多数《老子》译注版本把“铦袭为上”解为“恬淡为上”，显然是错误的，既然加入了战争，就不可能再有“恬淡”之举。老子还认为，突袭、奇袭这种行为不值得称赞，因为它有偷袭之嫌，不够光明正大；即使是取胜了，也不要炫耀，如果给这种行为以赞美，那就意味着乐于杀人了。乐于杀人的行为是违道的，不能得到天下认可，它会让君主失去民心。

2. 乘胜即收方为道

被迫应战是不得已的举动，但一旦参战就必须取胜，这是老子的观点。“善者果而已矣，毋以取强焉。果而毋骄，果而勿矜，果而勿伐，果而毋得已居，是谓果而不强。物壮而老，是谓之不道，不道早已。”老子是说，一个好的应战者，就是要达到目的。这个目的可以是战胜敌人，可以是阻止战争，也可以是媾和修睦，达到这个目的就行了，不要再去逞强喜功。老子还告诫，达到了目的不要骄横，不要炫耀，不要自夸，不要居功自傲，这叫作达到目的而不逞强。逞强是违“道”的，因为强壮的事物意味着走向衰退，所谓“坚强者死之徒”，过度强壮是走向死亡的开始。

老子的不武思想和“取胜即止”的策略在中国近代军事史上可以找到烙印。比如 20 世纪 60 年代初的中印边境自卫反击战，就是典型的被迫应战，乘胜即收，取得胜利达到目的后，不自夸不骄傲；70 年代末的对越边境自卫还击战，也是典型战例，对忘恩负义的越南，进行一场迅雷不及掩耳的还击，达到教训的目的后立即收兵。这些都是以“有道”还“不道”的成功案例。

3. 哀者必胜

老子是一个和平的守护者，反对战争，但有时候又不得不应战，对他来说是矛盾的。面对当时无休无止的战争，他发出了自己独特的见解：“用兵有言曰：‘吾不敢为主而为客，吾不进寸而退尺。’是谓行无行，攘无臂，执无兵，乃无敌矣。祸莫大于无敌，无敌近亡吾宝矣。故称兵相若，则哀者胜矣。”老子的这段论述，既包含了他的战争认识论，也包含了他的战争策略论，需要从老子的整体思想脉络中去把握。老子借用兵家的话：我不敢进犯，而采取守势；不敢前进一寸，而要后退一尺。为什么引用这句话呢？因为老子是主张“不武”的，是反对战争的，但是，当战争真正打起来以后，自己不得已去面对敌人的时候，不要主动发起进攻，应该以防守为主，作防守反击。在作战时，不要轻易向敌方阵地深入，而是宁愿后退。这样做不是惧怕，更不是退却，而是防守隐蔽，让敌方不知底细，可以变被动为主动。老子主张采取以退为进，以虚击实，以柔克刚的“哀兵”策略，实现智取而不是强攻。所谓“行无行，攘无臂，执无兵”就是一套迷惑敌人的计策，意思是部队看起来没有什么阵形；想援臂相斗，却又似乎无臂可援；想执兵而斗，却似乎没有武器，这就是“哀兵”。这样的军队看起来毫无战斗力。采取“哀兵”策略的结果是敌人必然轻敌冒进。这个时候，择机开展突袭，反击取胜。老子以为这种战略战术可以达到“无敌矣”的境界。

老子认为，即使能智取敌人，取得胜利，也不能以“无敌”自居。一个君主如果自以为“无敌于天下”，他一定会逞强，一定会好战，所以他说没有什么比“无敌”更大的灾祸了。

老子的战争观及兵法智慧是他给中华民族留下的宝贵财富，至今熠熠生辉。它不仅影响了中国千百年来军事的思想演进，对当代世界也具有深远的现实意义。

第七章

# 圣人的十二个智慧锦囊

老子认为，治理国家要靠智慧，而真正拥有智慧的是圣人，所以他主张圣人治国。

古往今来，无数人都在赞美智慧，讴歌智慧，都希望得到智慧，拥有智慧，然而什么是智慧呢？历史上有不少哲学家、思想家试图给它下定义，但几乎没有找到满意的答案。在苏格拉底和柏拉图的对话里，有“爱智者”和“智者”的称呼，苏格拉底被他的学生当作“爱智者”的代表，但他自己认为没有达到完全“智慧”的境界；至于智慧是什么样的境界，他并没有说明。中国古籍中最早出现“智慧”一词的是《墨子·尚贤》，其中有“使不智慧者治国家也，国家之乱”的记载，但也没有关于“智慧”含义的解说。在东西方文化中，“智慧”这个概念均被广泛使用，而且频率很高。互联网出现后，尤其是物联网和人工智能的发展，“智慧”一词更加泛滥，成了时尚的代名词，如智慧城市、智慧交通、智慧医疗、智慧学校、智慧管理等。智慧到底指什么？人们的认识本来就千差万别，文化更是各显异彩，要取得一个对“智慧”的统一定义，确实很难。

但是，再难也不妨碍人们为达到某种基本认同去努力，也不排除取得核心内涵趋向一致的可能。在这里，笔者仍然尝试用定义法给“智慧”下一个定义，希冀得以求证。智慧是“基于个体的本质洞察力和趋势判断力，面对复杂矛盾、冲突和挑战，将其有效化解、消弭并达到和谐稳定局面，完成理想目标的综合能力”。

智慧包含一个复杂的认知体系和行为体系，涉及许多要素和维度，比如知识要素、文化要素、经验要素、思维要素、谋略要素、心理人格要素等。判断一个人有没有智慧，要看他在不可预测的对立冲突中，能不能冷静地化解矛盾，排除风险，最终化险为夷，转危为安。如四渡赤水战役，它集中展现了毛泽东的雄才大略和高超智慧。四渡赤水并不是事先设定好了的，而是被蒋介石围追堵截逼出来的。智慧具有无限的机智和灵动，随形势和环境的变化而变化，要求具有善于洞察本质，捕捉机遇，设计策略，镇定应对，进而掌控全局的能力。它的发挥没有模式，没有套路，没有教条，甚至没有可鉴经验，一切都在瞬息万变中求生存、谋出路。智慧不害怕困难，不回避矛盾，不畏惧挑战，相反，正是这些困难、矛盾、挑战成就了智慧。智慧不是聪明，不是精明，也不是高智商，任何一项单独的知识和能力都不能成就智慧。

老子是一个大智者，笔者把他的智慧归纳为十二个锦囊。

## 一、大智若愚

很多学者认为老子有愚民思想，并认为这是他的思想缺陷，其实，这又是一种误解。如果老子真的主张愚民，让老百姓愚昧无知，这与他的“百姓中心论”思想相矛盾。老子一面强调以百姓为中心，一面主张愚民主义，这在逻辑上说不通。他是这样说的：“为道者非以明民也，将以愚之也。民之难治也，以其知也。故以知知邦，邦之贼也；以不知知邦，邦之德也；恒知此两者，亦稽式也。恒知稽式，此谓玄德。玄德深矣、远矣，与物反矣，乃至大顺。”这里要对“智”和“愚”两个字的含义作个辨析。“智”在老子的论述中，有时是指智巧、伪诈、阴谋，如“绝圣弃智，民利百倍”中的“智”；有时也指明智，如“知者弗言，言者弗知”，这里的“知”通“智”，表示明智。“愚”则是代表质朴、敦厚、纯洁等意思，不是愚蠢、无知的含义。认为老子有愚民思想的人，都把“愚”当作愚昧无知来理解，这是对老子思想的错解。

老子还劝导统治者做“愚”人，比如“众人熙熙，若享于大牢，而春登台。我泊焉未兆，若婴儿未咳。累呵如无所归。众人皆有余，我独遗。我愚人之心也，蠢蠢呵。俗人昭昭，我独若昏呵。俗人察察，我独闷闷呵。忽呵其若海，恍呵其若无所止。众人皆有以，我独顽以俚。吾欲独异于人，而贵食母”。老子将圣人以“我”的名义出现，栩栩如生地描述了圣人的愚钝形象。译成白话就是，众人都在郊野兴高采烈地娱乐，像享受祭祀活动的大餐，又像春天登台远眺，欣赏美景。我却独自一人，静静地安守宁静，好像婴儿一样没有声响。辛苦疲劳啊，仿佛无处可归。大家都吃喝玩乐还有剩余，而我什么都没有。我只有一颗愚钝的心，似乎冥顽不知所措。世俗的人都清醒精明，只有我迷糊不清。世俗的人都明察秋毫，只有我好像浑浑噩噩。但我的心像大海一样清澈无尘，又像长风一样飘拂不止。众人都有所作为，只有我既冥顽又粗鄙。由此可见，老子所说的“愚”，是一种“自讽”的表达，就是自我嘲弄。自嘲是一种崇高智慧的境界，看似自我贬损，实则深远豁达，别有情趣。看起来好像愚钝木讷，实际上内心清醒明白，机智幽默，正所谓“大智若愚”。老子不仅希望老百姓敦厚纯朴，也希望统治者能像圣人一样愚钝，只有这样，社会才会清明纯洁，和谐安定。他认为统治者如果以智巧、伪诈治理国家，那是国家的灾难；反之，以守信、纯朴治理国家，是国家的福祉。老子区分和限定了“智”和“愚”的内在意义，并希望以此为原则来治理国家，服务百姓。这就掌握了管理国家的理想范式，即道法自然，返璞归真。

老子深知上行下效的道理，统治者要是欺上瞒下，奸诈拐骗，老百姓也一定效仿，这样的话，国家就难治理了。老子把“以智知邦，邦之贼也；以不智知邦，邦之德也”称为“稽式”，稽式就是范式、模式，把“不智”提高到“社会治理范式”的高度，可见它在治理中的深刻意义。

把这个范式迁移到当今社会，意义更加普遍。人类文明的多元化融合挟带着市场经济的滚滚洪流，又借助智能技术下商业模式的无限衍变，使得人类的精神价值发生了前所未有的裂变，助长了离奇古怪的智巧、伪诈行为的发生，诈骗、伪造等现象充斥社会，形式主义、官僚主义大行其道，这些已经成为当下的社会公害。淳朴、敦厚、率真、诚信，这些古老纯洁的德行越来越稀缺。老子所称道的“愚”，渐渐地蜕变为人们所不齿的愚蠢、笨拙的含义。老子之所以伟大，在于他有一双洞穿千年的眼睛，看到了未来的境况。他说：“故大道废，安有仁义。智慧出，安有大伪。六亲不和，安有孝慈。邦家昏乱，安有贞臣。”这里的“安”作“于是”解。他以为，社会之所以出现伪诈、争斗、混乱的局面，都是因为大道废弃、智巧横流，仁义、孝慈、忠诚不过是掩耳盗铃的把戏，是亡羊补牢的拙劣行为。因此，老子极力主张“绝圣弃智，民利百倍。绝仁弃义，民复孝慈。绝巧弃利，盗贼无有”。

通观老子的整体思想，大智若愚是他智慧的集中体现，在他看来，大智才是真正的智慧，小智就是智巧、智术，也就是我们说的小聪明。有大智慧的人，看起来愚钝、淳朴，但在大是大非面前却明白通达，因为他尊道贵德，掌控了事物的本质、规律和方向，由他们治理国家，一定带来福祉。小智巧是一种聪明，也能偶尔得逞，但它违道丧德，伪善终究会露出马脚，欺骗终究要对簿公堂，让他们去治理国家，一定会带来灾难。

## 二、大象无形

老子说：“执大象，天下往。往而不害，安平大。”他说的

“大象”就是道，如果治理者掌控了大道，天下都会归往，天下归往而不受伤害，就会出现安康、和睦、太平的局面。这是老子的理想社会愿景。

高明的治理者要“大象无形”。什么是“大象无形”？老子如是说：“天下皆谓我大，不肖。夫唯大，故不肖。若肖，细久矣。”通俗地说，道的形象无比大，但是说不出它的具体样子。正因为它的广大，没有什么东西可以比拟。如果有什么能作比拟，那它就太渺小了。善为道者，就要大象无形，人们敬畏他，仰慕他，被他吸引，被他感召，被他折服，但又说不清楚他的细枝末节。

有的管理者事无巨细，什么都抓，什么都管。如果发自内心地真抓真做，那就是老子说的“有为”，管理者过度有为，一定导致底下的人不为，因为他们已经没有可为的意愿和空间了。这就与“大象无形”相距甚远。

老子把治理者分为四个级别，“太上下知有之，其次亲誉之，其次畏之，其下侮之。信不足，安有不信。犹呵其贵言也。成功遂事，而百姓谓我自然”。意思是，最高水平的治理者，下面的老百姓只感觉他的存在；低一级的治理者，老百姓亲近他，称赞他；再低一级的治理者，老百姓惧怕他，远离他；最后一级的治理者，老百姓诅咒他，厌恶他。治理者不能足够地取信于民，那么老百姓就不信赖他。最高水平的治理者总是谦虚谨慎，珍惜他的言语，一旦功成，事情就完了，一切都不言自明，不用自我炫耀、自我标榜，这就符合自然之道。老百姓只知道事情办好了，他们受益了，至于谁办的，怎么办的，一概不知，这就是“大象无形”。老子欣赏具有“太上”水平的治理者，因为他们是尊道行道的实践者。

## 三、希言自然

老子主张，圣人应秉持希言少教的处事原则，做尊道的践行者，这是他无为而治的又一妙招。所谓“希言自然”，意思是少言、希言、贵言才符合自然。老子从自然界无声无息的品质中，提出“希言”命题，足以体现“希言”在社会治理中的价值。

老子主张“知者弗言，言者弗知。塞其闷，闭其门，和其光，同其尘，挫其锐，解其纷，是谓玄同”。意思是了解道的人一般不说，喜欢说的人其实不了解道。要塞住嘴巴，闭上眼睛，舒缓光芒，混同尘世，挫掉锐气，解消纷扰，这叫作物我浑然。他认为，一个有智慧的治理者就应珍惜自己的言语，不说大话、空话、套话，不说没有实际价值的话，这样才符合自然之道。如果统治者说的话言不由衷或词不达意，甚至言之无物，那么他讲的一定是空话、废话或者错话。其结果有三种情形：一是错话误导老百姓，把他们引入歧途。二是废话空话让老百姓不知取舍，浪费他们的时间和精力。三是让老百姓觉得治理者没能力、没水平，他的话不值得一听，下次再也不想听了，从而失去老百姓的信赖。

那么，圣人怎样发挥他的作用呢？那就是行“不言之教，无为之益”。圣人要行不言之教，作无为之功，但是天下理解这个意思的人很少。

老子告诉人们：“言有宗，事有君。”“宗”是指宗旨、主旨。“言有宗”意思是领导说话时，主题要突出，核心要简洁，立场要鲜明。“君”是指主体、主干。“事由君”意思是做任何事情，要有明确的主体，清晰的目标，明白的路径。治理者任何时候都不能信口开河，漫无边际，也不能随心所欲，讲到哪里就是哪里。治理者的言语要珍贵，要稀少，要吝啬；要让听者感觉舒服，感觉有趣，达到如沐春风、如饮甘露的效果；还要让听众产生共鸣，产生追问，产生思索。说话的内容要有新奇感，有新鲜感，有追问感，体现说话人的学识和水平。如果一个治理者没有这种见识和水平，更要贵言。老子说：“善行者无辙迹，善言者无瑕谪。”就是说善于行走的人不会留下车辆碾压的痕迹，善于言语的人不会留下瑕疵。什么是没有瑕疵？就是没有错误，没有漏洞，言简意赅。毛泽东就是这样的语言大师，他的《矛盾论》《实践论》《中国革命战争的战略问题》《论持久战》等都是经典之作，无可超越，他老人家的诗词就更不用说了。言语是一种无形的力量，治理者应慎重对待它。

## 四、居上处下

作为国家的治理者，应该居上处下。就是说，身居上位反而要放低身段，放下架子。

关于“治者居下”，在《道之用》一章里已作解释，这里不再详说。这一观点的重要理论基石，就是自然界的“必贵而以贱为本，必高矣而以下为基”的原理。高者只有回馈低者，反哺低者，尊重低者，高者才有可能更高，这是自然界的规律，也是人类社会的普适法则。

“天下之所恶，唯孤寡不穀，而王公以自名也。物或损之而益，益之而损”，老子以古代圣贤的自我称呼为例，说明高者居下的道理。徐志钧先生《帛书老子校注》考证，“孤”“寡”本义为少德之人。少德就是缺德，缺德是令人厌恶的，既然令人生厌，为什么王侯们还要称自己为“孤”“寡”呢？其实，这是一种“居上处下”的心理行为，是一种自谦的表达方式，和现代语“本人无德无才，请多包涵”的意思一样。“不穀”最早为周天子的专属称谓。“穀”有善的意思，“不穀”就意味着不善。周天子以“不穀”自称，也是一种礼让与谦卑。当人们说自己“不才”“无德”“笨拙”的时候，并不代表他真的是那样，而是一种谦辞，是一种把自己放低的心理活动，其结果不会令人厌恶，反而能得到别人的尊重。老子说的，事物有时候减损它，反而可以使它增加，有时候增加它，反而可能使它减损。这就是事物对立面互相转化的结果。

统治者居上处下还有什么依据？老子从自然中又找到了根据。他说：“江海之所以能为百谷王者，以其善下之，是以能为百谷王。”世界上所有的溪流最终都流入大江，归于大海，是因为江海善于处在卑下的位置。在老子看来，卑下的位置就是“王”的位置，这里的“王”代表归宿、归依，也意味着博大、辽阔，由于它的卑下和辽阔，天下之流没有不归顺的。老子认为，人是自然的产物，是自然的一部分，也必须遵循自然的规律和法则。由此他推论出“圣人之欲上民也，必以其言下之；其欲先民也，必以其身后之”。意思是说，统治阶级想要成为老百姓的领导，就必须在他们面前表示谦卑，想要成为老百姓的表率，就必须把自己的利益放在后面。只有这样，才可以相安无事，各取所需。所谓“居前而民弗害也，居上而民弗重也。天下乐推而弗厌也，非以其无争与？故天下莫能与争”，是说虽然统治者带领老百姓往前走，但老百姓的利益不会受到侵害；虽然统治者位处老百姓之上，但老百姓不感到重压。所以天下的老百姓都乐意推举他们，对他们不产生厌恶之感。因为统治者不把老百姓当作下贱奴隶，又不与老百姓争夺利益，天下就没有人能够跟他们相争了。在老子眼里，统治者和老百姓组成一个国家的命运共同体，他们不能绝对分开，不能绝对对立。如果把老百姓比作溪谷，统治阶级就是江海，他们最终都要汇合在一起。统治者如果与老百姓对立，那江海必将干涸，国家也就不复存在了。国家是如此，机关和企业等各类组织也是如此，概不例外。

居上处下是老子特别赞赏的一种治者风范，也是老子治理思想和管理智慧的集中体现。他的治理法则与韬略，是一种超越权力，超越地位，超越名望，超越世俗观念，甚至超越文化边界的深邃智慧，值得当今的管理者多学习。

## 五、信言不美

老子用辩证法告诉治理者，怎样识别人们的言语和学识。他说：“信言不美，美言不信。知者不博，博者不知。善者不多，多者不善。”“信言”就是值得信任的言语，“美言”就是听起来很中听、很舒服的言语。他认为实话、真话、直话一类的言语，不好听，可能还会刺激人、打击人，甚至伤害人，但那是实话实说，是忠言，是谏言，是有作用的言语。美言好听，令人高兴，甚至让人心花怒放，但那可能是虚话，是花言巧语，甚至是谎言。高明的治理者要学会识别美言和信言。孔子也有类似的说法，所谓“巧言令色，鲜矣仁”，意思是总是花言巧语的人，很少有仁义的。“善者不多，多者不善”可以同样理解。

统治者能够遵循这个原理吗？历史上发生过多少为美言所惑的案例，又发生过多少忠诚的谏言者被杀的惨剧？统治阶级高高在上，他们的权威不可侵犯，他们的尊严不可动摇，所以他们中的大多数愿意听美言，听不得信言和真言。

老子告诫治理者：“夫轻诺者必寡信，多易必多难，是以圣人犹难之。”高明的统治者不轻易地给出许诺、承诺，也不会轻率地相信别人的承诺。“轻诺者必寡信”是老子的至理名言，这句话告诉你，轻巧给你承诺的人，要倍加小心，答应得越快，声音越大，忽悠的成分可能越高。诚信可能会成为未来社会最有价值的东西，因为随着科技发展，以假乱真的东西越来越多。最后，只有人的诚信才可以作为信赖的依托。

## 六、被褐怀玉

老子讲的治理之道，都是圣人之智，大多数人都不理解，正因为能理解的人少之又少，才显现它的博大深远，才显得宝贵。老子发出一种无奈的哀叹，“其唯无知也，是以不我知。

知我者希，则我贵矣。是以圣人被褐而怀玉”。意思是说，我讲的道没有几个人能理解，知道的人很稀少，反而说明我的道很珍贵。圣人表面内敛、木讷、愚钝，内心却通透明达，闪耀光亮。在老子眼中，圣人就像褐衣粗布衣服里藏着玉石一般，这叫作微妙玄达。被褐怀玉是老子独有的风格和气质。

老子为什么主张圣人被褐怀玉呢？难道穿得帅气体面一点不行？有人说，真人不露相，行者不露富。在老子看来，真正的智慧不用显摆，显摆的就不是智慧，因为圣人的智慧里面藏着大道和玄德，一般的人听不懂、做不来，因为大象无形，向世人显摆没有任何意义。智慧源自对自然的观察，来自社会实践，来自百姓生活，来自内心的领悟，不是书上写的，也不是道听途说的。圣人必须生活在百姓之中，和百姓打成一片，怎么能穿锦衣、戴官帽呢？圣人希言少语，不喜欢说教，多言就不珍贵，啰唆就无价值。把自己的想法和见解和盘托出，就会妨碍更好的创意产生。自以为好的想法不一定是真理，不一定符合实际，还需要实践检验。

被褐怀玉还启示人们，明智的领导要善于识别假象，看到本质，不为表面现象所蒙蔽。那种滔滔不绝、油嘴滑舌的人值得认真辨识，每天围在领导身边献殷勤、喜欢表现自己的人要小心提防。相反，那些不善辞令，不好表现，胆小拘谨，不愿吹牛拍马的人，可能更忠诚，更踏实，更值得信任。

被褐怀玉不仅是一种智慧的表现，也是圣人胸怀和自信的体现。好东西如果没人理会，就先藏起来，它不会过时，不会腐朽，总会有被人欣赏的一天。帛书《老子》在地下埋了 2000 多年才见天日，它的价值已不可同日而语。

## 七、知不知为尚

老子对人的认知活动进行了解剖，他说："知不知，尚矣。不知不知，病矣。是以圣人之不病，以其病病，是以不病。"这好像一个逻辑游戏，实际上是老子对治理者的知识和认知活动的分析。这里的"知"是指知道、知晓，也涵盖了知识。"病"字比较复杂，单个的"病"指困惑、毛病。"病病"中的第一个"病"作动词，意指治疗、改进。大意为，当你知道自己有所不知道，这是最好的表现。当你还不知道却自以为知道，那是你有困惑。圣人之所以没有困惑，是因为他们善于面对困惑，并加以消除，所以就没有了。在老子看来，一个明智的人，当他知道而以为有所不知的时候，是低调谦虚的表现。一个实际上不知道而又自以为是的人，是在装知道，这就是有毛病了。一个人对认知的态度决定他对待工作和问题的态度，也关乎他处理问题与解决问题的方法。

老子在这里揭示了一个深刻的认识论原理，为人们打开一扇认知新领域的思维大门。当一个人了解自己不知道什么的时候，说明他的思维是清晰的、开放的，证明他已经意识到了自己已经知道什么，还需要知道什么，还有哪些需要去继续拓展和探索。在人类的认识活动中，"知不知"非常重要，它使人的认知目标豁然清晰起来，有利于排除思维干扰，引导思维朝着既定的靶标跃进。

老子提出"知不知"的命题，他是告诉治理者认识事物的一种态度，也是一种方法。作为治理者，要虚心好学，实事求是，敢于面对认识上的困难和疑惑，不要自以为是，不懂装懂。老子的认识论给了我们很好的启示，这种启示永远不过时，永远值得管理者们铭记。

## 八、和光同尘

老子说："道冲，而用之有弗盈也。渊呵似万物之宗。挫其锐，解其纷，和其光，同其尘。湛呵似或存。吾不知谁子也，象帝之先。"这是对道的众多描述之一，老子习惯用拟人的手法讲道，落脚点是尊道之人。尊道之人就要虚空不满，深邃旷达，要挫掉他的锐气，解脱他的纷扰，缓和他的光芒，让他与世俗混同，即"和光同尘"。把和光同尘用在社会治理中，就要求一个智慧的治理者，视自己为尘世间的一员，与万物等同：不要光芒四射，血气方刚；不必咋咋呼呼，唯我独尊；不需孤傲离群，独来独往；而是要收敛才智，谦卑为怀，与平民为伴，和百姓打成一片，与下属共享光阴。刘邦就是这样的领袖，他倡导英雄不问出处，唯贤是举，所以他身边聚集了张良、萧何、韩信、陈平、曹参、樊哙、周勃、叔孙通、郦食其、王陵、彭越、英布等杰出谋士和武将。只有做到和光同尘，礼贤下士，才会有崇拜者和追随者，才能成就刘邦的汉朝帝业。

## 九、方而不割

老子说："是以方而不割，廉而不刺，直而不绁，光而不曜。"什么意思呢？就是高明的治理者要像方块木头一样，方方正正但不割人，它的边角是圆润的；又像棱形的器具一样，虽然棱角分明，但不锋利，它的边角是光滑的；对百姓说话直率磊落，但不任性放肆；身上挂满光环，但不刷烈耀眼。老子是一个比喻大师，这里的比喻说得既生动形象，又鞭辟入里，取自生活，通俗易懂。

这里有四组对称词：方与割，廉与刺，直与绁，光与曜。方的东西本来是割手的，棱形的东西一定锋利，直率就不会保留，光芒肯定耀眼。但老子要让它们和谐统一起来，这需要智慧。既要正直磊落，又要平滑柔和，是难以达到的境界。治理者怎么才能做到？这就需要经过智慧的修炼，老子是在给治理者启智。

社会治理行为面对的是有血有肉、有情有义的活生生的人，怎样让老百姓认可你、尊敬你、追随你、拥戴你？你必须一身正气而不失慈爱，两袖清风而不失温暖，平等相待而不减威严，以理服人而不失和蔼：这是古往今来被证明了的社会治理原理。老子看得很深刻很通透，因为这样符合道，既合天道，也合人道。他把自然天道和社会人道有机地结合在一起，体现了他天人合一的思想。可是，封建的统治阶级都没有认识这个道，即使到了现代，依然有很多治理者没有醒悟，还在用那些原始的、粗暴的、野蛮的、反人性的方式和手段治理社会、管理企业。这样真的愧对老子的谆谆教诲。

## 十、忍辱受垢终成王

老子以为统治者是受老百姓之托治理社会，那么他就要忍辱负重，担负起国家的责任，这既是他的义务，也是他的荣耀。所以老子说："受邦之垢，是谓社稷之主；受邦之不祥，是谓天下之王。正言若反。"意思是，为了国家利益经受屈辱，这是君主的担当；为了国家承受灾难和不幸，这是国王的举动。反过来也是这个道理，既然做了君主，就要为国家经受屈辱；既然当了国王，就要在国家遭遇灾难和不幸的时候，挺身而出，勇往直前。

老子提出了一个很现实的问题，就是作为管理者，如何对待自己遭受的屈辱和不幸，怎样对待冤屈和不公，怎样对待指责和批评？这是人生的一大难题。有的管理者是老虎屁股摸不得，一摸就怒；只听奉承话，不听意见；只能表扬，不能批评：这是自以为是、固执己见。固执己见就不会有改变，也不会有进步。在老子眼里，治理者不是高人一等的贵族，不是坐享其成的公子，而是以身作则、敢于担当的领头人。由此看来，老子不是一个封建统治的维护者，他希望统治者像圣人一样，忍辱受垢，俯首甘为孺子牛。这是老子的治国思想和儒家正统的治国思想相区别的地方。

## 十一、善行无迹

老子"道法自然"的思想囊括了天地、人和事物的深层规律，表现出宏博的想象力，他把这种哲学思考与人类治理统一起来，体现了一种至高至伟的政治智慧。老子说："善行者无辙迹，善言者无瑕谪，善数者不用筹策。善闭者无关籥而不可启也，善结者无缧约而不可解也。"这段文字特别耐人寻味，直译过来是：善于行走的人不会留下痕迹，善于说话的人没有瑕疵，善于计数的人不用算盘，善于闭门的人不用锁也让他人不能开启，善于捆绑的人不用绳索也让他人解不开。听起来有些匪夷所思，十分玄妙，从现实经验来说，几乎不可能。但老子是哲学家，他是在用物我一体、天然混成思想做精彩比喻。

善行者无辙迹是什么意思呢？在军事行动中，军事将领不会让敌人掌握自己的行军路线、军事策略，从而保证取得战争胜利。有智慧的人不会把所有的想法告知世人，有时候需要深藏不露，有时候需要沉默不语，有时候需要瞎眼装傻，从而让事情取得成功。

在企业管理中，管理者如何做到“无缪约而不可解”，让员工忠诚于企业，把工作当作自己的事，这是管理的第一精要。学校的治理也是一样，运用“善闭者无关籥而不可启”的智慧，让老师们心甘情愿、自觉、主动、创造性地工作，全情投入自己的教学业务，这是校长的职能。签到打卡、量化考核，往往只能“捆绑”住“身”，管不住“心”。一切以激发人们的“心”为重点，创造良好的工作环境、条件和氛围，让员工或教师有成就感和归属感，结果比靠制度紧缚要好得多。

## 十二、至誉无誉

《老子》的开篇就是“道，可道也，非恒道也。名，可名也，非恒名也”。道已经说了很多，那什么是“名”呢？虽然老子论述“名”的文字不多，但它的内涵很丰富。

1. 道与名的奥妙

老子一开始就把道和名相提并论地述说，是因为它们的关系微妙。道和名代表事物的两个层面，任何事物都有道和名。道是指事物的本原、根本，名是指事物的名称。宇宙万物先有根本，而后才有名称，名称是人类给事物取的名字。也就是说，当一个事物还没有被人类发现，人类还不认识它时，这个事物早就存在了，至于它有没有名字，与它的实际存在并无关系。名字说到底就是一个代号，或者一个符号，这个符号是人类给加上的。当人类给一个事物加上名称符号后，这个符号就与它所代表的事物本质发生了联系，这个符号才变得有意义。宇宙间的任何事物和现象都有本原和本质，也都需要名称，因为名称是人类认识事物、区别事物、研究事物的前提，也是人类进行交流的符号工具。名称当然非常重要，但不管怎么重要，道为本，名为用，它都是道的工具。老子说的“名，可名也，非恒名也”，意思是人们可以给事物和现象取名称，但这种名称不是恒久不变的。今天是皇帝，明天可能是弃君；现在是小李，几十年后就是老李了。

老子的“非恒名”揭示了一个深刻的道理：名称不会一成不变。这里的名称可以延伸为名字、名号、名牌、名誉、称呼、荣誉称号等等。令人费解的是，当名称进入人类社会生活后，它就变得非常庸俗，非常功利。如皇帝、诸侯、大夫、士人、百姓等这些名号几乎都与利益相关，久而久之，人们都为了得到各种名号，竞相争夺。老子看到这样的现象，大为感慨，觉得追逐名利已是人类社会的一大公害，也是社会矛盾激化的重要根源。

名是为道服务的，道和名本是一对不可分割的范畴，道为实，名为虚，道决定着名，也支配着名。在自然界，道和名各守其职，互不相扰。然而，当人类社会出现等级差别和财富富余以后，在统治者的推波助澜之下，名开始远离道而去，甚至被广泛异化，道和名的位置颠倒了，名与等级、利益发生了关联，反而成为主宰了。当名称、名号、名誉与权力和利益挂钩以后，名就意味着有了等级差别，有了等级差别就有权力的区分，有了权力的区分又意味着有利益的多少，这是一个典型的多米诺骨牌效应。现实生活中，名甚至成了权力和利益的代名词，“功名利禄”的幽灵一直在人类社会中游荡，至今阴魂不散。幸运的是，历史上并非所有追求进步的人都是为了功名利禄，中国历史上有范仲淹、王安石、王阳明等优秀知识分子，也不全是为了求得功名。毛泽东、周恩来、朱德等老一辈革命家，更是“粪土当年万户侯”，如果为了个人功名利禄，就不会出生入死，提着脑袋干革命。以钱学森为代表的中国科学家们，如果为了功名利禄，也不会放弃国外优厚的条件，冒着生命危险回来建设新中国。

现实社会之所以功名之风盛行，根源在价值导向和制度设计。很多人为因素使得“名位 + 等级 + 权力 + 利益”的结构模式大有市场。在有些人看来，名比道更重要、更珍贵，于是不择手段地获取名位、名气、名分、名誉，由此导致社会问题层出不穷。“教育集团化”的初衷，是实现优质资源的高效利用，促进教育的均衡发展，但在很多地方，产生了徒慕虚名、滥用虚名、以名代质的乱象。这些行为是对道的法则的背离，也是对名自身的亵渎。

老子预见了名的泛滥和疯狂及其对社会发展造成的危害，虽然他无可奈何，但还是发出警示。他说："始制有名。名亦既有，夫亦将知止，知止所以不殆。"他认为，人类给万物都取了名字，既然有了名字就应该"知止"，"知止"，即控制限度，只有控制了它的限度才没有危险。老子认为，让名的作用无限放大，一定会带来危险和灾难。如何让名"知止"呢？这是一个社会学的大课题，老子说的"知止"就是把名束缚在它应有的界限内，这个界限就是道的本体，让名回归到从属于道的位置。

### 2. 至誉无誉

名誉、美誉是人们醉心追求的东西，追逐名誉和美誉的手段也五花八门，似乎凡人都脱不掉它们的羁绊。为什么圣人不追求名利？老子仍然从道的本源和本质去论证，他说："故必贵而以贱为本，必高矣而以下为基。夫是以侯王自谓孤寡不穀，此其贱之本与，非乎？故至数与（誉）无与（誉）。是故不欲禄禄若玉，硌硌如石。"就是说，贵要以贱作为根本，高要以下作为基础，这是自然界的法则。因而，侯王们自称为孤、寡、不穀。这不是把贱当作原本吗？难道不是吗？因此，最高的荣誉是不需赞誉，不需夸耀。作为圣人，不要像玉石那样光芒四射，自我炫耀，而宁愿像石头那样，朴素无华，坚固结实。

"至誉无誉"是老子的至理名言，简单的理解就是，最高的荣誉是没有荣誉。人们都会有荣誉感，都喜欢名气，是可接受的。但对待名誉、美誉，不应该刻意追求，更不能弄虚作假、巧取豪夺，否则只会身败名裂，为人唾弃。只有那种不追求名誉，不故意出名，用尊道贵德的行为自然获得的荣誉，才是最高的荣誉。

## 第八章

# 圣人的长生久视之道

《老子》是一部生命之学。生命有道，生命的全部和始终都充盈着道。生命之道是人类的终极关怀，人人都渴望长生久视，但人类并没有深刻认识生命的本质意义，也没有把握长生久视的自然道理。

《老子》是一部哲学笔记，哲学就必然涉及人生观、生命观、生死观，也包含生命本质及生命运动规律。生命本质及生命运动规律的思想被后来的道教教士们继承，并进行了宗教性的演绎，成为道教养生学说的源头。但道教养生论已经偏离了老子思想的主旨，变成了玄乎的、缥缈的宗教信条。而老子的生命哲学却是理性的和规律性的认识。老子对生命哲学并没有系统的论述，只是在一些章节里涉及生命的有关现象和规律。为了更明确地了解老子的生命观，我对这一部分思想进行了粗略的归纳，以体现其生命哲学的价值意义。

## 一、生命属于自然

人类的生命是自然进化的结果，人的身体本身就是自然，所以，在老子的生命学说里，最原初的动力还是自然。没有自然就没有生命，生命运动必须符合自然规律，必须遵循自然之道，这构成了老子生命观的全部基石，也成为中国几千年传统养生文化的宝藏。

“人法地，地法天，天法道，道法自然”，这是老子对宇宙万物、天地人生的一个总概括、总结论，它包含的内容极其丰富，极其复杂。“道法自然”不仅是宇宙万物的总法则，也是人自身的总法则。人的生命包括生命的本质、生命的意义、生命的全过程等；在人道里，除了德以外，就是人的生命本源、本性，生命运动规律与法则。在老子看来，人道里面的德对生命的生老病死都有直接作用，影响着生命的健康和寿命。这些都已经被现代医学和心理学证明。

概括地说，老子的生命学说包括两大部分：一个是生命的自然属性部分，一个是生命的社会属性部分。从养生学的维度来看，姑且把它们分别叫作“自然养生”和“德性养生”。这两个部分被后来道教的丹鼎学派继承和发扬，形成了“内丹”和“外丹”两大方术。道教养生学对中国老百姓的生活观念和生活方式也产生了巨大影响，直至今天，经久不衰。

## 二、自然养生

老子有几个生命学概念，成为中国古代养生学的滥觞。

第一个是“气”。老子说：“抟气致柔，能婴儿乎？”意思是说，凝聚元气，使身体达到像婴儿一样柔软的状态。又说：“万物负阴而抱阳，中气以为和。”自然万物都背负阴而面朝阳，阴阳二气交互激荡而终成和，而后生成万物。“天地之间，其犹橐籥与？虚而不淈，动而愈出。多闻数穷，不若守于中”，这里虽然没有“气”字，但描述的就是气，风箱一伸一缩，前后鼓动，都是气在运动。

生命活着就是一口气，这是老子从自然的角度观察得到的。气在生命运动中的作用不言而喻，每个人时刻都在呼吸，呼吸就是气，当人不再呼吸了，没有了气，就被称作断气，人就死了。不仅人要气，动物也要气，植物也要气。从这个角度说，老子的“元气说”包含着科学的元素。“气”的概念被道教扩展放大，变成了养生中的引导、吐纳技法，至今还在发生作用。《黄帝内经》载：“苍天之气，清静则志意治，顺之则阳气固，虽有贼邪，弗能害也，此因时之序。故圣人传精神，服天气，而通神明。失之则内闭九窍，外壅肌肉，卫气散解，此谓自伤，气之削也。”气既是中医学的主要生命体征，也是重要的方法论。

精气固本是老子最早提出的观点。什么是精气，老子没有解释，应该是生命初期最旺盛、最绵延的气魄。他说：“含德之厚者，比于赤子。蜂虿虺蛇弗螫，攫鸟猛兽弗搏。骨弱筋柔而握固。未知牝牡之会而朘怒，精之至也。终日号而不嗄，和之至也。和曰常，知常曰明，益生曰祥，心使气曰强。物壮即老，谓之不道，不道早已。”老子对赤子给予了特别赞美，而且多次以赤子比喻德性，因为赤子纯朴而天真，心灵没有被污染。除此之外，赤子象征着生命，象征着生长。由于他无害物之心，黄蜂、蝎子、毒虫、毒蛇不刺咬他，猛兽不抓他，凶鸟不袭击他；虽然他的筋骨嫩弱柔软，但拳头能紧紧地握住；虽然还不懂男女交合的意思，但生殖器能自然勃起，这是因为他的精气极度充盈饱满。赤子经常啼哭嚎叫，但嗓子不会沙哑，是因为他的生命气韵很调和，恢复功能很强盛。知道了调和的道理就会遵循规律，知道了规律就会明智。贪生纵欲会引发灾难，用心力意念驱使气韵就是逞强自戕。强壮过度就趋向衰老，衰老意味着背道而去，背离道的法则就会早亡。老子对生命的观察细致而精密，对人的生、长、壮、老、已的过程有独到的体认。他在人们司空见惯的平凡生活中，洞察到生命的普遍规律和核心机理，我们不得不敬佩他的智慧。在他看来，精气是人最宝贵的根本，也是生命的象征，这种精气不仅是人的自然本初，也是人的德行之依托。

气还发展成为影响世界的气功。“气功”一词出现得比较晚，到晋代才有文献记录，但炼气之术在战国时期就已经存在。《老子》中有“物或行或随，或热或吹”的描述，后来道士们从这里大做文章，撰写了有关“气诀”“气经”的著作，讲了几十种炼气、用气、布气的方法。气功因此得到不断发展，成为影响世界的一种健康养生学的流派。

老子对气并没有作更多的解释，但可以看出，他说的气是构成生命的重要元素，它和道一样，看不见摸不着，但可以养育生命。道教正是在气上下了大功夫，研究出来一整套理论、技术和方法。

第二个是“阴阳”。阴阳之说起源比较早，《周易》里就有阴阳，老子也讲阴阳。阴阳是中国古代的一个重要哲学范畴，几乎被各派学说认可、接受。老子的阴阳观首先体现在辩证观，世界上所有的事物和现象都具有阴阳两个特性，这一原理在老子的思想中是贯通的，也是他认识事物、判断事物的法宝。阴阳的另一个含义是生命生长、发育、成熟、死亡的机理。阴阳调和是生命发育的物质基础，水和阳光结合后种子才发芽，雌雄交媾后才有生命胚胎。一个生命的诞生需要阴阳交合，一个生命的健康成长也要阴阳平衡，阴阳调和也是长生久视的保障。中医讲究阴阳调和，阴阳学是中医学的基石，可以说，没有阴阳理论，就没有中医学。《黄帝内经》里有大量关于阴阳的论述，如《阴阳应象大论》说：“故积阳为天，积阴为地。阴静阳躁，阳生阴长，阳杀阴藏。阳化气，阴成形。寒极生热，热极生寒。”阴阳调和论在中医里头就是实现矛盾转化，调和阴阳也就是老子在天道中描述张弓的那样，弦位高了就拉低一点，低了就抬高一点。

第三个是恬静。老子说：“夫物芸芸，各复归于其根，曰静。静，是谓复命。”他所说的静实际上讲的是一种生命状态。动和静本来是事物存在的两种形式，老子认为动是明显的、绝对的，是不用言说的，而且在他看来，人们只看到了动的作用，而忽视了静的意义。老子的静既是无为的一种表现形式，也是生命本身存在的要求。从人类历史发展的长河来考察，人们往往重视动而忽视静。现在，人类依然是对动的认识有余，而对静的认识仍显不足，尤其是对生命之静的意义缺乏深刻的理解。

一棵伟岸的青松，遇暴雪而不屈，遭疾风而不摧，是因为它有粗壮的根系扎根大地，哪怕是悬崖峭壁，它也静静地坚持，咬住不放。生长在沙漠戈壁的胡杨树，素有“生而不死，死而不倒，倒而不朽”的美誉，它耐寒、耐旱、耐盐碱、抗风沙，是因为它有发达的根系，深深地扎根于沙漠，在沙漠深处追寻水分，静静地求索生命的力量。没有树根静静地坚守，树木早就丧失生命。静的行为不动声色，但它是生命存在的前提。

恬静对人的生命健康一样宝贵。静和躁是人体内的一对重要矛盾，老子说：“躁胜寒，静胜热”“重为轻根，静为躁君。”内心急躁、烦躁、焦躁的人要修炼养心之功，养心的法宝就是静，恬静会让你回复到生命的原始状态，一切归于平静，归于舒缓，归于柔顺。

## 三、德性养生

老子认为德由道生，所以德虽然是指人的道德价值和行为规范，但它又有自然禀赋，对人的生命成长也产生作用。因此，德的好坏对人的身体健康具有深远影响。

### 1. 抛弃对生和死的焦虑

生老病死是一个自然的过程，既然是自然法则，就不以人的意志为转移，焦虑、恐惧都毫无意义。《庄子·知北游》：“人之生，气之聚也。聚则为生，散则为死。”这里把生死视为生命的自然现象，生命的死亡就不足为惧。死亡并不可怕，可怕的是恐惧死亡。恐惧会让你产生心理不适或心理负担甚至心理疾病，从而直接影响生命的质量。其实，只有真正认识了死亡的本质意义，才会坦然面对，才不惧怕它的到来。

2. 勿要生生之厚

人类面对死亡时总有一些焦虑，尤其是一些贵族阶级和富人，因为他们拥有优越的生存条件，享受生活的精彩，因此希望活得更久或长生不老。可是，在死亡面前，每一个人的权利是平等的，这就是天地不仁意志的体现。老子告诉人们不要“生生之厚”，生命很短暂，也很渺小，物质需求并不多。贪求的东西多了，就会带来灾难。老子在这里没有讲道德，没有讲境界，没有讲价值，只是讲了生命的自然本质。

老子说：“出生，入死。生之徒十有三，死之徒十有三，而民生生动皆之死地之十有三。夫何故也？以其生生也。”什么意思？就是说，生命的过程就是从出生走向死亡。健康生长的人占十分之三，出生以后短命的占十分之三，活着的时候过于奉养导致死亡的人也占十分之三。第三种情况是什么原因？因为他们吃得太多，过得太好，太过讲究，以至于他们的行为超过了身体的需要，从而糟蹋了生命。

“生生之厚”是很多人的生命误区，在现实生活中屡见不鲜。比如为了孩子的安全，很多学校不敢组织学生秋游；上体育课不让孩子充分运动，生怕孩子伤了皮肉；冬天把孩子包得严严实实，唯恐伤风感冒；夏天把孩子关在家里享受空调凉风，唯恐孩子流汗多不舒服；担心孩子被蚊虫叮咬，就不让孩子去野外玩耍……过分呵护造成孩子弱不禁风，意志薄弱，惧怕困难，回避挑战。用这样的理念培养出来的孩子，怎么可能乘风破浪，百折不挠，担当大任呢？这都是对生命本质的误解，对孩子的成长有百害而无一利，都是生生之厚的表现。

老子采取比喻的方法，说明生命的神奇。他说："盖闻善执生者，陵行不避兕虎，入军不被甲兵。兕无所椯其角，虎无所措其爪，兵无所容其刃，夫何故也？以其无死地焉。"意思是善于保重生命的人，在陆地上行走不会遇到犀牛和老虎，在战场上不会受到杀伤。犀牛用不上它的角，老虎用不上它的爪子，兵器用不上它的刃。这是什么原因？是因为他们没有到达死亡的境地。其实，不是说这样的人虎豹不敌，刀枪不入，而是说，他们经过生命的各种磨炼和考验，具备了顽强的生存能力，在遇到各种死亡威胁的时候，有足够的自卫技能、防护技能和生存技能，能有效地避过死亡的风险。

### 3. 去甚存朴

生命健康的最大敌人是"过"。生命的第一需求是生理需求，生理需求是有限度的，比如每个人的食量有限度，睡眠时间有限度，运动强度有限度……这个限度的依据就是自然之道。超过自己身体承载的度，超过符合自己生理正常需要的度，就是过度，老子称为"甚""泰""奢"。所有过头的东西，对身体来说都是负担，都是累赘，都是健康的敌人。现代科学证明，清淡的饮食，平衡的营养，平静的心态，良好的睡眠，是身体健康的基石。

4. 拥抱自然

老子对道、德、自然的关系作了简单明了的概说，“是以万物尊道而贵德。道之尊，德之贵也，夫莫之爵，而恒自然也”。意思是，世界上所有的人和物都要遵循道，珍贵德，只要尊道贵德，只要遵循自然规律，不需要任何强迫和命令，不要任何人为的力量，就能自然成长，自然发展。老子把尊道贵德和自然融为一体，进一步说明了道、德与自然的天然联系。因此，老子讲的德，与儒家传统的道德论有着完全不同的理论体系。

尽管老子在论述人道的时候主要强调的是德，但他所说的德并不是纯粹的道德伦理，不是脱离人的自然本体之外那个空洞无物的德，而是关乎自然生命和生命群体存在的法则与机巧。人如果背离自然法则，就会丧德，也就是“下德”。丧德就会欲望横行，导致烦躁、痛苦、抑郁，生命机体就会受到伤害，生命因此也就会折寿。

自然养生和德性养生是老子留给我们的宝贵精神财富，它们从一个新的视角揭示了人的德性对生命成长和生命存续的内在逻辑：好的德性不仅是社会对个体的要求，更是生命长久的内生需要。这种深邃的见解，对生活在现代社会的人来说，可谓一服精神良药，更需要理解它，实践它，让它给人们带来幸福。

# 附录

# 《老子》帛书甲本、乙本及王弼本释文对比

（帛书甲本、乙本，圆括号中为今字，尖括号中为正字，方括号中为补字，圆圈为涂改过的废字，个别缺文用方框代替）

# 德 篇

| 帛书甲本 | 帛书乙本 | 王弼本 |
| --- | --- | --- |
| 38〔上德不德，是以有德。下德不失德，是以无〕德。上德无〔为而〕无以为也。上仁为之〔而无〕以为也。上义为之而有以为也。上礼〔为之而莫之应也，则〕攘臂而乃（扔）之。故失□□而后德，失德而后仁，失仁而后义，〔失〕义而〔后礼。夫礼者，忠信之薄也，而乱之首也。〕〔前识者，〕道之华也，而愚之首也。是以大丈夫居其厚而不居其泊（薄），居其实不居其华。故去皮（彼）取此。 | 38 上德不德，是以有德。下德不失德，是以无德。上德无为而无以为也。上仁为之而无以为也。上德〈义〉为之而有以为也。上礼为之而莫之应也，则攘臂而乃（扔）之。故失道而后德，失德而句（后）仁，失仁而句（后）义，失义而句（后）礼。夫礼者，忠信之泊（薄）也，而乱之首也。前识者，道之华也，而愚之首也。是以大丈夫居〔其厚而不〕居其泊（薄），居其实而不居其华。故去罢（彼）而取此。 | 38 上德不德，是以有德，下德不失德，是以无德。上德无为而无以为，下德为之而有以为。上仁为之而无以为，上义为之而有以为，上礼为之为莫之应，则攘臂而扔之。故失道而后德，失德而后仁，失仁而后义，失义而后礼。夫礼者，忠信之薄而乱之首。前识者，道之华也，而愚之首。是以大丈夫处其厚不居其薄，处其实不居其华。故去彼取此也。 |
| 39 昔之得一者，天得一以清，地得〔一〕以宁，神得一以霝（灵），浴（谷）得一以盈，侯〔王得一〕而以为〔天下〕正。其致之也，胃（谓）天毋已清将恐〔裂，〕胃（谓）地毋〔已宁〕将恐〔发，〕胃（谓）神毋已霝（灵）〔将〕 | 39 昔得一者，天得一以清，地得一以宁，神得一以霝（灵），浴（谷）得一盈，侯王得一以为天下正。其至也。胃（谓）天毋已清将恐莲（裂），地毋已宁将恐发，神毋〔已灵将〕恐歇，谷毋已〔盈将恐〕渴（竭），侯王毋已贵以高将恐欮 | 39 昔之得一者，天得一以清，地得一以宁，神得一以灵，谷得一以盈，万物得一以生，侯王得一以为天下贞。其致之，天无以清将恐裂，地无以宁将恐发，神无以灵将恐歇，谷无以盈将恐竭，万物无以生将恐灭，侯王无 |

| 恐歇，胃（谓）浴（谷）毋已盈将恐渴（竭），胃（谓）侯王毋已贵〔以高将恐蹶。〕故必贵而以贱为本，必高矣而以下为基。夫是以侯王自胃（谓）〔曰〕孤寡不橐（穀），此其贱〔之本〕与，〔非也？〕故致数与无与。是故不欲〔禄禄〕若玉，硌〔硌若石。〕 | （蹶）。故必贵以贱为本，必高矣而以下为基。夫是以侯王自胃（谓）孤寡不橐（穀），此其贱之本与，非也？故至数舆无舆。是故不欲禄禄若玉，硌硌若石。 | 以贵高将恐蹶。故贵以贱为本，高以下为基。是以侯王自称孤、寡、不穀。此非以贱为本邪？非乎？故致数舆无舆，不欲琭琭如玉，珞珞如石。 |
| --- | --- | --- |
| 40〔上士闻道，堇能行之。中士闻道，若存若亡。下士闻道，大笑之。弗笑，不足以为道。〕〔是以建言有之曰：明道如费，进道如退，夷道如类。上德如谷，大白如辱，广德如不足。建德如偷，质真如渝，大方无隅。〕〔大器晚成，大音希声，天象无形，道褒无名。夫唯道，善始且善成。〕 | 40上〔士闻〕道，堇能行之。中士闻道，若存若亡。下士闻道，大笑之。弗笑，〔不足〕以为道。是以建言有之曰：明道如费，进道如退，夷道如类。上德如浴（谷），大白如辱，广德如不足，建德如〔偷，〕质〔真如渝，〕大方无禺（隅）。大器免（晚）成，大音希声，天象无刑（形），道褒无名。夫唯道，善始且善成。 | 41上士闻道，勤能行之。中士闻道，若存若亡。下士闻道，大笑。不笑，不足以为道。故建言有之：明道如昧，进道如退，夷道如类。上德如俗，大白若辱。广德若不足，建德若偷，质真若渝。大方无隅，大器晚成，大音希声，大象无形，道隐无名。夫唯道，善贷且成。 |
| 41〔反也者，〕道之动也。弱也者，道之用也。天〔下之物生于有，有生于无。〕 | 41反也者，道之动也。〔弱也〕者，道之用也。天下之物生于有，有〔生〕于无。 | 40反者道之动，弱者道之用。天下万物生于有，有生于无。 |

| | | |
|---|---|---|
| 42〔道生一，一生二，二生三，三生万物。万物负阴而抱阳，〕中气以为和。天下之所恶，唯孤寡不橐（榖），而王公以自名也。勿（物）或敗（损）之〔而益，益〕之而敗（损）。故人〔之所〕教，夕（亦）议而教人。故强良（梁）者不得死，我〔将〕以为学父。 | 42道生一，一生二，二生三，三生〔万物。万物负阴而抱阳，中气〕以为和。人之所亚（恶），〔唯孤〕寡不橐（榖），而王公以自〔称也。〕〔物或益之而〕云（损），云（损）之而益。〔故人之所教，夕议而教人。〕〔强梁者不得其〕死，吾将以〔为学〕父。 | 42道生一，一生二，二生三，三生万物。万物负阴而抱阳，冲气以为和。人之所恶，唯孤、寡、不谷，而王公以为称。故物或损之而益，或益之而损。人之所教，我亦教之。强梁者不得其死，吾将以为教父。 |
| 43天下之至柔，〔驰〕骋于天下之致（至）坚。无有入于无间，五（吾）是以知无为〔之有〕益也。不〔言之〕教，无为之益，〔天〕下希能及之矣。 | 43天下之至〔柔〕，驰骋乎天下〔之至坚。出于无有，入于〕无间。吾是以□知〔无为之有益〕也。不〔言之教，无为之益，天下希能及之〕矣。 | 43天下之至柔，驰骋天下之至坚。无有入无闲，吾是以知无为之有益。不言之教，无为之益，天下希及之。 |
| 44名与身孰亲？身与货孰多？得与亡孰病？甚〔爱必大费，多藏必厚〕亡。故知足不辱，知止不殆，可以长久。 | 44名与〔身孰亲？身与货孰多？得与亡孰病？是故甚爱必大费，多藏必厚亡。〕〔故知足不辱，知止不殆，可以长久。〕 | 44名与身孰亲？身与货孰多？得与亡孰病？是故甚爱必大费，多藏必厚亡。知足不辱，知止不殆，可以长久。 |
| 45大成若缺，其用不币（敝）。大盈若盅（冲），其用不郁（窘）。大直如诎（屈），大巧如拙，大赢如炳。趮（躁）胜寒，靓（静）胜 | 45〔大成如缺，其用不敝。大〕盈如冲，其〔用不穷。〕〔大直如诎，大辩如讷。大〕巧如拙，〔大赢如〕绌。趮（躁）朕（胜）寒， | 45大成若缺，其用不弊。大盈若冲，其用不穷。大直若屈，大巧若拙，大辩若讷。躁胜寒，静胜热。清静为天下正。 |

| | | |
|---|---|---|
| 炅（热），请（清）靓（静）可以为天下正。 | 〔静胜热。知清净，可以为天下正。〕 | |
| 46·天下有道，却走马以粪。天下无道，戎马生于郊。罪莫大于可欲，𩰫（祸）莫大于不知足，咎莫憯于欲得。〔故知足之足，〕恒足矣。 | 46〔天下有〕道，却走马〔以〕粪。无道，戎马生于郊。罪莫大可欲，祸〔莫大于不知足，咎莫憯于欲得。故知足之足，恒〕足矣。 | 46天下有道，却走马以粪。天下无道，戎马生于郊。祸莫大于不知足；咎莫大于欲得。故知足之足，常足矣。 |
| 47不出于户，以知天下。不规（窥）于牖，以知天道。其出也彌（弥）远，其〔知弥少。是以圣人弗行而知，弗见而名，弗〕为而〔成。〕 | 47不出于户，以知天下。不覞（窥）于〔牖，以〕知天道。其出彌（弥）远者，其知彌（弥）〔少。是以圣人不行而知，不见〕而名，弗为而成。 | 47不出户，知天下；不窥牖，见天道。其出弥远，其知弥少。是以圣人不行而知，不见而名，不为而成。 |
| 48为〔学者日益，闻道者日损。损之又损，以至于无为，无为而无不为。〕〔将欲取天下，恒无事，及其有事也，又不足以取天下矣。〕 | 48为学者日益，闻道者日云（损），云（损）之有（又）云（损），以至于无〔为，无为而无不为。〕〔将欲〕取天下，恒无事。及其有事也，〔又不〕足以取天〔下矣。〕 | 48为学日益，为道日损。损之又损，以至于无为。无为而无不为。取天下常以无事，及其有事，不足以取天下。 |
| 49〔圣人恒无心，〕□以百〔姓〕之心之为〔心。〕善者善之，不善者亦善〔之，德善也。〕〔信者信之，不信者亦信之，德〕信也。〔圣人〕之在天下， | 49〔圣〕人恒无心，以百省（姓）之心为心。善〔者善之，不善者亦善之，德〕善也。信者信之，不信者亦信之，德信也。耶〔圣〕人之在天下也，欱欱 | 49圣人无常心，以百姓心为心。善者，吾善之；不善者，吾亦善之，德善。信者，吾信之；不信者，吾亦信之，德信。圣人在，天下歙歙，为天下浑 |

| 帛书甲本 | 帛书乙本 | 王弼本 |
| --- | --- | --- |
| 惀惀焉，为天下浑心，百姓皆属耳目焉，圣人皆〔孩之。〕 | 焉；〔为天下浑心，百〕生（姓）皆注其〔耳目焉，圣人皆孩之。〕 | 其心，百姓皆注其耳目，圣人皆孩之。 |
| 50〔出〕生，〔入死。生之徒十〕有〔三，死之〕徒十有三，而民生生动皆之死地之十有三。夫何故也？以其生生也。盖〔闻善〕执生者，陵行不〔避〕矢（兕）虎，入军不被甲兵。矢（兕）无所椯其角，〔虎〕无所昔（措）其蚤（爪），兵无所容〔其刃，夫〕何故也？以其无死地焉。 | 50〔出〕生，入死。生之〔徒十有三，死〕之徒十又（有）三，而民生生，僮（动）皆之死地之十有三，〔夫〕何故也？以其生生。盖闻善执生者，陵行不辟（避）（兕）虎，入军不被兵革。（兕）无〔所投其角，虎无所错〕其蚤（爪），兵〔无所容其刃，夫何故〕也？以其无〔死地焉。〕 | 50出生入死。生之徒，十有三；死之徒，十有三；人之生，动之死地，亦十有三。夫何故？以其生生之厚。盖闻善摄生者，陆行不遇兕虎，入军不被甲兵。兕无所投其角，虎无所措其爪，兵无所容其刃。夫何故？以其无死地。 |
| 51·道生之而德畜之，物刑（形）之而器成之。是以万物尊道而贵〔德。道〕之尊，德之贵也，夫莫之（爵），而恒自然也。·道生之，畜之，长之，遂之，亭之，□之，〔养之、覆之。生而〕弗有也，为而弗寺（恃）也，长而弗宰也，此之谓玄德。 | 51道生之，德畜之，物刑（形）之，而器成之。是以万物尊道而贵德。道之尊也，德之贵也，夫莫之爵也，而恒自然也。道，生之，畜〔之，长之，育〕之，亭之，毒之，养之，复（覆）〔之，生而弗有，为而弗恃，长而〕弗宰，是胃（谓）玄德。 | 51道生之，德畜之，物形之，势成之。是以万物莫不尊道而贵德。道之尊，德之贵，夫莫之命而常自然。故道生之，德畜之。长之育之，亭之毒之，养之覆之。生而不有，为而不恃，长而不宰。是谓玄德。 |
| 52·天下有始，以为天下母。嘅（既）得其母，以 | 52天下有始，以为天下母。既得其母，以知其子， | 52天下有始，以为天下母。既得其母，以知其子， |

知其（子,〕复守其母，没身不殆。·塞其悶（闷），闭其门，终身不堇。启其闷，济其事，终身〔不救。〕〔见〕小曰〔明,〕守柔曰强。用其光，复归其明。毋道〈遗〉身央（殃），是胃（谓）袭常。

53·使我摞(介）有知也,〔行于〕大道，唯〔施是畏。〕〔大道〕甚夷，民甚好解。朝甚除，田甚芜，仓甚虚，服文采，带利〔剑，厌〕食，货〔财有余，是谓盗夸。盗夸，非道也。〕

54〔善建者不〕拔,〔善抱者不脱,〕子孙以然〈祭〉祀〔不绝。〕〔修之身，其德乃真。修之家，其德有余。修之乡，其德乃长。修之邦，其德乃丰。修之天下，其德乃溥。〕以身〔观〕身，以家观家，以乡观乡，以邦观邦，以天〔下〕观〔天下。吾何以知天下之然哉？以此。〕

55〔含德〕之

既○知其子，复守其母，没身不佁（殆）。塞其垙，闭其门，冬（终）身不堇。启其垙，齐其〔事，终身〕不棘。见小曰明，守〔柔曰〕强。用〔其光，复归其明。毋〕遗身央（殃），是胃（谓）（袭）常。

53使我介有知，行于大道，唯施是畏。大道甚夷，民甚好僻。朝甚除，田甚芜，仓甚虚，服文采，带利剑，猒（厌）食而賫（资）财〔有余，是谓〕盗□,〔盗□,〕非〔道〕也。

54善建者〔不拔，善抱者不脱，〕子孙以祭祀不绝。修之身，其德乃真。修之家，其德有余。修之乡，其德乃长。修之国，其德乃夆（丰）。脩之天下，其德乃愽（溥）。以身观身，以家观〔家，以国观〕国，以天下观天下。吾何〔以〕知天下之然兹（哉）？以〔此〕。

55含德之厚者，

既知其子，复守其母，没身不殆。塞其兑，闭其门，终身不勤。开其兑，济其事，终身不救。见小曰明，守柔曰强。用其光，复归其明，无遗身殃，是为习常。

53使我介然有知，行于大道，唯施是畏。大道甚夷，而民好径。朝甚除，田甚芜，仓甚虚；服文彩，带利剑，厌饮食，财货有余；是为夸盗。非道也哉！

54善建者不拔，善抱者不脱，子孙以祭祀不辍。修之于身，其德乃真；修之于家，其德乃余；修之于乡，其德乃长；修之于国，其德乃丰；修之于天下，其德乃普。故以身观身，以家观家，以乡观乡，以国观国，以天下观天下。吾何以知天下然哉？以此。

55含德之厚，

| 厚〔者，〕比于赤子。逢（蜂）𧙇（虿）蝟（虺）地（蛇）弗螫，擢（攫）鸟猛兽弗搏。骨弱筋柔而握固。未知牝〔牡之会而朘怒，〕精〔之〕至也。终曰〈日〉号而不𢘅，和之至也。和曰常，知和〈常〉曰明，益生曰祥，心使气曰强。〔物壮〕即老，胃（谓）之不道，不〔道早已。〕 | 比于赤子。（蜂）疠（虿）虫蛇弗赫（螫），据鸟孟（猛）兽弗捕搏，骨筋弱柔而握固。未知牝牡之会而朘怒，精之至也。冬（终）日号而不□（嚘），和〔之至也。〕〔知和曰〕常，知常曰明，益生〔曰〕祥，心使气曰强。物〔壮〕则老，胃（谓）之不道，不道蚤（早）已。 | 比于赤子。蜂虿虺蛇不螫，猛兽不据，攫鸟不搏。骨弱筋柔而握固。未知牝牡之合而全作，精之至也。终日号而不嗄，和之至也。知和曰常，知常曰明。益生曰祥。心使气曰强。物壮则老，谓之不道，不道早已。 |
|---|---|---|
| 56〔知者〕弗言，言者弗知。塞其闷，闭其〔门，和〕其光，同其𡋲（尘），坐（挫）其兑（锐），解其纷，是胃（谓）玄同。故不可得而亲，亦不可得而疏；不可得而利，亦不可得而害；不可〔得〕而贵，亦不可得而浅（贱）。故为天下贵。 | 56 知者弗言，言者弗知。塞其说，闭其门，和其光，同其尘，锉（挫）其兑（锐）而解其纷。是胃（谓）玄同。故不可得而亲也，亦〔不可〕得而〔疏；不〕可得而〇利，〔亦不可〕得而害；不可得而贵，亦不可得而贱。故为天下贵。 | 56 知者不言，言者不知。塞其兑，闭其门，挫其锐，解其分，和其光，同其尘，是谓玄同。故不可得而亲，不可得而疏；不可得而利，不可得而害；不可得而贵，不可得而贱。故为天下贵。 |
| 57・以正之（治）邦，以畸（奇）用兵，以无事取天下。吾何〔以知其然〕也戋（哉）？夫天下〔多忌讳，〕而民弥贫。民多利器，而邦家兹（滋）昏。人多知（智），而何物兹（滋）〔起。法物 | 57以正之（治）国，以畸（奇）用兵，以无事取天下。吾何以知其然也才（哉）？夫天下多忌讳，而民弥贫。民多利器，〔国家滋〕昏。〔民多智慧，而邪事滋起。法〕物兹（滋）章，而盗贼 | 57以正治国，以奇用兵，以无事取天下。吾何以知其然哉？以此。天下多忌讳，而民弥贫。民多利器，国家滋昏；人多伎巧，奇物滋起；法令滋彰，盗贼多有。故圣人云："我无为而民 |

| | | |
|---|---|---|
| 滋章，而〕盗贼〔多有。〕〔是以圣人之言曰：〕我无为也，而民自化。我好静，而民自正。我无事，民〔自富。我欲不欲，而民自朴。〕 | 〔多有。〕是以〔圣〕人之言曰：我无为而民自化；我好静而民自正；我无事而民自富，我欲不欲而民自朴。 | 自化，我好静而民自正，我无事而民自富，我无欲而民自朴。” |
| 58〔其政闵闵，其民屯屯。〕其正（政）察察，其邦夬（缺）夬（缺）。䯞（祸），福之所倚；福，〔祸之所伏；孰知其极？〕〔其无正也？正复为奇，善复为妖。人之迷也，其日固久矣。〕〔是以方而不割，廉而不刺，直而不绁，光而不耀。〕 | 58 其正（政）閡（紊）閡（紊），其民屯屯。其正（政）察察，其民缺缺〕。福，〔祸〕之所伏，孰知其极？〔其〕无正也？正〔复为奇，〕善复为〔妖。人〕之（迷）也，其日固久矣。是以方而不割，兼（廉）而不刺，直而不绁，光而不眺（耀）。 | 58 其政闷闷，其民淳淳；其政察察，其民缺缺。祸兮福之所倚，福兮祸之所伏。孰知其极？其无正。正复为奇，善复为妖。人之迷，其日固久。是以圣人方而不割，廉而不刿，直而不肆，光而不耀。 |
| 59〔治人事天，莫若啬。夫唯啬，是以早服。早服是谓重积德。〕〔重积德则无不克，无不克则莫知其极。莫知其极，〕可以有国。有国之母，可以长久。是胃（谓）深□固〔柢，长生久视之道也。〕 | 59 治人事天，莫若啬。夫唯啬，是以蚤（早）服。蚤（早）服是胃（谓）重积〔德。〕重〔积德则无不克，无不克则〕莫知其〔极。〕莫知其〔极，可以〕有国。有国之母，可〔以长〕久。是胃〔谓)〔深〕根固氏（柢），长生久视之道也。 | 59 治人事天，莫若啬。夫唯啬，是谓早服；早服谓之重积德。重积德则无不克，无不克则莫知其极；莫知其极，可以有国；有国之母，可以长久；是谓深根固柢，长生久视之道。 |
| 60〔治大国若烹小鲜。以道莅〕天下，其鬼不神。 | 60 治大国若亨（烹）小鲜。以道立（莅）天下，其鬼不 | 60 治大国，若烹小鲜。以道莅天下，其鬼不神；非 |

| 非其鬼不神也，其神不伤人也。非其申（神）不伤人也，圣人亦弗伤〔也。夫两〕不相〔伤，故〕德交归焉。 | 神。非其鬼不神也，其神不伤人也。非其神不伤人也，〔圣亦〕弗伤也。夫两〔不〕相伤，故德交归焉。 | 其鬼不神，其神不伤人。非其神不伤人，圣人亦不伤人。夫两不相伤，故德交归焉。 |
|---|---|---|
| 61 大邦者，下流也，天下之牝。天下之郊（交）也，牝恒以靓（静）胜牡。为其靓（静）〔也，故〕宜为下。大邦〔以〕下小〔邦〕，则取小邦。小邦以下大邦，则取于大邦。故或下以取，或下而取。〔故〕大邦者不过欲兼畜人，小邦者不过欲入事人。夫皆得其欲，〔故大邦者宜〕为下。 | 61 大国〔者，下流也，天下之〕牝也。天下之交也，牝恒以静朕（胜）牡。为其静也，故宜为下也。故大国以下〔小〕国，则取小国。小国以下大国，则取于大国。故或下〔以取，或〕下而取。故大国者不〔过〕欲并畜人，小国不〔过〕欲入事人。夫〔皆得〕其欲，则大者宜为下。 | 61 大国者下流，天下之交。天下之牝，牝常以静胜牡，以静为下。故大国以下小国，则取小国；小国以下大国，则取大国。故或下以取，或下而取。大国不过欲兼畜人，小国不过欲入事人。夫两者各得其所欲，大者宜为下。 |
| 62〔道〕者，万物之注也，善人之琛（宝）也，不善人之所琛（保）也。美言可以市，尊行可以贺（加）人。人之〔不善，何弃〕之有？故立天子，置三卿，虽有共之璧以先四马，不善〈若〉坐而进此。古之所以贵此者何也？不〔胃（谓）求以〕得，有罪以免舆（与？）故为天下贵。 | 62 道者，万物之注也，善人之琛（宝）也，不善人之所保也。美言可以市，尊行可以贺（加）人。人之不善，何〔弃之有？〕〔故〕立天子，置三乡〈卿〉，虽有共之璧以先四马，不若坐而进此。古〔之所以贵此道者何也？〕不胃（谓）求以得，有罪以免与？故为天下贵。 | 62 道者万物之奥。善人之宝，不善人之所保。美言可以市，尊行可以加人。人之不善，何弃之有？故立天子，置三公，虽有拱璧以先驷马，不如坐进此道。古之所以贵此道者何？不曰：以求得，有罪以免邪？故为天下贵。 |

63·为无为，事无事，味无未（味）。大小多少，报怨以德。图难〔乎其易也，为大乎其细也。〕天下之难作于易，天下之大作于细。是以圣人冬（终）不为大，故能〔成其大。夫轻诺者必寡信，多易〕必多难，是〔以圣〕人猷（犹）难之，故终于无难。

64·其安也，易持也。〔其未〕兆〔也，〕易谋〔也。其脆也，易判也。其微也，易散也。为之于其未有也，治之于其未乱也。〕〔合抱之木，生于〕毫末。〔九成〕之台，作于羸（蔂）土。百仁（仞）之高，台（始）于足〔下。〕〔为之者败之，执之者失之。是以圣人无为〕也，〔故〕无败〔也；〕无执也，故无失也。民之从事也，恒于其成事而败之。故慎终若始，则〔无败事矣。〕〔是以圣人〕欲不欲，而不贵难得之膈（货）；学不学，而复众人之所过；

63 为无为，〔事无事，味无味。大小多少，报怨以德。〕〔图难乎其易也，为大〕乎其细也。天下之〔难作于〕易，天下之大〔作于细。〕〔是以圣人终不为大，故能成大。〕夫轻若（诺）〔必寡〕信，多易必多难，是以耶（圣）人〔犹难〕之，故〔终于无难。〕

64〔其安也，易持也。其未兆也，易谋也。其脆也，易判也。其微也，易散也。为之于其未有也，治之于其未乱也。〕〔合抱之〕木，〔生〕于毫末；九成之台，作于蔂土；百千之高，始于足下。为之者败之，执者失之。是以耶（圣）人无为〔也，故无败也；无执也，故无失也。〕民之从事也，恒于其成而败之。故曰："慎冬（终）若始，则无败事矣。"是以耶（圣）人欲不欲，而不贵难得之货；学不学，复众人之所过；能辅万物之自然，而弗敢为。

63 为无为，事无事，味无味。大小多少，报怨以德。图难于其易，为大于其细；天下难事必作于易，天下大事必作于细。是以圣人终不为大，故能成其大。夫轻诺必寡信，多易必多难。是以圣人犹难之，故终无难矣。

64 其安易持，其未兆易谋。其脆易泮，其微易散。为之于未有，治之于未乱。合抱之木，生于毫末；九层之台，起于累土；千里之行，始于足下。为者败之，执者失之。是以圣人无为故无败，无执故无失。民之从事，常于几成而败之。慎终如始，则无败事。是以圣人欲不欲，不贵难得之货；学不学，复众人之所过。以辅万物之自然，而不敢为。

| 能辅万物之自〔然，而〕弗敢为。 | | |
|---|---|---|
| 65 故曰：为道者非以明民也，将以愚之也。民之难〔治〕也，以其知也。故以知知邦，邦之贼也；以不知知邦，〔邦之〕〔德也。〕〔恒知此两者，亦稽式也。恒知稽式，此胃（谓）玄德。玄德深矣，远矣，与物〕反矣，乃〔至大顺。〕 | 65 古之为道者，非以明〔民也，将以愚〕之也。夫民之难治也，以其知也。故以知知国，国之贼也；以不知知国，国之德也。恒知此两者，亦稽式也。恒知稽式，是胃（谓）玄德。玄德深矣、远矣，〔与〕物反也，乃至大顺。 | 65 古之善为道者，非以明民，将以愚之。民之难治，以其智多。故以智治国，国之贼；不以智治国，国之福。知此两者亦稽式。常知稽式，是谓玄德。玄德深矣，远矣，与物反矣，然后乃至大顺。 |
| 66（江）海之所以能为百浴（谷）王者，以其善下之，是以能为百浴（谷）王。是以圣人之欲上民也，必以其言〔下之；其欲先民也，〕必以其身后之。故居前而民弗害也，居上而民弗重也。天下乐隼（推）而弗猒（厌）也，非以其无争〔与？故天下莫能与〕诤（争）。 | 66 江海所以为能百浴（谷）〔王者，以〕其〔善〕下之也，是以能为百浴（谷）王。是以（圣）人之欲上民也，必以其言下之；其欲先民也，必以其身后之。故居上而民弗重也，居前而民弗害。天下皆乐谁（推）而弗猒（厌）也，不〔以〕其无争与？故天下莫能与争。 | 66 江海所以能为百谷王者，以其善下之，故能为百谷王。是以欲上民，必以言下之。欲先民，必以身后之。是以圣人处上而民不重，处前而民不害。是以天下乐推而不厌，以其不争，故天下莫能与之争。 |
| 67 小邦寡民，使十百人之器毋用，使民重死而远送（徙）。有车周（舟）无所乘之，有甲兵无所陈〔之。使民复结绳而〕用之。 | 67 小国寡民，使有十百人器而勿用，使民重死而远徙。又（有）周（舟）车无所乘之，有甲兵无所陈之。使民复结绳而用之。 | 80 小国寡民。使有什伯之器而不用，使民重死而不远徙。虽有舟舆，无所乘之，虽有甲兵，无所陈之。使人复结绳而用之。 |

甘其食，美其〔服，〕乐其俗，安其居。（邻）邦相塱（望），鸡狗之声相闻，民〔至老死不相往来。〕

68〔信言不美，美言不信。知者〕不博，〔博〕者不知。善〔者不多，多〕者不善。·圣人无〔积，既以为人己愈有；既以予人己愈多。故天之道，利而不害；人之道，为而弗争。〕

69〔天下皆谓我大，大而不肖，夫唯大，〕故不宵（肖）。若宵（肖），细久矣。我恒有三葆（宝），之。一曰兹（慈），二曰检（俭），〔三曰不敢为天下先。夫慈，故能勇；俭，〕故能广；不敢为天下先，故能为成事长。今舍其兹（慈），且勇；舍其后，且先；则必死矣。夫兹（慈），〔以战〕则胜，以守则固。天将建之，女（如）以兹（慈）垣之。

甘其食，美其服，乐其俗，安其居。（邻）国相望，鸡犬之〔声相〕闻，民至老死不相往来。

68信言不美，美言不信。知者不博，博者不知。善者不多，多者不善。耶（圣）人无积，既以为人，己俞（愈）有；既以予人矣，己俞（愈）多。故天之道，利而不害；人之道，为而弗争。

69天下〔皆〕胃（谓）我大，大而不宵（肖）。夫唯不宵（肖），故能大。若宵（肖）久矣，其细也夫。我恒有三（宝），市（持）而（宝）之，一曰兹（慈），二曰检（俭），三曰不敢为天下先。夫兹（慈），故能勇；检（俭），敢（故）能广；不敢为天下先，故能为成器长。〔今〕舍其兹（慈），且勇；舍其检（俭），且广；舍其后，且先；则死矣。夫兹（慈），以单（战）则朕（胜），以守则固。天将建之，如以兹（慈）垣之。

甘其食，美其服，安其居，乐其俗。邻国相望，鸡犬之声相闻，民至老死，不相往来。

81信言不美，美言不信。善者不辩，辩者不善。知者不博，博者不知。圣人不积，既以为人己愈有，既以与人己愈多。天之道，利而不害；圣人之道，为而不争。

67天下皆谓我道大，似不肖。夫唯大，故似不肖。若肖，久矣其细也夫！我有三宝，持而保之。一曰慈，二曰俭，三曰不敢为天下先。慈故能勇；俭故能广；不敢为天下先，故能成器长。今舍慈且勇，舍俭且广，舍后且先，死矣！夫慈以战则胜，以守则固。天将救之，以慈卫之。

70 善为士者不武，善战者不怒，善胜敌者弗〔与，〕善用人者为之下。〔是〕胃（谓）不诤（争）之德。是胃（谓）用人，是胃（谓）天，古之极也。

70 故善为士者不武，善单（战）者不怒，善朕（胜）敌者弗与，善用人者为之下。是胃（谓）不争〔之〕德。是胃（谓）用人，是胃（谓）肥（配）天，古之极也。

68 善为士者不武，善战者不怒，善胜敌者不与，善用人者为之下。是谓不争之德，是谓用人之力，是谓配天古之极。

71·用兵有言曰："吾不敢为主而为客，吾不进寸而芮（退）尺。"是胃（谓）行无行，襄（攘）无臂，执无兵，乃（扔）无敌矣。[illegible]（祸）莫于〈大〉于无適（敌），无適（敌）斤（近）亡吾葆（宝）矣。故称兵相若，则哀者胜矣。

71 用兵又（有）言曰："吾不敢为主而为客，不敢进寸而退尺。"是胃（谓）行无行，攘无臂，执无兵，乃（扔）无敌。祸莫大于无敌，无敌近〇亡吾琛（宝）矣。故抗兵相若，而依（哀）者朕（胜）〔矣〕。

69 用兵有言："吾不敢为主而为客，不敢进寸而退尺。"是谓行无行，攘无臂，扔无敌，执无兵。祸莫大于轻敌，轻敌几丧吾宝。故抗兵相加，哀者胜矣。

72 吾言甚易知也，甚易行也；而人莫之能知也，而莫之能行也。言有君。事有宗。夫唯无知也，是以不〔我知。知我者希，则〕我贵矣。是以圣人被褐而褱玉。

72 吾言易知也，易行也；而天下莫之能知也，莫之能行也。夫言又（有）宗，事又（有）君。夫唯无知也，是以不我知。知者希，则我贵矣。是以耶（圣）人被褐而褱（怀）王（玉）。

70 吾言甚易知，甚易行。天下莫能知，莫能行。言有宗，事有君。夫唯无知，是以不我知。知我者希，则我者贵。是以圣人被褐怀玉。

73 知不知，尚矣。不知不知，病矣。是以圣人之不病，以其〔病病。是以不病。〕

73 知不知，尚矣，不知知，病矣。是以耶（圣）人之不（病）也，以其病病也，是以不病。

71 知不知上，不知知病。夫唯病病，是以不病。圣人不病，以其病病，是以不病。

| | | |
|---|---|---|
| 74〔民之不〕畏畏〔威〕，则〔大威将至〕矣。·母（毋）闸（狎）其所居，毋猒（厌）其所生。夫唯弗猒（厌），是〔以不厌。是以圣人自知而不自见也，自爱〕而不自贵也。故去被〔彼〕取此。 | 74 民之不畏畏（威），则大畏（威）将至矣。毋伸（狎）其所居，毋猒（厌）其所生。夫唯弗毋猒（厌），是以不毋猒（厌）。是以耶（圣）人自知而不自见也，自爱而不自贵也。故去罢（彼）而取此。 | 72 民不畏威，则大威至。无狎其所居，无厌其所生。夫唯不厌，是以不厌。是以圣人自知不自见；自爱不自贵。故去彼取此。 |
| 75·勇于敢者〔则杀，勇〕于不敢者则栝（活）。〔此两者，或利或害。天之所恶，孰知其故？天之道，不战而善胜，〕不言而善应，不召而自来，弹而善谋。〔天网恢恢，疏而不失。〕 | 75 勇于敢则杀，敢于不敢则栝（活），〔此〕两者或利或害。天之所亚（恶），孰知其故？天之道，不单（战）而善朕（胜），不言而善应，弗召而自来，单而善谋。天罔（网）袶（恢）袶（恢），疏而不失。 | 73 勇于敢则杀，勇于不敢则活。此两者，或利或害。天之所恶，孰知其故？是以圣人犹难之。天之道，不争而善胜，不言而善应，不召而自来，繟然而善谋。天网恢恢，疏而不失。 |
| 76〔若民恒且不畏死，〕奈何以杀思（惧）之也？若民恒是〈畏〉死，则而为者吾将得而杀之，夫孰敢矣？若民〔恒且〕必畏死，则恒有司杀者。夫伐〈代〉司杀者杀，是伐〈代〉大匠斲也。夫伐〈代〉大匠斲者，则〔希〕不伤其手矣。 | 76 若民恒且○不畏死，若何以杀曜（惧）之也？使民恒且畏死，而为畸（奇）者〔吾〕得而杀之，夫孰敢矣？若民恒且必畏死，则恒又（有）司杀者。夫代司杀者杀，是代大匠斲。夫代大匠斲，则希不伤其手。 | 74 民不畏死，奈何以死惧之？若使民常畏死，而为奇者，吾得执而杀之，孰敢？常有司杀者杀，夫代司杀者杀，是谓代大匠斲，夫代大匠斲者，希有不伤其手矣。 |
| 77·人之饥也，以其取食逍之多也， | 77 人之饥也，以其取食跷（税） | 75 民之饥，以其上食税之多，是 |

| | | |
|---|---|---|
| 是以饥。百姓之不治也，以其上有以为〔也，〕是以不治。· 民之巠（轻）死，以其求生之厚也，是以巠（轻）死。夫唯无以生为者，是贤贵生。 | 之多，是以饥。百生（姓）之不治也，以其上之有以为也，〔是〕以不治。民之轻死也，以其求生之厚也，是以轻死。夫唯无以生为者，是贤贵生。 | 以饥。民之难治，以其上之有为，是以难治。民之轻死，以其求生之厚，是以轻死。夫唯无以生为者，是贤于贵生。 |
| 78 · 人之生也柔弱，其死也𣜆仞贤（坚）强。万物草木之生也柔脆，其死也椲（枯）薧（槁）。故曰：坚强者，死之徒也；柔弱微细，生之徒也。兵强则不胜，木强则恒。强大居下，柔弱微细居上。 | 78 人之生也柔弱，其死也髄信坚强。万〔物草〕木之生也柔椊（脆），其死也椲（枯）槁。故曰：坚强，死之徒也；柔弱，生之徒也。〔是〕以兵强则不朕（胜），木强则兢。故强大居下，柔弱居上。 | 76 人之生也柔弱，其死也坚强。万物草木之生也柔脆，其死也枯槁。故坚强者死之徒，柔弱者生之徒。是以兵强则不胜，木强则兵。强大处下，柔弱处上。 |
| 79 天下〔之道，犹张弓〕者也，高者印（抑）之，下者举之，有余者敗（损）之，不足者补之。故天之道，敗（损）有〔余而益不足；人之道〕不然，敗（损）〔不足以〕奉有余。孰能有余而有以奉于天者乎？〔其唯道者乎？〕〔是以圣人为而弗又有，成功而弗居也。若此其不欲〕见贤也。 | 79 天之道，酉（犹）张弓也，高者印（抑）之，下者举之，有余者云（损）之，不足者〔补之。〕〔故天之道，〕云（损）有余而益不足；人之道，云（损）不足而奉又（有余）余。夫孰能又（有）余而〔有以〕奉于天者，唯又（有）道者乎？是以耶（圣）人为而弗又（有），成功而弗居也。若此其不欲见贤也。 | 77 天之道，其犹张弓与？高者抑之，下者举之；有余者损之，不足者补之。天之道，损有余而补不足。人之道则不然，损不足以奉有余。孰能有余以奉天下，唯有道者。是以圣人为而不恃，功成而不处，其不欲见贤。 |

80 天下莫柔〔弱于水，而攻〕坚强者莫之能先也，以其无〔以〕易〔之也。〕〔故柔胜刚，弱〕胜强，天〔下莫不知，而莫能〕行也。故圣人之言云曰：受邦之訽（诟），是胃（谓）社稷之主；受邦之不祥，是胃（谓）天下之王。〔正言〕若反。

80 天下莫柔弱于水，〔而攻坚强者莫之能先，〕以其无以易之也。水之朕（胜）刚也，弱之朕（胜）强也，天下莫弗知也，而〔莫之能行〕也。是故耶（圣）人之言云曰：受国之訽（诟），是胃（谓）社稷之主。受国之不祥，是胃（谓）天下之主。正言若反。

78 天下莫柔弱于水，而攻坚强者莫之能胜，其无以易之。弱之胜强，柔之胜刚，天下莫不知莫能行。是以圣人云："受国之垢，是谓社稷主；受国不祥，是为天下王。"正言若反。

81 和大怨，必有余怨，焉可以为善？是以圣右介（契）而不以责于人。故有德司介（契），〔无〕德司勶。夫天道无亲，恒与善人。

81 禾〔和〕大〔怨，必有余怨，焉可以〕为善？是以耶（圣）人执左芥（契）而不以责于人。故又（有）德司芥（契），无德司勶。〔天道无亲，常与善人。〕

80 和大怨，必有余怨，安可以为善？是以圣人执左契，而不责于人。有德司契，无德司彻。天道无亲，常与善人。

# 道 篇

| 帛书甲本 | 帛书乙本 | 王弼本 |
| --- | --- | --- |
| 1·道，可道也，非恒道也。名，可名也，非恒名也。无名，万物之始也。有名，万物之母也。〔故〕恒无欲也，以观其眇（妙）；恒有欲也，以观其所噭（徼）。两者同出，异名同胃（谓）。玄之有（又）玄，众眇（妙）之〔门。〕 | 1道，可道也，〔非恒道也。名，可名也，非〕恒名也。无名，万物之始也。有名，万物之母也。故恒无欲也，〔以观其妙；〕恒又（有）欲也，以观其所噭（徼）。两者同出，异名同胃（谓）。玄之又玄，众眇（妙）之门。 | 1道可道，非常道；名可名，非常名。无名，天地之始，有名，万物之母。故常无欲，以观其妙，常有欲，以观其徼。此两者，同出而异名，同谓之玄，玄之又玄，众妙之门。 |
| 2天下皆知美为美，恶已；皆知善，訾（斯）不善矣。有、无之相生也，难、易之相成也，长、短之相〔刑〕（形）也，高、下之相盈也，意〈音〉、声之相和也，先、后之相隋（随），恒也。是以声（圣）人居无为之事，行〔不言之教。万物作而弗始〕也，为而弗志（恃）也，〔成〕功而弗居也。夫唯居，是以弗去。 | 2天下皆知美之为美，亚（恶）已。皆知善，斯不善矣。〔有、无之相〕生也，难、易之相成也，长、短之相刑（形）也，高、下之相盈也，音、声之相和也，先、后之相隋（随），恒也。是以𦔻（圣）人居无为之事，行不言之教。万物昔（作）而弗始，为而弗侍（恃）也，成〔功〕而弗居也。夫唯弗居，是以弗去。 | 2天下皆知美之为美，斯恶已。皆知善之为善，斯不善已。故有无相生，难易相成，长短相较，高下相倾，音声相和，前后相随。是以圣人处无为之事，行不言之教；万物作焉而不辞，生而不有，为而不恃，功成而弗居。夫唯弗居，是以不去。 |
| 3不上贤，〔使民不争。不贵难得之货，使〕民不为〔盗〕。不〔见 | 3不上贤，使民不争。不贵难得之货，使民不为盗。不见可欲，使民不 | 3不尚贤，使民不争；不贵难得之货，使民不为盗；不见可欲，使民心 |

| | | |
|---|---|---|
| 可欲，〕使民不乱。是以声（圣）人之〔治也：虚其心，实其腹，弱其志，强其骨。恒〕使民无知无欲也。使〔夫知不敢，弗为而已，则无不治矣。〕 | 乱。是以𦔻（圣）人之治也，虚其心，实其腹；弱其志，强其骨。恒使民无知无欲也。使夫知不敢，弗为而已，则无不治矣。 | 不乱。是以圣人之治，虚其心，实其腹，弱其志，强其骨。常使民无知无欲。使夫智者不敢为也。为无为，则无不治。 |
| 4〔道冲，而用之有弗〕盈也。潚（渊）呵始（似）万物之宗。锉（挫）其［锐］，解其纷；和其〔光，〕同〔其尘。湛呵似〕或存。君不知〔谁〕子也，象帝之先。 | 4 道冲，而用之有弗盈也。渊呵佁（似）万物之宗。锉（挫）其兑（锐），解其芬（纷）；和其光，同其尘。湛呵佁（似）或存。吾不知其谁之子也，象帝之先。 | 4 道冲而用之或不盈，渊兮似万物之宗；挫其锐，解其纷，和其光，同其尘，湛兮似或存。吾不知谁之子，象帝之先。 |
| 5 天地不仁，以万物为刍狗。声（圣）人不仁，以百省（姓）〔为刍〕狗。天地〔之间，其〕犹橐籥与？虚而不淈，蹱（动）而俞（愈）出。多闻数穷，不若守于中。 | 5 天地不仁，以万物为刍狗。𦔻（圣）人不仁，以百省（姓）〔为刍〕狗。天地之间，其猷（犹）橐籥與（与）？虚而不淈，动而俞（愈）出。多闻数穷，不若守于中。 | 5 天地不仁，以万物为刍狗；圣人不仁，以百姓为刍狗。天地之间，其犹橐龠乎？虚而不屈，动而愈出。多言数穷，不如守中。 |
| 6 浴（谷）神〔不〕死，是胃（谓）玄牝。玄牝之门，是（胃）谓〔天〕地之根。绵绵呵若存，用之不堇（勤）。 | 6 浴（谷）神不死，是胃（谓）玄牝。玄牝之门，是胃（谓）天地之根。绵绵呵，其若存，用之不堇（勤）。 | 6 谷神不死，是谓玄牝。玄牝之门，是谓天地根。绵绵若存，用之不勤。 |
| 7 天长，地久。天地之所以能〔长〕且久者，以其不自 | 7 天长，地久。天地之所以能长且久者，以其不自生 | 7 天长地久。天地所以能长且久者，以其不自生，故能 |

<table>
<tr><td>生也，故能长生。是以声（圣）人芮退其身而身先，外其身而身存。不以其无〔私〕舆（与）？故能成其〔私。〕</td><td>也，故能长生。是以咡（圣）人退其身而身先，外其身而身先，外其身而身存。不以其无私舆（与）？故能成上其私。</td><td>长生。是以圣人后其身而身先；外其身而身存。非以其无私邪，故能成其私。</td></tr>
<tr><td>8上善治（似）水。水善利万物而有静，居众之所恶，故〔几于道矣。〕〔居善地，〕心善（渊），予善信，正（政）善治，事善能，踵（动）善时。夫唯不静（争），故无尤。</td><td>8上善如水。水善利万物而有争，居众人之所亚（恶），故几于道矣。居，善地，心，善渊，予，善天；言，善信；正（政），善治；事，善能；动，善时。夫唯不争，故无尤。</td><td>8上善若水。水善利万物而不争，处众人之所恶，故几于道。居善地，心善渊，与善仁，言善信，正善治，事善能，动善时。夫唯不争，故无尤。</td></tr>
<tr><td>9 㨁而盈之，不〔若其已。揣而〕□之□之，□可长葆之。金玉盈室，莫之守也。贵富而驕（骄），自遗咎也。功述（遂）身芮（退），天〔之道也。〕</td><td>9植而盈之，不若其已。掫（揣）而允之，不可长葆也。金玉〔盈〕室，莫之能守也。贵富而骄，自遗咎也。功遂身退，天之道也。</td><td>9持而盈之，不如其已；揣而棁之，不可长保。金玉满堂，莫之能守；富贵而骄，自遗其咎。功成身退，天之道也。</td></tr>
<tr><td>10〔戴营魄抱一，能毋离乎？抟气致柔，〕能婴儿乎？修除玄蓝（览），能毋疵乎？爱〔民活国，能毋以知乎？〕〔天门启阖，能为雌乎？明白四达，能毋以知乎？〕生之，畜之，生而弗〔有，长而弗宰也，是谓</td><td>10戴营袙（魄）抱一，能毋离乎？榑（抟）气至柔，能婴儿乎？脩除玄监，能毋有疵乎？爱民栝（活）国，能毋以知乎？天门启阖，能为雌乎？明白四达，能毋以知乎？生之，畜之。生而弗有，长而弗宰也，</td><td>10载营魄抱一，能无离乎？专气致柔，能婴儿乎？天门开阖，能为雌乎？涤除玄览，能无疵乎？爱国治民，能无知乎？明白四达，能无为乎？生之，畜之。生而不有，为而不恃，长而不宰，是谓玄德。</td></tr>
</table>

| | | |
|---|---|---|
| 玄〕德。 | 是胃（谓）玄德。 | |
| 11 卅〔辐同一毂，当〕其无，〔有车〕之用〔也。〕然（埏）埴为器，当其无，有埴器〔之用也。〕〔凿户牖，〕当其无，有〔室〕之用也。故有之以为利，无之以为用。 | 11 卅楅（辐）同一毂，当其无，有车之用也。（埏）埴而为器，当其无，有埴器之用也。凿户牖，当其无，有室之用也。故有之以为利，无之以为用。 | 11 三十辐，共一毂，当其无，有车之用。埏埴以为器，当其无，有器之用。凿户牖以为室，当其无，有室之用。故有之以为利，无之以为用。 |
| 12 五色使人目明〈盲〉，驰骋田腊（猎）使人〔心发狂。〕难得之儹（货），使人之行方（妨），五味使人之口㖯（爽），五音使人之耳聋。是以声（圣）人之治也，为腹不〔为目。〕故去罢（彼）耳（取）此。 | 12 五色使人目盲，驰骋田腊（猎）使人心发狂，难得之货〇使人之行仿（妨）。五味使人之口爽，五音使人之耳〔聋。〕是以聖（圣）人之治也，为腹而不为目。故去彼而取此。 | 12 五色令人目盲，五音令人耳聋，五味令人口爽，驰骋畋猎令人心发狂，难得之货令人行妨。是以圣人为腹不为目，故去彼取此。 |
| 13 龙（宠）辱若惊，贵大梡（患）若身。苛（何）胃（谓）龙（宠）辱若惊？龙（宠）之为下，得之若惊，失〔之〕若惊，是胃（谓）龙（宠）辱若惊。何胃（谓）贵大梡（患）若身？吾所以有大梡（患）者，为吾有身也。及吾无身，有何梡（患）？故贵为身于为天下，若可以迈 | 13 弄（宠）辱若惊，贵大患若身。何胃（谓）弄（宠）辱若惊？弄（宠）之为下也，得之若惊，失之若惊，是胃（谓）弄（宠）辱若惊。何胃（谓）贵大患若身？吾所以有大患者，为吾有身也。及吾无身，有何患？故贵为身于为天下，若可以橐（托）天下〔矣；〕爱以身为天 | 13 宠辱若惊，贵大患若身。何谓宠辱若惊？宠为下，得之若惊，失之若惊，是谓宠辱若惊。何谓贵大患若身？吾所以有大患者，为吾有身，及吾无身，吾有何患？故贵以身为天下，若可寄天下；爱以身为天下，若可托天下。 |

| | | |
|---|---|---|
| （托）天下矣；爱以身为天下，女何以寄天下？ | 下，女（如）可以寄天下矣。 | |
| 14 视之而弗见，名之曰聲。听之而弗闻，名之曰希。捪之而弗得，名之曰夷。三者不可至（致）计（诘），故園〔而为一。〕一者，其上不傚（攸），其下不忽。寻寻呵不可名也，复归于无物。是胃（谓）无状之状，无物之〔象。是谓忽恍。随而不见其后，迎〕而不见其首。执今之道，以御今之有。以知古始，是胃（谓）〔道纪。〕 | 14 视之而弗见，〔命〕之曰微。听之而弗闻，命之曰希。〇捪之而弗得，命之曰夷。三者不可至（致）计（诘），故緒而为一。一者，其上不谬，其下不忽。寻寻呵，不可命也，复归于无物。是胃（谓）无状之状，无物之象。是胃（谓）沕（忽）望（恍）。隋（随）而不见其后，迎而不见其首。执今之道，以御今之有。以知古始，是胃（谓）道纪。 | 14 视之不见名曰夷，听之不闻名曰希，搏之不得名曰微。此三者，不可致诘，故混而为一。其上不皦，其下不昧。绳绳不可名，复归于无物。是谓无状之状，无物之象，是谓惚恍。迎之不见其首，随之不见其后。执古之道，以御今之有。能知古始，是谓道纪。 |
| 15〔古之善为道者，微妙玄达，〕深不可志（识）。夫唯不可志（识），故强为之容。曰：与呵其若冬〔涉水，犹呵其若〕畏四〔邻，严呵〕其若客，涣呵其若淩泽（释），[illegible]呵其若楃（朴，）湷〔呵其若浊，湛呵其〕若浴（谷）。浊而情（静）之，余（徐）清。女以重（动）之，余（徐）生。葆此道不欲盈。 | 15 古之企为道者，微眇（妙）玄达，深不可志（识）。夫唯不可志（识），故强为之容。曰：与呵，其若冬涉水，猷呵，其若畏四哭（邻），严呵，其若客。涣呵，其若淩泽（释），沌呵，其若朴，湷呵，其若浊，湛呵，其若浴（谷）。浊而静之，徐清。女以重（动）之，徐生。葆此道（者不）欲盈。是以 | 15 古之善为士者，微妙玄通，深不可识。夫唯不可识，故强为之容。豫兮若冬涉川，犹兮若畏四邻，俨兮其若容，涣兮若冰之将释，敦兮其若朴，旷兮其若谷，浑兮其若浊。孰能浊以静之徐清？孰能安以动之徐生？保此道者不欲盈，夫唯不盈，故能蔽不新成。 |

| | | |
|---|---|---|
| 夫唯不欲〔盈，是以能敝而不〕成。 | 能褩（敝）而不成。 | |
| 16至虚，极也；守情（静），表也。万物旁（并）作，吾以观其复也。天（夫）物云（芸）云（芸），各复归于其〔根，曰情（静）〕。情（静），是胃（谓）复命。复命，常也。知常，明也。不知常，市（妄），市（妄）作凶。知常容，容乃公，公乃王，王乃天，天乃道，〔道乃久，〕沕（没）身不怠。 | 16至虚，极也；守静，督也。万物旁（并）作，吾以观其复也。天（夫）物秐（芸）秐（芸），各复归于其根。曰静。静，是胃（谓）复命，复命，常也。知常，明也。不知常，芒（妄），芒（妄）作凶。知常容，容乃公，公乃王，〔王乃〕天，天乃道，道乃〔久〕。没身不殆。 | 16致虚极，守静笃。万物并作，吾以观复。夫物芸芸，各复归其根。归根曰静，是曰复命。复命曰常，知常曰明。不知常，妄作凶。知常容，容乃公，公乃王，王乃天，天乃道，道乃久，没身不殆。 |
| 17大上下知有之，其次亲誉之，其次畏之，其下母（侮）之。信不足，案有不信。〔猶呵〕其贵言也。成功遂事，而百省（姓）胃（谓）我自然。 | 17大上，下知又（有）〔之；〕其（次，）亲誉之，其次，畏之，其下，母（侮）之。信不足，安有不信。猷呵其贵言也。成功遂事，而百姓胃（谓）我自然。 | 17大上，下知有之，其次亲而誉之，其次侮之。信不足焉，有不信焉。悠兮其贵言，功成事遂，百姓皆谓我自然。 |
| 18故大道废，案有仁义。知快（慧）出，案有大伪。六亲不和，案有畜（孝）兹（慈）。邦家闆（昏）乱，案有贞臣。 | 18故大道废，安有仁义。知（智）慧出，安有大〔伪〕，六亲不和，安又（有）孝兹（慈）。国家闆（昏）乱，安有贞臣。 | 18大道废，有仁义；智慧出，有大伪；六亲不和，有孝慈；国家昏乱，有忠臣。 |
| 19绝声（圣）弃知，民利百负 | 19绝耶（圣）弃知，而民利百倍。绝 | 19绝圣弃智，民利百倍；绝仁弃 |

(倍)。绝仁弃义,〔民〕复畜(孝)兹(慈)。绝巧弃利,盗贼无有。此三言也,以为文未足,故令之有所属。见素抱〔朴,少私寡欲。绝学无忧。〕

仁弃义,而民复孝兹(慈)。绝巧弃利,盗贼无有。此三言,以为文未足,故令之有所属。见素抱朴,少〔私〕而寡欲。绝学无忧。

义,民复孝慈;绝巧弃利,盗贼无有。此三者以为文不足,故令有所属:见素抱朴,少私寡欲。

20 唯与诃,其相去几何?美与恶,其相去何若?人之〔所畏,〕亦不〔可以不畏人。恍呵其未央哉!〕众人巸(熙)巸(熙),若乡(飨)于大牢,而春登台。我泊焉未兆,若〔婴儿未咳。〕累呵如〔无所归。众人〕皆有余,我独遗。我禺(愚)人之心也,惷惷呵。俗〔人昭昭,我独若〕閺(昏)呵。鬻(俗)人蔡(察)蔡(察),我独閺(闷)閺(闷)呵。忽呵其若〔海,〕望(恍)呵其若无所止。〔众人皆有以,我独顽〕以悝(俚)。吾欲独异于人,而贵食母。

20 唯与呵,其相去几何?美与亚(恶),其相去何若?人之所畏,亦不可以不畏人。望(恍)呵,其未央下才(哉)!众人巸(熙)巸(熙),若乡(飨)于大牢,而春登台。我博(泊)焉未垗(兆),若婴儿未咳。累呵佁(似)无所归。众人皆又(有)余。我愚人之心也,湷湷呵。鬻(俗)人昭昭,我独若閺(昏)呵。鬻(俗)人察察,我独闽(闵)闽(闵)呵。沕(忽)呵,其若海。望(恍)呵,若无所止。众人皆有以,我独门(顽)以鄙。吾欲独异于人,而贵食母。

20 绝学无忧,唯之与阿,相去几何?善之与恶,相去若何?人之所畏,不可不畏。荒兮其未央哉!众人熙熙,如享太牢,如春登台。我独泊兮其未兆,如婴儿之未孩;儽儽兮,若无所归。众人皆有余,而我独若遗。我愚人之心也哉!沌沌兮,俗人昭昭,我独若昏。俗人察察,我独闷闷。澹兮其若海,飂兮若无止。众人皆有以,而我独顽似鄙。我独异于人,而贵食母。

21 孔德之容,唯道是从。道之物,唯望(恍)唯忽。〔忽呵恍〕呵,中有

21 孔德之容,唯道是从。道之物,唯望(恍)唯沕(忽)。沕(忽)呵望(恍)

21 孔德之容,惟道是从。道之为物,惟恍惟惚。惚兮恍兮,其中有象;

| | | |
|---|---|---|
| 象呵。望（恍）呵忽呵，中有物呵。澩（幽）呵鸣（冥）呵，中有请（精）吔（呵）。其请（精）甚真，其中〔有信。〕自今及古，其名不去，以顺众仪（父）。吾何以知众仪（父）之然？以此。 | 呵，中又（有）象呵。望（恍）呵沕（忽）呵，中有物呵。幼（窈）呵冥呵，其中有请（精）呵。其请（精）甚真，其中有信。自今及古，其名不去，以顺众父。吾何以知众父之然也？以此。 | 恍兮惚兮，其中有物。窈兮冥兮，其中有精；其精甚真，其中有信。自今及古，其名不去，以阅众甫。吾何以知众甫之状哉？以此。 |
| 22 炊者不立，自视不章，〔自〕见者不明，自伐者无功，自矜者不长。其在道，曰粽（余）食赘行。物或恶之，故有欲者〔弗〕居。 | 22 炊者不立，自视者不章，自见者不明，自伐者无功，自矜者不长。其在道也，曰："粽（余）食、赘行。"物或亚（恶）之，故有欲者弗居。 | 24 企者不立，跨者不行，自见者不明，自是者不彰，自伐者无功，自矜者不长。其在道也，曰余食赘行。物或恶之，故有道者不处。 |
| 23 曲则金〈全〉，枉则定，洼则盈，敝则新，少则得，多则惑。是以声（圣）人执一，以为天下牧。不〔自〕视故明，不自见故章，不自伐故有功，弗矜故能长。夫唯不争，故莫能与之争。古〔之所谓曲全者。几〕语才（哉）？诚金〈全〉归之。 | 23 曲则全，汪（枉）则正，洼则盈，褩（敝）则新，少则得，多则惑。是以耶（圣）人执一，以为天下牧。不自视故章，不自见也故明，不自伐故有功，弗矜故能长。夫唯不争，故莫能与之争。古之所胃（谓）曲全者，几语才（哉）？诚全归之。 | 22 曲则全，枉则直，洼则盈，敝则新，少则得，多则惑。是以圣人抱一为天下式。不自见故明，不自是故彰，不自伐故有功，不自矜故长。夫唯不争，故天下莫能与之争。古之所谓曲则全者，岂虚言哉！诚全而归之。 |
| 24 希言自然。飘风不冬（终）朝，暴雨不冬（终）日。孰为此？天地〔而弗能久，又况于人乎？〕故从事而道 | 24 希言自然。薊（飘）风不冬（终）朝，暴雨不下冬（终）日。孰为此？天地而弗能久，有（又）兄（况）于人乎？故从 | 23 希言自然。故飘风不终朝，骤雨不终日。孰为此者？天地。天地尚不能久，而况于人乎？故从事于道者， |

| | | |
|---|---|---|
| 者同于道，德者同于德，者〈失〉者同于失。同德〔者〕，道亦德之。同于〔失〕者，道亦失之。 | 事而道者同于道，德者同于德，失者同于失。同于德者，道亦德之。同于失者，道亦失之。 | 道者同于道，德者同于德，同于道者，道亦乐得之；同于德者，德亦乐得之；同于失者，失亦乐得之。信不足焉，有不信焉。 |
| 25 有物昆（混）成，先天地生。绣（寂）呵缪（寥）呵，独立〔而不改，〕可以为天地母。吾未知其名，字之曰道。吾强为之名曰大。〔大〕曰筮（逝），筮（逝）曰〔远，远曰反。〕〔道大，〕天大，地大，王亦大。国中有四大，而王居一焉。人法地，〔地〕法〔天〕，天法道，〔道〕法〔自然。〕 | 25 有物昆（混）成，先天地生。萧（寂）呵漻（寥）呵，独立而不玹（改），可以为天地母。吾未知其名也，字之曰道。吾强为之名曰大。大曰筮，筮曰远，远曰反。道大，天大，地大，王亦大。国中有四大，而王居一焉。人法地，地法天，天法道，道法自然。 | 25 有物混成，先天地生。寂兮寥兮，独立而不改，周行而不殆，可以为天下母。吾不知其名，字之曰道，强为之名，曰大。大曰逝，逝曰远，远曰反。故道大，天大，地大，王亦大。域中有四大，而王居其一焉。人法地，地法天，天法道，道法自然。 |
| 26〔重〕为巠（轻）根，清（静）为趮（躁）君。是以君子众（终）日行，不离其甾（辎）重。唯（虽）有环官，燕处〔则昭〕若。若何万乘之王而以身巠（轻）於天下？至（轻）则失本，躁则失君。 | 26 重为轻根，静为趮（躁）君。是以君子冬（终）日行，不远其甾（辎）重。虽有环官，燕处则昭若。若何万乘之王而以身轻于天下？轻则失本，趮（躁）则失君。 | 26 重为轻根，静为躁君。是以圣人终日行不离辎重。虽有荣观，燕处超然。奈何万乘之主，而以身轻天下？轻则失本，躁则失君。 |
| 27 善行者无勶（辙）迹，〔善〕言者无瑕適（谪），善 | 27 善行者无达迹，善言者无瑕適（谪），善数者不用 | 27 善行无辙迹，善言无瑕谪；善数不用筹策；善闭无 |

| | | |
|---|---|---|
| 数者不以檮（筹）箖（策）。善闭者无闔（关）籥而不可启也，善结者〔无纆〕约而不可解也。是以声（圣）人恒善怵（救）人，而无弃人，物无弃财，是胃（谓）忡明。故善〔人，善人〕之师；不善人，善人之齎（资）也。不贵其师，不爱其齎（资），唯（虽）知（智）乎大眯（迷）。是胃（谓）眇（妙）要。 | 檮（筹）箖（策）。善〇闭者无关籥而不可启也。善结者无纆约而不可解也。是以耶（圣）人恒善怵（救）人，而无弃人，物无弃财，是胃曳明。故善人，善人之师；不善人，善人之资也。不贵其师，不爱其资，虽知（智）乎大迷。是胃（谓）眇要。 | 关楗而不可开，善结无绳约而不可解。是以圣人常善救人，故无弃人；常善救物，故无弃物，是谓袭明。故善人者，不善人之师；不贵其师，不爱其资，虽智大迷，是谓要妙。 |
| 28 知其雄，守其雌，为天下溪。为天下溪，恒德不鸡〈离〉。恒德不鸡〈离〉，复归婴儿。知其白，守其辱，为天下浴（谷）。为天下浴（谷），恒德乃〔足，复归于朴。〕知其白，守其黑，为天下式。为天下式，恒德不貣（忒）。恒德不貣（忒），复归于无极。楃（朴）散〔则为器，圣〕人用则为官长，夫大制无割。 | 28 知其雄，守其雌，为天下鸡（溪）。为天下鸡（溪），恒德不离。恒德不离，复〔归于婴儿。〕〔知〕其白，守其辱，为天下〇浴（谷）。为天下浴（谷），恒德乃足。恒德乃足，复归于朴。知其白，守其黑，为天下式。为天下式，恒德不贷（忒），恒德不贷（忒），复归于无极。朴散则为器，耶（圣）人用则为官长，夫大制无下割。 | 28 知其雄，守其雌，为天下谿。为天下谿，常德不离，复归于婴儿。知其白，守其黑，为天下式。为天下式，常德不忒，复归于无极。知其荣，守其辱，为天下谷，常德乃足，复归于朴。朴散则为器，圣人用之，则为官长，故大制不割。 |
| 29 将欲取天下而为之，吾见其弗〔得已。夫天 | 29 将欲取〔天下而为之，吾见其弗〕得已。夫天下， | 29 将欲取天下而为之，吾见其不得已。天下神器， |

| | | |
|---|---|---|
| 下，神〕器也，非可为者也。为者败之，执者失之。物或行或〔随，〕或炅（热）或〔吹，或强或挫，〕或坏（培）或撱（堕。）是以声（圣）人去甚，去大（泰），去楮（奢）。 | 神器也，非可为者也。为之者败之，执之者失之。〇物或行或隋（随），或热，或碓，或陪（培）或撱（堕）堕。是以耶（圣）人去甚，去大（泰），去诸（奢）。 | 不可为也，为者败之，执者失之。故物或行或随，或歔或吹。或强或羸，或挫或隳。是以圣人去甚，去奢，去泰。 |
| 30 以道佐人主，不以兵强〔于〕天下。〔其事好还，师之〕所居，楚朸（棘）生之。善者果而已矣，毋以取强焉。果而毋騙（骄），果而勿矜，果而〔勿伐，〕果而毋得已居，是胃（谓）〔果〕而不强。物壮而老，是胃（谓）之不道，不道蚤（早）已。 | 30 以道佐人主，不以兵强于天下。其〔事好还，师之所处，荆〕棘生之。善者果而已矣，毋以取强焉。果而毋骄，果而勿矜，果〔而勿〕伐，果而毋得已居。是胃（谓）果而强。物壮而老，胃（谓）之不道，不道蚤（早）已。 | 30 以道佐人主者，不以兵强天下。其事好还。师之所处，荆棘生焉。大军之后，必有凶年。善者果而已，不以取强。果而勿矜，果而勿伐，果而勿骄。果而不得已，果而勿强。物壮则老，是谓不道，不道早已。 |
| 31 夫兵者，不祥之器〔也。〕物或恶之，故有欲者弗居。君子居则贵左，用兵则贵右。故兵者非君子之器也。〔兵者〕不祥之器也，不得已而用之，铦庞为上，勿美也。若美之，是乐杀人也。夫乐杀人，不可以得志于天下矣。是以吉事上左，丧事上右；是以便（偏）将军居左，上 | 31 夫兵者，不祥之器也。物或亚（恶）〔之，故有欲者弗居。〕〔君〕子居则贵左，用兵则贵右。故兵者非君子之器。兵者不祥〔之〕器也，不得已而用之，铦憹为上，勿美也。若美之，是乐杀人也。夫乐杀人，不可以得志于天下矣。是以吉事〔尚左，凶事尚右〕；是以偏将军居左，而上将军居右， | 31 夫佳兵者，不祥之器，物或恶之，故有道者不处。君子居则贵左，用兵则贵右。兵者不祥之器，非君子之器，不得已而用之，恬淡为上。胜而不美，而美之者，是乐杀人。夫乐杀人者，则不可以得志于天下矣。吉事尚左，凶事尚右。偏将军居左，上将军居右，言以丧礼处 |

| | | |
|---|---|---|
| 将军居右；言以丧礼居之也。杀人众，以悲依（哀）立（莅）之；战胜，以丧礼处之。 | 言以丧礼居之也。杀〔人众，以悲哀〕立（莅）之。单战朕（胜）而以丧礼处之。 | 之。杀人之众，以哀悲泣之，战胜，以丧礼处之。 |
| 32 道恒无名，握（朴）唯（虽）〔小而天下弗敢臣，侯〕王若能守之，万物将自宾。天地相谷（合），以俞甘洛（露）。民莫之〔令，而自均焉。〕〔始制有名。名亦既有，夫亦将知止，知止〕所以不〔殆。〕俾（譬）道之在〔天下也，犹小〕浴（谷）之与江海也。 | 32 道恒无名，朴唯（虽）小而天下弗敢臣，侯王若能守之，万物将自宾。天地相合，以俞甘洛（露）。〔民莫之〕令而自均焉。始制有名，名亦既有，夫亦将知止，知止所以不殆。卑（譬）〔道之〕在天下也，猷（犹）小浴（谷）之与江海也。 | 32 道常无名，朴虽小，天下莫能臣也。侯王若能守之，万物将自宾。天地相合，以降甘露，民莫之令而自均。始制有名，名亦既有，夫亦将知止，知止所以不殆。譬道之在天下，犹川谷之于江海。 |
| 33 知人者，知也。自知〔者，明也。胜人〕者，有力也。自胜者，〔强也。知足者，富〕也。强行者，有志也。不失其所者，久也。死不忘者，寿也。 | 33 知人者，知（智）也。自知，明也。朕（胜）人者，有力也。自朕（胜）者，强也知足者，富也。强行者，有志也。不失其所者，久也。死而不忘者，寿也。 | 33 知人者智，自知者明。胜人者有力，自胜者强。知足者富。强行者有志。不失其所者久。死而不亡者寿。 |
| 34 道，〔泛呵其可左右也，成功〕遂事而弗名有也。万物归焉而弗为主，则恒无欲也，可名于小。万物归焉〔而弗〕为主，可名于大。是〔以〕声（圣）人之能成大 | 34 道，沨（泛）呵，其可左右也，成功遂〔事而〕弗名有也。万物归焉而弗为主，则恒无欲也，可名于小。万物归焉而弗为主，可命（名）于大。是以耶（圣）人之能成大也，以 | 34 大道泛兮，其可左右。万物恃之而生而不辞，功成不名有。衣养万物而不为主，常无欲，可名于小；万物归焉而不为主，可名为大。以其终不自为大，故能成 |

| | | |
|---|---|---|
| 也，以其不为大也，故能成大。 | 其不为大也，故能成大。 | 其大。 |
| 35 执大象，〔天下〕往。往而不害，安平大。乐与饵，过格（客）止。故道之出言也，曰：谈（淡）呵其无味也。〔视之，〕不足见也。听之，不足闻也。用之，不可既也。 | 35 执大象，天下往。往而不害，安平大。乐与〔饵，〕过格（客）止。故道之出言也，曰：“淡呵其无味也。视之，不足见也。听之，不足闻也。用之，不可既也。” | 35 执大象，天下往。往而不害，安平太。乐与饵，过客止。道之出口，淡乎其无味，视之不足见，听之不足闻，用之不可既。 |
| 36 将欲拾（翕）之，必古（固）张之。将欲弱之，〔必固〕强之。将欲去之，必古（固）与之。将欲夺之，必古（固）予之。是胃（谓）微明。友（柔）弱胜强。鱼脱于潚（渊），邦利器不可以视（示）人。 | 36 将欲擒（翕）之，必古（固）张之。将欲弱之，必古（固）〇强之。将欲去之，必古（固）与之。将欲夺之，必古（固）予〔之。〕是胃（谓）微明。柔弱朕（胜）强。鱼不可说（脱）于渊，国利器不可以示人。 | 36 将欲歙之，必固张之；将欲弱之，必固强之；将欲废之，必固兴之；将欲夺之，必固与之。是谓微明。柔弱胜刚强。鱼不可脱于渊，国之利器不可以示人。 |
| 37 道恒无名，侯王若守之，万物将自悘（化）。悘（化）而欲〔作，吾将阗之以无〕名之楃（朴）。〔阗之以〕无名之楃（朴），夫将不辱。不辱以情（静），天地将自正。 | 37 道恒无名，侯王若能守之，万物将自化。化而欲作，吾将阗之以无名之朴。阗之以无名之朴，夫将不辱。不辱以静，天地将自正。 | 37 道常无为而无不为。侯王若能守之，万物将自化。化而欲作，吾将镇之以无名之朴。无名之朴，夫亦将无欲。不欲以静，天下将自定。 |

# 后　记

拙著历时一年，终于脱稿。虽才疏学浅，力不从心，然已费尽心力，使尽招数。本人原本以研习《老子》为兴趣，羡老庄逍遥自在之情状，度余生雕文小趣之光阴。不料被一帮朋友赶鸭子上架，勉为其难为其分享《老子》，被他们逼上修炼《老子》之路。

2019 年春，刘国华、于国华、张新宇、高逸川、刘开福、彭超伟、李一平等年轻企业家，来我大冲茶室聊天叙旧，问及我的现状，我便告知他们在重读《老子》。说者无心，听者有意，我的话引起了他们的兴趣，并要我给他们分享心得。感召之下，勇气自生，我便答应同大家一起研习。兴奋之余，有人提出搞个国学书院，聚身边好友共乐同习。高逸川说就叫“闻道书院”，取自《论语》里的“朝闻道，夕死可矣”一语，大家一致赞同。受命之后，我便开始琢磨如何讲习，一方面要有别于以往之窠臼，一方面还要考虑到大家的国学基础、时间、精力等因素，认为以主题的形式讲授较为适合。当年 5 月，另外召集了我教育界的部分学生，一共不到 20 人，在我简陋的工作室开讲。

可能出于友情和尊重，学友们给了我很多鼓励和肯定，后来，学员逐渐增多，达 40 多人。疫情后，书院复学，为了使学院规范、稳定发展，大家集体决定坚持公益宗旨，开设经典系列课程，为传播中国传统文化精髓做些有益工作。我请来了易学大师雷祯孝教授讲授《周易》，同时招收第二期学员，人数一度多达八九十人。在此期间，老同学陈吉庆多次应邀讲解《易经》，晓燕老师几次现身做助教，解析古文字演变。

经历两期讲授之后，我对《老子》的理解渐渐深入，想法颇多，便开始考虑把研习心得整理成文。2023 年春节刚过，我就带上行李及书籍去大鹏，王红老师为我提供了大鹏南沙兴苑一套面朝大海、宽敞舒适的房子，我在那里待了 3 个多月，享受着一个人的清净与孤独；又因为有老子相伴，与老子对话，寂寞清冷之感也得到消解。虽静犹动，虽苦犹甘，3 个多月完成了初稿。此后做了 3 次修改，直至最近，才算收笔。

拙著写作过程中，得到了许多朋友的支持和鞭策。雷祯孝教授是一位积极的怂恿者，一开始就动员我写成文本，之后又为本书作序。老领导刘焯铿先生一再鼓励我，并请我在聚餐时给老领导分享体会，还亲自帮助协调出版机构。吴醴波先生在百忙之中抽空陪我去长沙，商谈出版事宜。我的球友任重、志友、彭伟、建文、胜辉等，怕我孤独，偶尔去大鹏陪我打球。夫人封生菊提供了良好的后方支持，帮我校对《老子》原文。女儿刘莹相当于文字秘书，书稿的初步编排、思维导图绘制等由她操作。

闻道书院的所有学友，都成为我的动力源泉，是这个流动的书院平台为我提供了修研的机会。在此，对所有关心和鼓励我的朋友，一并致谢。

2024 年 3 月 10 日于南山之脚